主　编／邵汉明　陈玉梅
副主编／王艳丽

文本的意义之源

——“意图”与“阐释”的讨论

中国社会科学出版社

图书在版编目（CIP）数据

文本的意义之源："意图"与"阐释"的讨论／邵汉明，陈玉梅主编．
—北京：中国社会科学出版社，2018．10
ISBN 978－7－5203－3800－4

Ⅰ．①文…　Ⅱ．①邵…②陈…　Ⅲ．①阐释学—研究
Ⅳ．①B089．2

中国版本图书馆 CIP 数据核字（2019）第 000268 号

出 版 人　赵剑英
责任编辑　张　潜
责任校对　郝玉明
责任印制　王　超

出　　版　中国社会科学出版社
社　　址　北京鼓楼西大街甲 158 号
邮　　编　100720
网　　址　http://www.csspw.cn
发 行 部　010－84083685
门 市 部　010－84029450
经　　销　新华书店及其他书店

印　　刷　北京君升印刷有限公司
装　　订　廊坊市广阳区广增装订厂
版　　次　2018 年 10 月第 1 版
印　　次　2018 年 10 月第 1 次印刷

开　　本　710×1000　1/16
印　　张　17.5
字　　数　273 千字
定　　价　75.00 元

前　言

2016年9月至2017年12月，《社会科学战线》杂志开设专栏，就“意图”与“阐释”问题组织开展学术讨论，得到5个国家、21位学者的积极响应和参与。现在呈现于大家面前的，就是该专栏刊发文章之合集。将已刊发文章汇编成册公开出版，既是为了相对集中地呈现一个时段学术讨论的总体镜像，也是为了对一个时段的学术争鸣作一个小结，当然更重要的是期待以此为新的起点，推动关于“意图”和“阐释”等阐释学基本理论问题的讨论日益走向深入，为当代阐释学包括当代中国阐释学的构建奠定良好基础。

近年来，世界政治经济格局发生新的复杂变化，中国的国际地位和作用实现新的重要转换。人们越来越清醒地认识到，在人类发展的重要关节点上，亟待各国学者从全球视野，对既往历史和当今现实进行理论的总结与升华，将实践的经验上升为理性的智慧。唯有如此，才能真正以符合本民族文化心理与传统的理论去指导实践，解决经济社会发展过程中精神文化层面的问题，同时将这些珍贵的实践经验转化为知识，进入人类知识宝库，继续传承下去。在全球化时代，中国学者更是担负着为世界文化宝库贡献中国智慧的特殊责任。就哲学社会科学领域而言，就是要有属于自己的，与中国经验、中国实践相匹配的原创性理论与研究方法。

从传统到现代，从西学东渐到中国特色学科体系、学术体系和话语体系建设的高度自觉，中国哲学社会科学研究已经伴随着时代的变迁走过曲折与辉煌的漫长岁月。当今时代的中国，无论是实践之翻天覆地的变化，还是理论自身发展的需求与规律，都要求我们对中国哲学社会科学的发展历程作出回顾与梳理，对中国哲学社会科学的研究方法进行探索和创新。基于此，《社会科学战线》杂志于2016年9月至2017年12月组织了以“文本的意义之源”为主旨导向，以“‘意图’与‘阐释’的讨论”为栏目名称的专题讨论。

“意义”是哲学社会科学所有学科追求的终极目标，“阐释”则是通往这一目标的基本方法与途径。“文本的意义之源”涉及三个关键词：文本、意义和阐释。根据对“文本”的不同理解，“文本”可以指向哲学社会科学的任何一个学科，保证了该论题的宏观性、全面性和跨学科性；“意义”是哲学社会科学研究的终极追求，保证了论题的指向性；“阐释”是具体的研究方法，确保了“创新、建设有中国特色哲学社会科学研究方法”目标的可实现性，而这个“可实现性”正是本论题的重点。德国哲学家威廉·狄尔泰将阐释学作为“人类科学”（人文学科与社会科学）的一般研究方法，以使人文科学与自然科学区分，奠定了阐释学的基础性地位。在中国，“六经注我”与“我注六经”始终是意义生产和知识传承的主要方式。在一定意义上可以说，阐释学的创新就是哲学社会科学研究方法的创新。重视和加强阐释学研究，在国际阐释学领域发出中国的声音，进而创立当代阐释学的中国学派，其实质在于构建与中国文化传统和社会现实对接的哲学社会科学研究方法和理论体系，对于构建中国特色哲学社会科学具有重要意义。

中国社会科学院张江教授近年来相继提出以“强制阐释”和“公共阐释”为重要标识性概念的原创理论，以中国学者的立场和视角，对20世纪以来西方文论存在的主要问题进行了批判性反思，指出一个相当长时期内受20世纪西方文论影响的中国文学批评实践存在的主要问题，提倡回到中国的文学实践，深入细致地检索中国阐释学的精神渊源、古典传统、当代实践，进而构建以“公共阐释”为核心的中国阐释学。张江教授的学术担当意识、理论魄力与构想、丰硕精深的学术成果为我们策划该选题提供了灵感和重要理论支撑，《“意图”在不在场》正是张江教授贡献给本栏目的开篇文章。该文具有极强的问题意识，对西方阐释学中存在的典型问题——对作者意图的漠视、忽视以至无视进行了偏僻入里的分析，以“意图谬误”“有意味的形式”和“纸上的生命”为直接批判对象，指出“否定意图的阐释学意义，对文本作符合论者目的的强制阐释，推动当代阐释学研究走上了相对主义、虚无主义的道路”。这其实已经成为西方当代阐释学的痼疾，也影响了中国的阐释实践。同时张江教授对于栏目的策划、文章的组织以及学术会议的召开等也给予了莫大支持。

文本的意义源自何处？究竟什么对作品的意义起决定性作用？怎样的阐释才能符合意义正当的生产方式？进而，作者的意图是不是作品意义的源泉？何为“意图”？“意图在不在场”？“意图”对“阐释”有怎样的意义？这些都是阐释学的根本问题，在不同的历史语境下，观点不一，需要认真的清理和辨识。本书分别从理论概念溯源及建构、中西文论史梳理、中西文学创作与接受实践、中国文学理论建设实践、新媒体技术时代意图与阐释的新变化等角度展开深入讨论和研究。

原点性问题的讨论没有终点，但在不同的时代语境下具有重要意义。希望本书能唤起学界正视作者意图的在场及其对阐释的基础性作用，匡正当下阐释实践中盛行的相对主义和虚无主义。“作者意图”或显或隐，皆生成性地存在于文本及其创作的全过程，对文本意义具有先在决定性，约束文本阐释，但不限制文本意义的衍生与阐释活动的创造力。阐释作为人类公共性的理性行为，应在历史的框架之内，具体的语境之中，以作者意图、文本内容为依据，对文本的意义给予正确的理解与判断，展开符合理性的、可被公度的创造与升华，从而推进人类知识谱系和意义世界的建构。

目　录

“意图”在不在场

张　江*

从文本书写开始到结束，或更确切地说，从书写者确定文本书写的第一念头起始，直至文本最后完成交付于公众，书写者的全部思考与表达方式，都将被视为作者主体自觉作用的意图（intention）。20世纪40年代以来，当代西方文艺理论的总体倾向是，否定文本的意图存在，否定意图对阐释的意义，绝对地抛开作者及文本意图，对文本作符合论者目的的强制阐释，推动文本阐释走上相对主义、虚无主义的道路。我们认为，无论怎样消解和抵制意图，意图总是存在于文本之中，哪怕是“作者死了”，文本交付于读者以后而无法更改，意图——确切地说作者的意图，依然在场，它决定着文本的质量与价值，影响他者对文本的理解与阐释。这种影响和决定，可能不为他者所知觉，他者也可以自动抵制意图，但是，意图的渗透与决定力量，贯穿于文本理解与阐释的全部过程之中，无论你承认还是不承认，接受还是不接受，它始终发生作用，让人无法逃避。主观地以为他者可以脱离作者意图而独立地决定文本的意义或意味，只能是一种妄想。令人不解的是，如此明白简易的道理，为什么被彻底瓦解？又是何种理论为意图消解提供了根据？这些理论本身的根据又在哪里？回顾百年来西方文艺理论的发展过程，完全否定进而完全消解意图的存在，

---

* 张江，中国社会科学院教授，《中国社会科学》杂志社总编辑，研究方向：文艺理论与评论。

阻隔意图对理解和阐释的作用及影响，理论上的缘由很多，但是，最根本、最核心的是这样几条线索：其一，是维姆萨特（W. K. Wimsatt）的“意图谬误”（Intentional Fallacy），否定作者意图对文本阐释的影响；其二，是克莱夫·贝尔（Clive Bell）“有意味的形式”（Significant Form），彻底切断作者与文本的生产及建构的关系；其三，是结构主义的符号学，认为一切文本都是符号的自行运作，作者只是操作符号的工具，符号系统的自组织与自结构是文本生成的根本方式。本文由此线索逐一展开讨论，以求教于各方。

一 “意图谬误”

从现有史料分析，否定和消解作者意图在理解和阐释中的作用，应该起源于20世纪初期的俄国形式主义。以什克洛夫斯基（Viktor Shklovsky）为代表的俄国形式主义文论家，奋力反抗统治理论与批评领域多年的社会历史批评，将理论和阐释的立场由以作者为中心转向以文本为中心，为文学的独立性和自足性开辟新路，开启了20世纪西方文艺理论生长繁衍的大幕。在此基础上，以兰色姆（John Crowe Ransom）、艾略特（Thomas Stearns Eliot）、瑞恰兹（Ivor Armstrong Richards）为代表的英美新批评学派，把以文本为中心的批评浪潮推向极端，特别是所谓“意图谬误”的著名论断，为否定和消解意图提供了有影响的理论分析与根据。“意图谬误”是一个具有标志性的理论和阐释概念，讨论意图及意图的作用，首先要对此作出分析。

所谓“意图谬误”，是20世纪40年代新批评传入美国以后，由维姆萨特与比尔兹利（Jr. Monroe Beardsley）共同提出并闻名于世的。《意图谬见》（亦译《意图谬误》）初版于1946年的《斯旺尼评论》第54号上，再度发表于维姆萨特的文集《语像》当中。意图谬误的核心内容是：“就衡量一部文学作品成功与否来说，作者的构思或意图既不是一个适用的标准，也不是一个理想的标准。”[①] 针对由柏拉

① 赵毅衡：《“新批评”文集》，中国社会科学出版社1988年版，第209页。

图和亚里士多德的模仿论起始，到19世纪以后兴起的实证主义、浪漫主义批评，无一不是把作品意义与作者意图相捆绑，把作品视为作者意图客观化的产物，认为作品内容是作者意图的自觉展开，意图是作品生成的起源的传统认识，维姆萨特提出，意图谬误就是演绎于这个"起始论"的逻辑，认为文本的"起源要么存在于作者的头脑，要么存在于文学的历史和社会的前事先例"。维姆萨特认为，从批评的基准说，以往的一切批评方法，"弗洛伊德的学说及它的各种变调"，"日内瓦学派深入作者的作品背后进行'我思'的探究"，社会学及历史学的实证批评方法，都是无效的，因为"一部艺术作品，无法依据时代条件或作品的起源而加以说明"。[①] 历史上的意图谬误，"将诗和诗的产生过程相混淆，这是哲学家们称为'起源谬见'的一种特例，其始是从写诗的心理原因中推衍批评标准，其终则是传记式批评和相对主义"[②]。"文学批评中凡棘手的问题，鲜有不是因为批评家的研究在其中受到作者'意图'的限制而产生的。"[③] 我们应当承认，意图谬误的提法有其合理的一面，它巩固并壮大了文学本体的批评意识，对20世纪及以后的文学理论与批评建设产生了深刻影响。但是，意图谬误的消极作用也是明显的，尤其是它对实践中作者与文本合理关系的全盘否定，对社会历史批评方法的全面否定和排斥，其思想方法和思维方式上简单而粗暴的矫枉过正，不仅完全切断了文本与外部世界的关系，而且切断了文本与创作者之间的关系，从而使意图谬误的论点蜕化为重大谬误。从维姆萨特的原始表述中，我们可以找到诸多谬误。首先应该确定，维姆萨特并不绝对否认意图的存在，因为他知道，从文学生产的大前提上说，"一首诗的出现不是偶然的"，"一首诗的词句出自头脑而不是出自帽子"。[④] 他对"意图"的定义及普遍接受程度所做的判断——"'意图'这个词，一如我们对它的用法，就相当于常话中所说的'他已打算好的事'，这一点已经

---

① ［美］韦勒克（René Wellek）：《近代文学批评史》第6卷，杨自伍译，上海译文出版社2009年版，第489页。

② 赵毅衡：《"新批评"文集》，中国社会科学出版社1988年版，第228页。

③ 同上书，第209页。

④ 同上书，第210页。

为大家所普遍地明确接受或者是默认”——也可以证明，他是承认意图本身的存在的，只是反对意图在理解和阐释过程中的作用。这一点与后现代主义的极端提法有本质上的差别。同时，他也承认：意图作为“作者内心的构思或计划”，“同作者对自己作品的态度，他的看法，他动笔的始因等有着显著的关联”。[①] 他的立场，一是反对把意图作为文本批评的根据，因为“人们必须要问，一个批评家是怎么指望得到关于意图问题的答案的？他将如何去搞清诗人所要做的事情？如果诗人是成功地做到了他所要做的事，那么他的诗本身就表明了他要做的是什么。如果他没有成功，那么他的诗也就不足为凭了”[②]。二是反对把意图作为评价文本意义和价值的标准，因为“诗就是存在，自足的存在而已”[③]。因此，“就衡量一部文学作品成功与否来说，作者的构思或意图既不是一个适用的标准，也不是一个理想的标准”[④]。三是他认为一部文学作品，主要是指诗歌，并“不是作者自己的”，因为“它一生出来就立刻脱离作者来到世界上，作者的用意已不复作用于它，也不再受作者支配”，“这诗已属于公众的了”。[⑤] 应该说，以上三点是维姆萨特主张“意图谬误”最基本的依据。但是，深入解读下去，就是在这些基本依据中，我们也看到其中充斥的矛盾和对立。其一，在逻辑上说，维姆萨特认定评价作品是有标准的，只是作者意图“既不是一个适用的标准，也不是一个理想的标准”，既然如此，我们当然要问，在第一条根据中提出的，“如果诗人是成功地做到了他所要做的事”，这个“成功”是什么意思？其二，维姆萨特认为，如果诗人成功了，诗本身就表明了意图是成功的标准；如果他没有成功，“那么他的诗也就不足为凭了”。前一句表达了意图与作品的一致性，也就是说，意图与文本契合，书写就是成功的；后一句说，如果意图没有实现，诗就失去了存在的价值，这是不是还难以逃脱意图是评价和判断作品是否成功的标准？其三，从关

---

① 赵毅衡：《“新批评”文集》，中国社会科学出版社1988年版，第209页。
② 同上书，第210页。
③ 同上。
④ 同上书，第209页。
⑤ 同上书，第211页。

于意图的定义看，维姆萨特是承认意图存在的，而且在前两条根据中也或明或暗地暴露了意图的作用，但在第三条根据中他却又说，文本"一生出来就立刻脱离作者来到世界上，作者的用意已不复作用于它，也不再受作者支配"，我们不能不疑问，作者离开了文本还可以理解，难道意图也从作品中脱壳而出，不在文本现场了？一个明显的事实是，如果意图是一种谋划，那么它将贯穿于作品创作的全过程，展开并实现于作品的语言、结构、风格等全部安排之中，随文本而进入历史。他人可以否定它，也可以弃而不顾，但是，它和文本熔铸于一体，甚或说它们就是文本，是客观存在的。作者支配不了文本，是说文本付梓，他无法修改既定的文本；作者支配不了意图，是说意图在文本之中，同样无法改变。犹如维姆萨特自己所说，如果它被实现，则无须去作者处寻找，如果没有实现，那作品便"不足为凭"。这是不是可以证明，意图及其作用一直是"在"的，并随同文本的存在而持续发挥作用，哪怕是"作者死了"，意图依然还在？当然，至于批评家能不能找到，想不想去找，找到了又该如何面对，则另当别论。

为证明"意图谬误"，维姆萨特用艾略特的创作实践证明自己。他通过批评艾略特的用典、诗题、引语、注释来猜测或假想诗人的意图，认为是"意图谬误"。他甚至无奈地批评说："如果艾略特和其他当代诗人有什么他们自己所特有的错误，那可能就在于'谋划'得太多了。"① 鉴于其对"起始论"的反对态度，这种自相矛盾的说法，确实令人瞠目。文本不起源于作者意图，文本又起源于哪里？他说："在一些诗的背后，有着全部的生活、感觉上和心理上的经验，它们在某种意义上，是这诗的成因。"② 这是否正是他所反对的，是否就是所谓"起始论"的明确表达？他主张文本与社会历史无关，与作者的经历无关，但韦勒克却引经据典地证明："维姆萨特在传记生平和文学史方面，怀有极大的兴趣。他发表过许多正式言论，承认文字意义的历史决定因素，以及社会环境的冲击和影响。"他援引维姆萨特的如下论述："意义寓于文本之外，而存在于文字全部历史以

① 赵毅衡：《"新批评"文集》，中国社会科学出版社 1988 年版，第 225 页。

② 同上书，第 219 页。

及具体使用文字的语境之中。作者的文字经验，以及文字使作者产生的联想，形成了文字历史的一个部分。”“历史起因以一种显著的方式，进入了文学作品的根本意义。”① 既如此，任何严肃的、负责任的理论家和批评家，都必须深入作者，研究生产作者意图进而生产文本的历史传统和语境，以期正确理解和阐释文本，“意图”说又何为“谬误”？

二 “有意味的形式”

“有意味的形式”是英国美学家克莱夫·贝尔提出的一个重要命题。他以此命题为基准，否定艺术产品的指称性意义，质疑创作者意图的存在和作用，建构艺术包括创作本身的独立性与自足性。后现代的诸多理论，借此扩大文本与书写者及书写意图无关的思潮。什么是“有意味的形式”？贝尔的定义是：“在各个不同的作品中，线条、色彩以某种特殊方式组合成某些形式或形式之间的关系，它们激发和唤起我们的审美情感。这些线条、色彩的关系和组合，这些在审美意义上感人的形式，我称之为‘有意味的形式’。”② 而且，贝尔认为，“有意味的形式，是一切视觉艺术的唯一共同特征”③。在贝尔看来，“有意味的形式”是纯形式。这个形式排斥一切指称性因素，且严格规约于线条、色彩本身的组合。它不再现任何客观形式，也不是传达思想的工具，“人们只需承认，依照某些不为人知的神秘规则排列和组合的形式，确实以某种特殊的方式感动我们，而对艺术家来说，依照这些规则去排列、组合出能够感动我们的形式，正是其任务所在”④。考察和欣赏艺术品，“我们没有权利，而且也没有必要去窥探

① ［美］韦勒克：《近代文学批评史》第6卷，杨自伍译，上海译文出版社2009年版，第502—503页。

② “In each, lines and colours combined in a particular way, certain forms and relations of forms, stir our aesthetic emotions. These relations and combinations of lines and colours, these aesthetically moving forms, I call ‘Significant Form’.” Clive Bell, *Art*, New York: Frederick A. Stokes Company, 1913, p. 8.

③ Clive Bell, *Art*, New York: Frederick A. Stokes Company, 1913, p. 8.

④ Ibid., p. 11.

隐匿在作品背后的作者的心理状态"[1]。很明显，如此定义和规约"有意味的形式"，自然绝断了形式与现实及对象世界的关系，打碎了作者在文本生产中的主导地位。贝尔认为："如果这一提法可以为人们所接受，那么可以得到这样的结论：所谓'有意味的形式'就是使我们借以得到某种'终极现实'感受的形式。"[2] 这里所说的"终极现实"，并不是我们的日常现实，而是"隐藏在所有事物表象背后并赋予不同事物以不同意味的某种东西，这种东西就是终极实在本身"[3]。贝尔还认为，这种"终极实在"只能通过纯粹的形式自行呈现出来，除此之外，别无他途。反过来说，支配艺术创作的东西实际上就是使艺术家有能力创造出有意味的形式的情感，这种情感则是从"终极实在"那里得来的。他认证，塞尚的作品就是坚持把创作"有意味的形式"作为至高无上的目的。如此看来，"有意味的形式"是一个很纯粹、很极端的形式，它表现的"终极实在"是一个形而上的彼岸动机。

我们从以上的话语中，可以理解贝尔的良苦用心。艺术的本质特征或者说共性，就是"有意味的形式"。这个形式既不表现世界，也不传达思想。艺术过程本身集中于线条和色彩的组合，在形式构成的过程中，艺术家只是一种工具，具体作品的实现采取何种形式以及如何采取，很大程度上取决于艺术符号系统内部的规则及其制约，与创作者的心理和意图无关。贝尔强调，核心的是纯粹的形式和自足的特性，其余都不在欣赏者和批评家关注之列。毫无疑问，"有意味的形式"是一个重要发明，是影响深远的理念创新。但问题的关键在于，无论怎样纯粹和玄虚，"有意味的形式"是不是能够阻隔和否定作者对文本的意图决定，创作者的心理是不是与文本形成无关，对任何形式的艺术文本的理解，是不是只能停留于文本呈现的自足形式？回到

---

① "We have no right, neither is there any necessity, to pry behind the object into the state of mind of him who made it." Clive Bell, *Art*, New York: Frederick A. Stokes Company, 1913, p. 11.

② "If this suggestion were accepted it would follow that 'significant form' was form behind which we catch a sense of ultimate reality." Clive Bell, *Art*, New York: Frederick A. Stokes Company, 1913, p. 54.

③ Clive Bell, *Art*, New York: Frederick A. Stokes Company, 1913, pp. 69–70.

贝尔的论证，人们可以提出这样一个疑问：那个生成意味的线条与色彩，是谁在涂抹与组合？他为什么要如此涂抹，有没有动机或者意图？所谓“终极实在”的情感是一种什么样的情感？“有意味的形式”是不是表达情感以至思想的工具？我们来逐一讨论。第一，一个显然的事实是，线条与色彩不是自动挥洒与组织的，不是什么“看不见的手”的随意之作，更不是什么超验世界的客观理念的显现。艺术家是挥洒它们并创造作品的主体。无论这个作品辉煌还是暗淡，最终都是艺术家自身动作的结果，他人无法替代。哪怕是周身涂抹颜料在画布上自由翻滚，其“色彩与线条”也完全是艺术家的主体动作——如果这称得上是艺术家和艺术的话。从这个意义上讲，无论怎样“有意味的形式”，都是艺术家本体的自觉创造，形式无法阻断作者与文本的联系。第二，无论何种文本，包括无标题音乐，艺术家的书写目的一定是表达，或者表达情感，或者表达意图，且表达情感本身就是表达意图。贝尔自己就曾作出这样一个判断：“在我看来，有这样的可能性（纵然绝非肯定）：那个被创造出来的形式之所以如此深深地感动我们，原因就在于它表达了这一形式的创作者的情感。一件艺术作品的线条和色彩传达给我们的，或许正是艺术家自己感受到的某种东西。”① 如果说这段话中还包含什么非确定性因素，比如括号里的“绝非肯定”，或者仍然用疑问的口吻说线条和色彩传达了艺术家的感受，那么再看他的另一段话：“当一个艺术家的头脑被一个真实的情感意象所占有，并且能够掌握和转化这个意象时，他似乎就会创造一个好的构图。我想，我们都会认同这样一个看法，即只有当艺术家拥有某种情感意象时，他才能够创造出真正像样的艺术作品来。”② 应该可以确定，在贝尔那里，所谓线条和色彩同样是艺术家“意图”

① “It seems to me possible, though by no means certain, that the created form moves us so profoundly because it expresses the emotion of its creator. Perhaps the lines and colours of a work of art convey to us something that the artist felt.” Clive Bell, *Art*, New York: Frederick A. Stokes Company, 1913, p. 49.

② “It seems that an artist creates a good design when, having been possessed by a real emotional conception, he is able to hold and translate it. We all agree, I think, that till the artist has had his moment of emotional vision there can be no very considerable work of art.” Clive Bell, *Art*, New York: Frederick A. Stokes Company, 1913, pp. 229 – 230.

的表达和再现。第三，在艺术技巧的生成与运作上，贝尔强调，简化和构图是艺术创造的真谛，而这个简化和构图，作为实际的艺术技巧，是艺术家内在精神指导的结果。正是这种内在精神，通过简化对象和构图转换而创造了自足独立的形式。更准确地说："每一种形式的本质以及它与所有其他形式的关系，都取决于艺术家准确表达他所感受到的东西的需要。从这一事实出发，可以说每一种好的构图的出现都存在某种绝对的必然性。"① 贝尔把艺术家的感受称为"绝对的需要"，也正是这种"绝对的需要"决定了艺术作品的形式的必然性，这种感受就具有一种至上意义与核心地位。一件艺术品采取这种形式，而不是别的形式，这样来组合，而不是别的组合，当然是由"绝对的需要"来决定的。这同时意味着，内在的"绝对的需要"决定了什么样的形式和组合是正确的，以及形式的量和度、界限和层次。如此分析，贝尔的"绝对的需要"是不是一种意图，而且是一种不可抗拒和变更的意图？据此，"有意味的形式"能不能阻绝作者与文本的关系，否定意图对文本的决定性意义？如此这般的形式围绕着"绝对的需要"而自组织、自凝聚为自足独立的整体，能不能既不旁涉又不指称外部世界，从而构成独立的、自足的艺术本体？贝尔自己的话就是一个驳斥："每一种形式的本质以及它与其他形式的关系都要取决于艺术家想要准确地表现他们感受到的东西的需要。"形式的本质以及它与其他形式的关系取决于艺术家的需要，体现着作者对文本的决定意义，艺术家的需要是表现他自己所感受到的东西的需要，自觉组织和构建了文本。这"感受到的东西"或者直接是外部世界的映象，或者是这些映象在作者心理、情感、思想上的变幻与折射，证明了文本与外部世界之间指称与被指称的关系；而"想要准确地表现他们感受到的东西的需要"，这个"想要"与"需要"，难道不是许多流派和主义羞于启齿而又无法拒斥的"意图"吗？以所谓"有意味的形式"否定和阻绝作者及作者意图的确定在场，似乎应该休矣。

① "There is an absolute necessity about a good design arising…from the fact that the nature of each form and its relation to all the other forms is determined by the artist's need of expressing exactly what he felt." Clive Bell, *Art*, New York: Frederick A. Stokes Company, 1913, pp. 230 – 231.

我们认为，艺术创作有没有意图，或者说有没有目的，是一个伪命题。创作是人的主观自觉行为，是艺术家自我表现和表达的基本动作方式。艺术家主观上无意表达和表现，其创作行为难道可以由他人启动？从小的视角切入，艺术家的每一个创意以至诸多细节设计都是有意图的。从大的视野放开，“有意味的形式”更是意图的追求和表达。“如果一个艺术家不把无条件地或不受任何物质和精神限制地创造有意味的形式作为自己唯一确定的任务，他就几乎不可能全神贯注地进行创作，从而实现他的目标。”[①] 创造“有意味的形式”就是意图，而且是一个大的意图。正是在这个意义上，贝尔极端推崇塞尚，认为“塞尚是完美艺术家的一个典型代表。他是专业画家、诗人或音乐家的完美对偶。他创造了形式，因为只有这样做，他才能够达到其生存的目的——对他关于形式意味的感悟作出表达”[②]。正是为了达到这一目的，塞尚才花费毕生的精力来表现他所感觉到的情感：“当我们试图解释那些画所产生的情感效果时，我们会很自然地转向创作这些画的人们的思想，而且在关于塞尚的故事中寻找永不枯竭的启示源泉。他终其一生，坚持不懈地努力创造能够表达当灵感到来时他所感觉到的东西的形式。”[③] 更加启发我们的是，主张“有意味的形式”的贝尔也知道，所谓抽象的无主题的纯艺术所表达的目的或意图，常常不为人所理解，常常是难觅知音。为此，他坚持认为，当艺术家们创造出令人难以读懂的作品时，还是要采取措施给些引导的。而且作者本人也有理由这样做。“为了达到这一目的，他只需要把某个熟悉的物体，一棵树或一个人物加入到他的构图中去，这样便万事大吉了。在确定了高度复杂的形式之间许多极为微妙的关系之后，他可以

---

① “It would be almost impossible for an artist who set himself a task no more definite than that of creating, without conditions or limitations material or intellectual, significant form ever so to concentrate his energies as to achieve his object.” Clive Bell, *Art*, New York: Frederick A. Stokes Company, 1913, p. 64.

② Clive Bell, *Art*, New York: Frederick A. Stokes Company, 1913, p. 211.

③ “When we are trying to explain the emotional effectiveness of pictures we turn naturally to the minds of the men who made them, and find in the story of Cézanne an inexhaustible spring of suggestion. His life was a constant effort to create forms that would express what he felt in the moment of inspiration.” Clive Bell, *Art*, New York: Frederick A. Stokes Company, 1913, p. 211.

问一下自己，别人是否也能够欣赏它们。”① 据此，我们可以断言，无论何种艺术，无论何种形式，其创造和书写的意图总是在的，这个意图贯彻于艺术创造的全过程，贯彻于文本中的每一个细节。艺术是要有理解和共鸣的，其理解和共鸣的对象也是意图，是表达意图的全部形式，是以形式裹挟的全部内容。“有意味的形式”，其放大和扩张应该以此为准。

三 “纸上的生命”(Paper Beings)

“纸上的生命”是罗兰·巴特提出的一个有影响的观点，也是他否定作者，否定意图，认定“作者死了”，对文本的任意阐释都均等有效论点的重要根据。1966 年，巴特推出了力作《叙事作品结构分析导论》。当代美学史家认定，此著是法国叙事学的经典之作。在这部著作里，巴特从谁是叙事作品的授予者的视角，表达了结构主义者注重结构作用，否定作者意图的观点。巴特认为，就当时的水平看，对谁是作品的创造者或叙述者，有三种不同的观点：其一，是常识所认可的作者，全部的叙事作品就是由这个被称为“作者”的人持续表达出来的。其二，是一种完整的意识，这个意识是无个性的，“该意识从高超的角度，从上帝的角度讲故事”②，也就是我们今天所说的全知的叙事者。其三，是由叙事作品中的每个人物轮流担当，只是叙事者要将其叙述限制在人物所能观察或了解到的范围之内。

对以上三种看法，巴特全部予以否定。他认为，从结构主义和符号学观点来看，叙述者和人物主要是“纸上的生命”。“一部叙事作品的（实际的）作者在任何方面都不能同这部作品的叙述者混为一谈。”③ 那种“把作者当成一种实在的主体，把叙事作品当成这主体

① Clive Bell, *Art*, New York: Frederick A. Stokes Company, 1913, p. 224.

② Roland Barthes and Lionel Duisit, “An Introduction to the Structural Analysis of Narrative”, *New Literary History*, Vol. 6, No. 2. On Narrative and Narratives, 1975, p. 261.

③ “Narratorand characters, however, at least from our perspective, are essentially ‘paper beings’; the (material) author of a narrative is in no way to be confused with the narrator of that narrative.” Roland Barthes, *Image Music Text*, Essays selected and translated by Stephen Heath, London: Fontana Press, 1977, p. 111.

的工具性表达”，“是结构分析所不能接受的”。[1] 巴特的根据是：“（在叙事作品中）说话的人不是（在生活中）写作的人，写作的人也不是存在的人。”[2] 由此，巴特确定，文本中的叙述者与文本中的人物，都是“纸上的生命”，与作者无关，当然也与作者意图无关。就此，所谓作者意图就可以彻底消解，文本的作者及意图本源被完全排除。更进一步的理论是，在结构主义者看来，所有的叙事作品都是符号及其符号活动的结果。符号活动本身，具有自己的组织规则，这种规则具有强大的组织能力，它既组织作品的话语即符号的排列，也组织作品的意义。按照所谓“不及物”写作的说法，叙事文本的意义，并不是通过反映外部现实去获得，而是产生于符号系统自身的深层结构，文本阐释的重要目的，不是揭示文本意义、作者意图、读者反应，而是揭示文本叙事活动中深层的组织成规和基本语法，探索符号自身的组织与活动机制。如此，理论似乎是完备的，但是，我们仍然有几个难以解开的疑惑。

第一，意图有还是没有。无论怎样看待作者，作品或者文本是一个确定的存在，签署作者的名字而流传于世。我们说《哈姆雷特》和《李尔王》只能确证为莎士比亚的作品，联系于莎翁本人关于文本的意图与写作。如果说作者的思考与文本无关，作者的书写与文本中的人物和故事无关，进而更与文本的话语和精神效应无关，那么《哈姆雷特》这类以物质状态呈现的精神文本是怎样出产的，在出产进行过程中又是如何实现的？如果说作者不是叙事者，那文本中不论是公开还是隐藏的叙事者，是谁设计和制造的？这个制造者为什么塑造这样而不是那样一个叙述者？我从来不怀疑，作品或者文本是作家或书写者思想的产物，是他或者她按照自己的想法或意图，去创造自己独特的产品。对此，我们应该注意，就是那位坚决反对意图的存在和意义、惊世骇俗地主张“作者死了”的罗兰·巴特，还有一个似乎应该奉为经典的定义，尽管这个定义一直没有为人所重视：

---

① Roland Barthes and Lionel Duisit, “An Introduction to the Structural Analysis of Narrative”, *New Literary History*, Vol. 6, No. 2. On Narrative and Narratives, 1975, p. 261.

② ［法］罗兰·巴特：《符号学美学》，董学文等译，辽宁人民出版社 1987 年版，第 134 页。

写作衍生于作家的有意义的动作（geste significatif）。[①]

我们可以从这里得到丰富的启示。其一，在巴特看来，写作是一个动作，一个物质性的动作，此动作由作家这个主体发出。其二，此动作本身必须是有意义的，这个意义与书写的内容和方式有关，起码有两个标准可以衡量：一是书写物能够被识别，不被识别的书写没有意义；二是它能够表达为自己进而为他人所理解的内容和形式，不被理解的书写同样没有意义；三是，所谓“衍生”于动作，可以理解为动作生产文本，伴随书写的动作，文本铺展而来，你可以“抬起头来阅读”（巴特语），但绝不能停止书写而生产文本。这意味着什么呢？意味着巴特对作者与文本关系的不同认识和概括。这个认识显然与“作者死了”的极端提法完全矛盾和对立，证明了意图在创作中不可消解的根本性作用，也证明了意图在文本中幽灵般地无处不在。在这个方向之下，还有更多的材料可以证明，巴特对作者和意图的存在、作用和结果有着毫无歧义的论述。在对阿嘉塔·克莉丝蒂小说的分析中，巴特如此判断：“在她的作品中，构思的意图在于将杀人犯掩藏在叙事第一人称下。读者会在所有情节中‘他’的背后寻找凶手，因为读者是在‘我’的影响下的。”[②] 无任何含糊地指出并肯定作者意图的存在及其决定作用，“我”这个作者的代言人，毫无疑义地证明作者将自己的眼睛赋予了叙述者，以叙述者的名义代替自己做全知全能的叙事。作者的全部意图，通过叙述者得以实施和实现。我们可以判断，这个“我”，即所谓“纸上的生命”，是作者现实生命的化身，或者说，就是作者的生命，它活跃于词语和规则之中，给读者构建了一部贯穿作者意图轨迹的历史文本。在阐释现代诗歌风格产

① ［法］罗兰·巴特：《写作的零度》，转引自《符号学美学》，董学文等译，辽宁人民出版社 1987 年版，第 153 页。（附：有学者将“geste significatif”译为“意指性姿态”。参见罗兰·巴特《写作的零度》，李幼蒸译，中国人民大学出版社 2008 年版，第 13 页。在法文中，“geste”有“动作”“姿势”“手势”“姿态”等含义；“significatif”则作“有意义的”“有含义的”解。）

② ［法］罗兰·巴特：《符号学美学》，董学文等译，辽宁人民出版社 1987 年版，第 157—158 页。

生的原因时，他说："现代诗歌（如雨果、蓝波或沙尔的诗歌）是饱含着风格的，它只是由于一种诗歌创作的意图才成为艺术的。支配着作家的正是风格的'权威性'，此即语言和其躯体内对应物之间绝对自由的联系，有如将一种'新颖性'加于历史传统之上。"① 风格是形式的重要方面，以形式为生命的结构主义者却在这里言定意图决定了风格。而风格及其权威性，却又是由语言与作家身体之内的对应物的联系所决定，是身体决定了风格？或者说身体通过意图决定了风格？无论怎样，作者和作者意图是风格的源头。如此，那些实现风格的叙述者和人物还是"纸上的生命"吗？

第二，符号如何组织文本。在结构主义看来，叙事作品本质上是一种符号活动的结果，这种符号活动有它自身的组织规则，这套规则制约和引领叙事行为，由叙事生成作品，生成意义。叙事学的重要任务就是揭示叙事活动深层的自组织成规，以及类似于语言的基本语法，而非叙事所反映的外部对象，更不是书写者的叙事动机和意图。对这个观点，应该有两个方向的讨论。首先，我们赞成，在一定意义上说，语言是符号，独立的文本是完备自洽的符号系统。符号学研究可以而且应该把各类文本包括文学文本作为对象，给予科学的符码分析。我们也赞成，符号系统有其自我组合及运作的规则，构建科学合理的符号系统，应该而且必须遵照系统规则有序运作，不可以随意变换和破坏规则。另一方面，我们也应发出疑问：如果说文本是符号的，那么是谁在组织符号，符号是否可以自动遵循系统规则组合种种文本？如果"写作衍生于作家的有意义的动作"，那么这个动作是盲目的、非理性的，还是自觉的、筹划的，符号的操作者于操作事先及行进中，有没有自己的预设和构建？我们认为，无论从何种意义上讲，写作是作家自觉的理性活动，是在确定的思维和逻辑规则制约及引领下展开的。其根据就是，写作本身是一种自觉的意识活动，是意识的自主建构行为，自觉的意识活动一旦展开，从初始设计到细节安

---

① ［法］罗兰·巴特：《写作的零度》，李幼蒸译，中国人民大学出版社 2008 年版，第 10 页；参见［法］罗兰·巴特《符号学美学》，董学文等译，辽宁人民出版社 1987 年版，第 149 页。

排，都是意识自身遵照其意向持续展开。在此过程中，就文学写作来说，哪怕书写者已是激情澎湃，疯癫迷狂，理性也始终是主导力量，或者最终要回归理性，以理性的方式和进程推进书写，通过词语编码建构意义。毫无疑问，人类是通过语言展开并实现其思维和意识的。无论什么人，只要是运用公开的、可交流的语言展开思维和意识，其语言所指称的对象，必须与思维所意指的对象相一致；其语言表达的意义，也必须与意识本身所发出的意义相一致。语言表达与意识活动是不可分割的，没有离开意识的语言，也没有离开语言的意识。同时，因为我们赋予符号以语言功能，或者说用符号表征语言，符号与意识的关系也当然如此。对此，胡塞尔从他的意向性理论出发，考察意向活动在语言活动中的作用，并作出了自己的判断。胡塞尔认为："意义应当处在那些可以在某些方面直观地显现出来的意义—意向之中。"① 胡塞尔提出了"授予意义的活动"（the meaning - fulfilling acts）② 这个重要概念。所谓"授予意义的活动"，他指的是在语音、知觉和意义意念之间建立联系的意向性综合活动。在他看来，语言的声音符号或者书写符号与意义的联系，以及概念与判断之间的联系等，都是通过意向活动加以综合或组合而得以实现的。当人们有目的地使用某种表达式来输出思想时，就有确定的理智活动授予表达式以确定的意义。这种理智活动就是胡塞尔所说的"授予意义的活动"。正是通过这种理智的、意向性的活动，每一个语词就不再是纸上的符号或声音，而是具有了一定的意义，并且与对象有了确定的关系。③由此看来，叙事本身所创造的"纸上的生命"，就不仅仅是"纸上的"；叙事中的人物和声音，无论何种名称，都是叙事者清醒意向的观照，因此而展开的全部文字，都是叙事者——从意识与书写的关系

---

① "Meanings have to be present in meaning - intentions that can come into a certain relation to intuition." Husserl, *Logical Investigations*, Vol. Ⅰ, translated by J. N. Findlay, Routledge & Kegan Paul: London and Henley, Humanities Press Inc.: New Jersey, 1970, p. 533. 同时参见胡塞尔《逻辑研究》第2卷，倪梁康译，上海译文出版社1998年版，第378页。

② Husserl, *Logical Investigations*, Vol. Ⅰ, translated by J. N. Findlay, Routledge & Kegan Paul: London and Henley, Humanities Press Inc.: New Jersey, 1970, p. 281.

③ 参见涂纪亮《现代西方语言哲学比较研究》，中国社会科学出版社1996年版，第451页。

说，这些叙事者不是别人——恰恰是书写者本人，是 20 世纪西方文论主潮中讳莫如深的作者。

第三，意图如何控制书写。关于这一点，当代西方哲学、语言学、文艺学等诸多学科理论都有自己的态度和立场。不同的意见以至完全相反的意见之间的争论辩驳，持续了百年之久。无论是“意义应当处在意义—意向之中”，还是“叙事技巧有印象派之风：其将能指碎解为言辞实体的颗粒，唯借接合凝定，方产生意义”，[①] 我们都坚定地认为，从人类历史几千年的文学写作看，无论文学的语言和文本被如何解析、命名，写作始终是人的意识行为，是作者自觉的表达和倾听。把一个活生生的文学经典视为符号系统吗？可以。但是，这并不能否定书写意识和意图是实际写作的真正源头。符码是死的，意识和意图才是活的，是作者的意识和意图赋予符号以“生命”和意义。符号可以有自组织的规则，但绝对没有自组织的功能，符号的无序堆砌没有意义，唯有书写者根据或依照符号规则的要求，有意识地自觉组织排列无意义的符码，才使符码成为有意义的符码，而且这个意义是书写者需要的意义。“只有当言谈者怀着要‘对某物作出自己的表示’这个目的而发出一组声音（或写下一些文字符号等等）的时候，换言之，只有当他在某些心理行为中赋予这组声音以一个他想告知于听者的意义时，被发出的这组声音才成为被说出的语句，成为告知的话语……听者之所以能理解说者，是因为他把说者看作一个人，这个人不只是在发出声音，而是在和他说话，因而这个人同时在进行着某种赋予意义的行为。”[②]

当然，理论总是灰色的。文艺实践才是检验理论的标准。我们更认可的是，经典作家对书写的认识和判断，他们对自己的写作是否清醒，是否清楚地意识到自己的意图，并在书写中自觉地展开意图。特别是那些被称为意识流的写作，那种被认为是无意识涂抹就可以被称为文本意义的写作，那种以为隐藏于文本叙事背后，以其他什么独特

---

① ［法］罗兰·巴特：《S/Z》，屠友祥译，上海人民出版社 2002 年版，第 87—88 页。

② Husserl, *Logical Investigations*, Vol. Ⅰ, translated by J. N. Findlay, Routledge & Kegan Paul: London and Henley, Humanities Press Inc.: New Jersey, 1970, pp. 276 – 277. 同时参见胡塞尔《逻辑研究》第 2 卷第一部分，倪梁康译，上海译文出版社 1998 年版，第 35 页。

方式叙述文本的写作，就可以否定意图、消解意图、视意图为虚无的观点，在经典作家那里，会有怎样的回答。《尤利西斯》是当代西方意识流小说的经典。乔伊斯笔下的意识流，捕捉人物头脑中毫不连贯、变幻无常、凌乱芜杂、漫无边际的思绪和梦境，几乎令人无法阅读。这是信笔写来，或者是符码的随意堆砌，还是作家意图的精心展开与表达？最典型的是女主人公莫莉的形象，她以文本结束时的长篇梦呓而为各方瞩目。然而，就是这个莫莉，其形象却是乔伊斯精心意图的寄托物。他曾清楚地说过，他要这位看起来很放荡的女人，是一位“头脑完全清醒的、丰满的、超乎道德的、可受精的、不可靠的、讨人喜欢的、精明的、有限度的、谨慎的、满不在乎的妇人”，而不是小说家们常常设想的那种热情奔放、不顾一切、想入非非的人物。①《尤利西斯》这部“天书”，有没有作者的意图或者说“原意”？他说，“我在这本书（《尤利西斯》）里设置了那么多迷津，它将迫使几个世纪的教授学者们来争论我的原意”，而且恶作剧地调侃我们大家：“这就是确保不朽的唯一途径。”② 这真有些意图自现的味道。弗吉尼亚·沃尔夫也以意识流小说的创作著称。但是，对《达洛威夫人》这部作品，沃尔夫却说：“我很想表现自己。我突然对自己的作品产生了浓厚的兴趣。我想表现人们——像奥特王那种人的内心卑鄙的一面，暴露人心的狡诈。”③ 关于《雅各布的房间》，她说：“我在练习创作并反映我的价值观念。”④

结　论

作家的智商不可低估。尤其是理论家们，不要总是以为自己的理解和阐释是最高明的，不要总是蔑视作家的意图和创造。我们欣赏罗兰·巴特曾经说过的这样一段话：“语言和文体是盲目的力量；写作

---

① ［美］理查德·艾尔曼：《乔伊斯传》，金隄等译，北京十月出版社2016年版，第588—589页。

② ［爱尔兰］乔伊斯：《尤利西斯》，萧乾等译，译林出版社2010年版，第15页。

③ ［英］伍尔芙：《日记选》，戴红珍等译，百花文艺出版社2012年版，第47页。

④ 同上书，第56页。

却是来自历史统一性的一种行动，语言和文体是客观物；而写作却是一种功能：它是创作与社会之间的交往，它是被它的社会目的改造成的文学语言，它是紧紧依赖于人类意向并且与历史上重大转折密不可分的形式。”① 尽管这和他后来的主张有很大差异。我们的结论是，作者的意图是“有”的，是“在场”的，灵魂一般潜入文本之中，左右着文本并左右着读者的阐释。你可以有自己的理解，也尽可以无边际地发挥，但是不要说这些发挥是作者的，或者因此而否定意图“在场”。在文本书写与播撒过程中，作者没有把自己的作品强加给读者，他只是按照自己的愿望写下这些文字，表达对人生、对世界的理解和认识。至于其他，他们宽厚地任由他人理解和阐释。面对你的理解和阐释，他保持沉默。文本既已放在那里，他就不再自我辩护。特别是经典作品，作者物质地死掉了，他再也没有机会和权利为自己辩护，而我们，也就是读者，确证自己的理解，并把这种理解强加给作者，坚定地认为自己的理解就是文本的本意，是比作者本人的书写更确切更深刻的意义。这就是强制，就是阐释中的强制霸权和话语。正如罗兰·巴特所说：“阅读则是相反，它驱散，播撒；或是我们面对某个故事，至少清楚地看到我们步步渐进的几分强制。”② 对这种强制，还是应该收敛，应该回到对话的立场，尊重文本，尊重作者，尊重意图，给文本以恰如其分的认识和公正确当的阐释。

---

① ［法］罗兰·巴特：《写作的零度》，转引自《符号学美学》，董学文等译，辽宁人民出版社 1987 年版，第 150 页。

② ［法］罗兰·巴特：《S/Z》，屠友祥译，上海人民出版社 2000 年版，第 52 页。

历史事物中的主观意图及其客观阐释

吴晓明*

近一个时期以来，文艺理论界关于作品（或文本）的理解与阐释的讨论似乎热闹了起来。由于张江先生的积极倡导和尖锐追问，像“作者”是否已死，“意图”在不在场等问题或将成为争论的焦点，从而推动有关艺术作品之现实理解与客观阐释的深入研究，并从中去探寻一条能够真正趋避于相对主义和虚无主义结论的道路。很明显，只要这样的探讨或争论一经展开，问题就不会仅仅局限于文艺理论的内部，而势必将在其深化的过程中扩展为意义更为广泛的哲学问题和解释学问题。因此，本文试图首先就普遍的“历史事物”展开讨论，以便从哲学上去把握这些事物中主观意图的实际生存，以及历史事物的客观阐释将如何包摄并超越这样的主观意图。

一

对于历史事物之真正的客观阐释来说，它必须（而且首先必须）将人的主观意图包含在自身之内，因为历史事物一开始就是在与自然事物的区别和对待中确立自身的，而这样的区别和对待又总是以人的

* 吴晓明，复旦大学哲学学院教授，研究方向：马克思主义哲学史、科学哲学和比较哲学。

主观意图是否介入作为基本根据的。如果说，先前较为粗陋的历史观念一方面只是用“天意”或“神意”来剪灭并湮没人的主观意图以达成对历史的客观解释，那么它在另一方面却完全无法掌控并安顿人的主观意图，而只能滞留于对历史之单纯偶然的和主观的理解中。18世纪初维柯关于历史理性的伟大构想，直到德国古典哲学时期，特别是在黑格尔哲学中，才迎来了它的繁花盛开。而在这之前，人们依然“相信‘历史’是建筑在捉摸不定的流水之上的，是建筑在喷涌无常的火山之巅的，以致意图从那里边去发现各种规律、观念、神圣的东西和永恒的东西的任何尝试，都可以被义正词严地斥责为故意卖弄，或者先天的胡吹，或者空虚的想象”①。

在这里出现的真正难点在于：哲学或科学，乃至于一般所谓知识，皆有其基本的“客观性（Sachlichkeit）告诫”——它的一般含义即在于隔离主观性或主观意图；然而历史事物的根本性质恰恰就在于：它以主观性为前提并由主观意图所贯彻。就像我们无法构造出以主观性为前提的自然事物一样，我们也不可能想象不为主观意图所贯彻的历史事物。因此，对于历史事物进行客观阐释的本质方面就在于：除非它能够充分涵摄并牢牢把握住参与历史事物的主观意图，否则这种阐释就不能成为真正客观的。伽达默尔很正确地把黑格尔称为思想之客观性的“魁首”②，因为黑格尔不仅在哲学上要求将“历史”提升为原则，而且根据“事情本身”要求在统摄了全部主观性或主观意图的基础上来把握历史的客观性。要达到这种客观性，无疑依赖于哲学思想上的巨大进展，但为了讨论简便起见，我们可以直接引述黑格尔的那个著名的说法，即“理性的狡计”③。

在黑格尔看来，理性统治着世界，因而也统治着历史。理性不仅是强有力的——作为无限的机能展开并实现自身，而且是机智狡黠的——它总是通过人的主观意图来实现自己的目的，通过人的主观性（欲望、

---

① ［德］黑格尔：《历史哲学》，王造时译，上海世纪出版集团2006年版，序言第7页。

② 参见［德］伽达默尔《哲学解释学》，夏镇平、宋建平译，上海译文出版社1994年版，第71页。

③ 参见［德］黑格尔《历史哲学》，王造时译，上海世纪出版集团2006年版，第30页。

热情、意见等等）来完成自己的作品。“因此，我们叫作主观方面的东西，如像需要、本能、热情、私利以及意见和主观的概念……这一大堆的欲望、兴趣和活动，便是‘世界精神’为完成它的目的——使这目的具有意识，并且实现这目的——所用的工具和手段。”① 对于理性自身的目的，每一个个人（或民族）是无所知的，但他们却通过自己的主观意图和活动无意识地或不自觉地实现了它。理性正是通过这种“狡计”来完成它自己，并且唯有通过这种经由主观意图的方式，理性才将自身展现为历史之具体的现实。由此我们看到，黑格尔是把人的主观意图包摄进对历史的客观阐释中了。

这种包摄是非常坚决也非常明确的，以至于黑格尔一方面把理性还依然停留在抽象普遍性上的原则、目的、使命等概括为“观念”，另一方面把人的主观方面即需要、本能、兴趣、意图等概括为“热情”，并就此而断言这两者共同构成“世界历史的经纬线”。这里所使用的“热情”一词，意指一切意志活动的主观方面。黑格尔声称：如果没有“热情”，世界历史上一切伟大的事业都不会成功。抽象普遍的“观念”还只是单纯自为的东西，是一种潜在的可能性，还没有从其“内在”达于真正的“生存”。因此，“为得要产生确实性起见，必须加上第二个因素，那就是实行、实现，这个因素的原则便是‘意志’——最广义的人类的活动……那个使它们（观念）行动，给它们决定的存在的原动力，便是人类的需要、本能、兴趣和热情”②。既然黑格尔将普遍的观念和人的意志活动把握为世界历史的经纬线，既然历史的具体现实（现实：本质与实存的统一）唯通过这种经纬的交织方始能够积极地构成，那么，正像波澜壮阔的历史行程最为广泛地囊括着并生存于人的意志活动中一样，对历史事物的阐释只有在包摄——而绝不是清除——人的主观意图及其活动之际方才能够是真正客观的。在某种比拟的意义上可以说，割断经线或纬线的任何一脉都将使交错在织品上的历史图景分崩离析，从而也将使对此图景的客观描述化为泡影。

---

① ［德］黑格尔：《历史哲学》，王造时译，上海世纪出版集团2006年版，第23页。

② 同上书，第20、18—19页。

我们由此可以得到的一个初步的观点是：虽说“世界精神”（作为世界历史的理性）有其自身的目的，虽说这样的目的与人的主观意图相当不同，但人的主观意图及其活动却无所不在地参与到并生存于历史的现实之中；在这样的意义上，对历史的现实把握必包含人类活动的主观意图，换言之，这样的主观意图在对历史事物的客观阐释中不能不“在场”。那种只是力图完全拒斥并驱逐人的主观意图以便维护对历史之客观解释的观点，不过是在主张一种粗陋的、天真的和无思想的客观性，借用德罗伊森的说法，也就是“阉人般的客观性”。我们可以根据黑格尔的一个生动譬喻来表明，人的主观意图以何种方式参与到历史的客观行程之中。例如有一个人，为某种或许是有理由的复仇心所驱使，去放火烧毁仇人的房屋。就其主观意图而言，他是要报复仇家，所以只是在某根梁柱上放了一把小火；但结果却引发了一场烧毁整个街区的大火灾，造成了巨大的伤亡和财产损失，这当然又完全超出了放火者的主观意图。[①] 这个譬喻提示的第一点是：这场火灾是一个“历史事件”，而放火者的主观意图是与这个事件本质相关的；因而对于这个历史事件的客观阐释来说，放火者的主观意图不能不被包摄进去，换言之，它不能不在场。如果以为这个毁灭性的火灾实际上大大超出或偏离了放火者的主观意图，因而要将这种意图从对事件的客观阐释中完全铲除，那么，这个事件就不再是历史事件而只能是自然事件了——比如说，一场野火，一场由雷电或干旱引起的火灾，等等。就此而言，人的主观意图必须被充分地整合到对历史事物的客观阐释之中。

然而，这个譬喻同时提示出来的原理是：正是由于这个历史事件极大地超出并偏离了那人的主观意图，由于该事件所牵涉到的内容有出于行动者意志和意识之外的东西，所以不可能仅仅根据人的主观意图来构成对历史事物的客观阐释。因为主观意图对于这种客观阐释来说是不充分的——不只是不充分的，而且是必须通过这种不充分性来揭示某种普遍者的决定意义。上述的大火灾“也许不在犯事者的自觉

---

① 参见［德］黑格尔《历史哲学》，王造时译，上海世纪出版集团 2006 年版，第 25—26 页。

中，更不在他的意志中。然而他的行动本身就是这样，由于这桩行动造成了普遍的和实体的东西"[①]。就主观意图对于历史之客观阐释的必要性和不充分性来说，就这种不充分性反过来绽露历史中"普遍的和实体的东西"来说，黑格尔是正确的。因为历史事物的客观性及其客观阐释完全不可能被整全地归结到人的主观意图中去：在这里必须得到承认的不是某个人或某些人的主观意图，也不是所有人的主观意图之集合或平均数，而是某种实体性的和普遍的东西。黑格尔把这种东西理解为作为绝对者的理性或精神，并因而最终把历史哲学称为"真正的辨神论"（在历史上对上帝的证实）；马克思无疑决定性地摧毁了这种思辨神学的观点，但这并不意味着马克思把对历史事物的客观阐释或者归结到非人的"天意"或者归结到人的主观意图（及其集合）中去。就此而言，洛维特说得对，马克思思想的独特方面在于："他之所以针对费尔巴哈捍卫黑格尔，乃是因为黑格尔理解普遍者的决定意义，而他之所以攻击黑格尔，乃是因为黑格尔在哲学上把历史的普遍关系神秘化了。"[②] 约言之，对于马克思来说，具有决定意义的普遍者不是思辨的绝对精神，而是生产方式的变动结构。

因此，为了能够对历史事物作出真正客观的——亦即具体而现实的——阐述，一方面必须深入地把捉具有决定意义的普遍者，另一方面又必须使人的主观意图在客观的历史阐释中活跃地在场，并内在地与普遍者的基础定向相勾连。因为正是这种勾连本身（所谓经纬线的交织）规定着普遍者的定向如何实现，以何种方式去实现，也规定着人的主观意图如何参与、在何种程度上参与到那基础定向的筹划之中。例如，罗马共和国的倾覆，作为重大的历史事件，显然与凯撒的活动和主观意图有关；而在其各种主观意图中，又很容易识别出他对最高权力的巨大渴望和勃勃野心。即便是这样的意图，作为"个别兴趣和自私欲望"，也在此历史事件的客观构成中有其地位。唯当普遍者的基本定向与凯撒的主观意图建立起特殊的内在勾连，这一基本定

---

① ［德］黑格尔：《历史哲学》，王造时译，上海世纪出版集团2006年版，第26页。

② ［德］卡尔·洛维特：《从黑格尔到尼采》，李秋零译，生活·读书·新知三联书店2006年版，第127页注①。

向才作为客观的历史事件得以"当机立断地"实现，而凯撒的欲望和野心等才成为此客观事件的一部分，而不致像在其他人那里经常发生的那样，只是跌落到单纯的梦想或幻觉中去。在这个意义上，使凯撒的意图得以实现的东西，"同时却是罗马历史以及世界历史上一种必要的使命。由此可见，这个东西不仅仅是他个人的胜利，而是一种不自觉的本能，要来完成那时机已经成熟的事业"[①]。

二

我们在前面只是最一般地探讨了历史事物中的主观意图及其客观阐释，由此而达致的最一般的见解是：在对历史事物之真正客观的阐释中，历史活动者的主观意图不能不在场；但仅仅依循这种主观意图而来的阐释则是不充分的，甚至是误入歧途的。进一步来说，我们知道，有不同形态的历史事物，有不同规模的历史阐释，而历史活动者的主观意图亦可区分为相当不同的层级和类型——从最简单的来自于个别兴趣和自私欲望的意图，到某种由特定的政治或社会目标来定向的意图，甚至到那些本身具有"神圣性"的意图，如道德、伦常、宗教虔敬，还包括各种理想，如"理性"的理想、"善"的理想、"真"的理想等。[②] 毫无疑问，对某一特定历史事物的客观阐释，依赖于上述各种区分因素在阐释目标指引下的具体化——我们无意于作出精确的区分，而只是提示这种客观阐释之具体化的必要性罢了。

现在需要研究的是对"作品"的客观阐释问题。与前面的讨论相衔接，这里首先会牵扯到"作者"与"作品"的关系问题，牵扯到作者的主观意图在对作品之客观阐释中的地位问题。就像"作品"本身的含意可以极为广泛（甚至可以把一切历史事物称为"作品"）一样，作品中最为切近地关系到阐释任务的广泛对象就是所谓"文本"的领域。文本的作者是广义的书写者，就像这些书写者是在历史中活动的各色人等一样，文本本身乃是历史的事物。在这种最一般的

① ［德］黑格尔：《历史哲学》，王造时译，上海世纪出版集团2006年版，第27页。

② 同上书，第30—33页。

意义上，书写者与文本的关系，书写者的主观意图之进入到文本的内部构成之中，与我们前述关于历史事物之客观阐释中主观意图的地位乃是大体一致的；尽管我们必须意识到，文本是一种独特类型的历史事物，而书写者的主观意图不仅在总体上区别于较为通常的意图类型，而且总是依文本本身的题材和内容特性使有差别的意图得以被动用起来并贯彻下去。

例如，在大量的历史学文本中，作者的政治意图以及这种意图在其中获得定位的政治情境总是能够或者清晰，或者曲折地显现出来。即使是历史学意识强烈地要求以“压制个性”来使历史叙事保持“中立”意义上的客观性时，情形亦复如此。我们知道，兰克曾经以一个著名的说法为历史思维的理想提供了一个广为人知的公式，即：历史意识的真正任务是从过去时代的精神出发去理解过去时代的所有证据，必须把这些证据从我们自己当前生活的偏见中解脱出来，从而把过去作为一种人类现象来认识。很明显，这个公式要求严格地控制我们自己当前的偏见（更不用说那些可以被称之为“意图”的东西了），以便达到对历史事物的客观叙述。然而，“即使是在那些看起来已经极为成功地达到了兰克压制个性的要求的历史学巨著中，关于我们科学经验的一条毋庸置疑的原则仍然成立，即我们能够准确无误地根据写作这些著作时所处时代的政治倾向来对这些著作进行分类。当我们阅读蒙森的《罗马史》的时候，我们知道唯有谁才可能写作这本书，也就是说，我们可以认出这位历史学家能以一种有意义的方式把过去年代的各种见解组织起来的政治情境”①。就我们所探讨的主题而言，这样的事实表明：第一，在上述的历史学文本中，作者的意图——政治意图——总是以某种方式在场的；因为它如果根本不在场，就不可能从文本中被识别出来。第二，这样的政治意图，无论是趋于何种方向的意图，总是同特定时代的政治倾向或政治情境本质相关的；换言之，是植根于这一时代之基本的政治态势并从中获得滋养的。第三，虽说控制自己的意图或偏见（以求不致误解过去的证据）

① ［德］伽达默尔：《哲学解释学》，夏镇平、宋建平译，上海译文出版社1994年版，第6页。

可以是一个合理的要求，但兰克式的戒律看来并非成功：一方面是力图遵守戒律的文本依然到处透露出意图或偏见的消息，另一方面是完全消除个性（特别是意图或偏见）的历史学文本是否真的可能？当这样的问题产生之际，哲学解释学便理所当然地要求去重新评估“偏见”或“意图”在文本书写及理解中的地位和意义了。

我们在重大的历史事件及著名的哲学文本中同样可以观察到类似的情形，可以观察到“作者”的社会—政治意图是如何参与到事件和文本中间并构成其实质性要件的。苏格拉底之死以及柏拉图的《理想国》是广为人知的。就前者而言，我们很容易把苏格拉底被判死刑看成一幕由无知和鲁莽导致的本可以避免的悲剧，而受到冤屈的主人公便是这位哲人。苏格拉底被控的罪名有两项：第一，他诱惑青年，教人不服从父母；第二，他不信旧的神灵，而提倡新的神灵。[①] 教人不服从父母意味着毁坏希腊人长久以来生活其中并依然持存的伦理世界，意味着见到并说出一种导致这个伦理世界（首先是家庭伦理）实际解体的因素，因而也意味着驱除旧的神灵而倡导新的神灵。如果说旧的神灵乃是生存于希腊的伦理世界之中并作为捍卫其神圣性的守护者，那么，新的神灵势必与这一依然持存的伦理世界发生激烈冲突，并成为其危险的破坏者。这新的神灵乃是通过“认识你自己”的箴言而得到显现的主观自由、自我意识、思维的内在性，苏格拉底将这一新的原则道说出来，这便显示出他的天才；然而雅典的民族精神通过控告苏格拉底以“对抗那个对他们极有害的原则”，便也理所当然了。“拿人自己的自我意识，拿每一个人思维的普遍意识来代替神谕，——这乃是一个变革。这种内在的确定性无论如何是另一种新的神，不是雅典人过去一向相信的神；所以对苏格拉底的控诉完全是对的。”[②] 由此可见，在这一重大的历史事件中，不仅苏格拉底在场，而且是他的或许可称之为社会—政治的意图决定性地在场，并且正是这种以哲学方式道说出来的意图构成有理由的一方，以与同样有理由

① 参见［德］黑格尔《哲学史讲演录》第 2 卷，贺麟、王太庆等译，商务印书馆 1960 年版，第 92 页。

② ［德］黑格尔：《哲学史讲演录》第 2 卷，贺麟、王太庆等译，商务印书馆 1960 年版，第 96、92 页。

的另一方——雅典的伦理精神——相抗衡。

那么，柏拉图的《理想国》又如何呢？这个文本时常被看成是乌托邦式的虚构，甚至成了这种虚构的代名词。如果把它仅仅当作柏拉图的个人杜撰或主观虚构来看待，那无论如何是太过肤浅了。这个文本的时代大体就是苏格拉底时代，其根本之点在于：特殊的主观性原则正在缓慢而有力地生成，并开始侵入到希腊的伦理世界中去。虽说这一点无疑是构成《理想国》文本的社会—历史条件，但我们同时还要说明柏拉图的社会—历史意图如何在该文本中现身。如果说苏格拉底是识别出新的原则并把它道说出来，那么柏拉图的理想国实质上正是对希腊伦理本性的解释。“柏拉图那时已意识到更深刻的原则正在突破而侵入希腊的伦理，这种原则还只能作为一种尚未实现的渴望，从而只能作为一种败坏的东西在希腊的伦理中直接出现。为谋对抗计，柏拉图不得不求助于这种渴望本身。”[①] 这一解说正应当成为对《理想国》进行客观阐释的枢轴，而“为谋对抗计”这个短语，乃直指柏拉图的社会—政治意图。如果将这种意图完全取消，那么“理想国”便至多作为一种思想的单纯幻觉而根本不可能得到真正客观的阐释了。正是由于独立特殊性的新神灵当时只是作为一种败坏的东西在希腊伦理中直接出现，正是由于文本作者“为谋对抗计”的明确意图，所以，“柏拉图在他的理想国中描绘了实体性的伦理生活的理想的美和真，但是在应付独立特殊性的原则（在他的时代，这一原则已侵入希腊伦理中）时，他只能做到这一点，即提出他的纯粹实体性的国家来同这个原则相对立，并把这个原则……从实体性的国家中完全排除出去”[②]。由此我们可以最为清晰地看到，对《理想国》这个文本的客观阐释，必须不容置疑地将柏拉图的社会—政治意图包摄进去，而不论我们对这种意图采取何种态度。

然而也正是在这里，在我们要求把“作者”的主观意图整合进“事情本身”——无论是事件还是文本——的客观阐释中时，试图仅

---

① ［德］黑格尔：《法哲学原理》，范杨、张企泰译，商务印书馆1961年版，序言第10页。

② 同上书，第200页。

仅依循作者意图来定向的阐释便立即明白无误地表现出其最大的不充分性来，即便对于那些具有惊人创造力的大思想家和大哲学家来说也是如此。一方面，事件或文本的实体性内容——它可以被看作是时代精神的演变或历史性实践的进程——是大大地超越于“作者”的意图的，它也根本不可能由作者的意图被创造出来。如果说苏格拉底之死和柏拉图的《理想国》在客观阐释中必包含“作者”的意图，那么，这种意图之起作用的可能性则纯全在于这样一种时代状况，即希腊的伦理世界遭遇到主观自由原则的入侵而面临重大的转折关头。唯独这样一种普遍的时代状况才提供出“作品”的实体性内容，才构成“作者”意图的现实基础。因此，另一方面，无论是作者本人还是其意图本身，都不能构成对作品进行客观阐释之最终的——因而是不再被追究的——根据。虽说作者及其意图开展出作品的全面的具体化并使之得以实现，但具有决定意义的普遍者（我们可以把它简要地称之为“时代状况”）才提供出具有实体性内容的现实基础。在这个意义上，就像作品要被视为时代状况的产物一样，作者及其意图亦必要被归结为时代状况的产物。只有在主观自由的原则侵入并威胁到希腊伦理世界的时代状况下，才会有苏格拉底之死和柏拉图的《理想国》，也才会有苏格拉底之一力申说主观自由原则的意图，以及柏拉图试图通过实体性国家来拒斥主观自由原则的另一种意图。①

三

对于历史事物中主观意图的客观阐释来说，在一般关系大体确定之后，我们还面临着某些更加复杂也更加深入的问题——它们特别地被当作解释学问题来予以追究。问题的重点首先在于文本的情境与解释者自身的情境之间的巨大“间隔”，而解释学的任务就在于“沟通存在于思想之间的个人距离或历史距离”②。最初的解释学方案虽然

---

① 参见［德］黑格尔《哲学史讲演录》第2卷，贺麟、王太庆等译，商务印书馆1960年版，第63、260—261页。

② 参见［德］伽达默尔《哲学解释学》，夏镇平、宋建平译，上海译文出版社1994年版，第96页。

要求以特定的方式达到对文本及其作者的客观解释，但却忽视甚至牺牲了解释者的客观性植根其中的历史情境。就此而言，这种方案乃是天真的，它以抹杀解释者自身的情境为导向。比如说，柏拉图写作《理想国》时的情境同今天21世纪的解释者的情境之间，不啻天壤之别——而对《理想国》的客观阐释似乎就在于全然放弃解释者的当前情境，而使自身进入到柏拉图的意图在其中形成和活动的那个情境中去。这种方案甚至在斯宾诺莎的《圣经》解释中就已经出现。在斯宾诺莎看来，我们必须从历史资料中推出作者本人的意图（mens），根本的任务是历史地把握作者的精神以及作者所能想到的意义，并且克服我们的偏见。① 与此相类似，虽说施莱尔马赫和狄尔泰在当代解释学的草创方面居功甚伟，但他们仍然主张认识者（解释者）自身的当前情境只具有消极的意义。也就是说，这种情境是阻碍正确理解得以实现的偏见和曲解的根源，因而是解释者必须超越的东西。这样一种解释学方案固然包含着某种浅近的和片断的正确性，并且也是人们一般认可的观念，但很快就遭遇到哲学上的尖锐挑战。

由于海德格尔对主体性（我思，自我意识）哲学的存在论批判，由于伽达默尔在此基础上重建的哲学解释学，那种意图把阐释历史事物（特别是文本）的客观性仅仅置放在作者意图的情境中并彻底放弃或驱除解释者自身情境的立场，便严重地成问题了。问题的简易提法是：我们是否有可能从自身的社会—历史情境中彻底摆脱出来，并且无偏见地纯全置身于作者本人的意图所在的那个情境中？问题进一步在哲学上的提法是：先验哲学那种本质上无情境、非历史的自主主体是否可能？对历史事物的客观理解是否能够通过清除解释者的一切情境从而清除其所有偏见的主体性活动来实现？

虽说前辈大哲——特别是黑格尔、马克思、海德格尔——已经为问题的回答作好了某种准备，但伽达默尔还是以普遍解释学的方式对之作出了系统的应答。他把那种假定解释者或认识者能够脱开并背离自身历史性情境的立场称作“方法论异化”，并批判性地指出：唯当

---

① 参见［德］伽达默尔《真理与方法》上卷，洪汉鼎译，上海译文出版社1999年版，第234—235页。

我们生存于其中的历史性情境只是我们进行理解或阐释的纯粹偶然的和主观的条件时，它才可能被放弃；但如果这样的情境乃是我们全部活动由以开展的本体论条件，那么，在理解或阐释的一切过程中就已本质地并且是先行地包含着解释者自身的当前情境。因此，解释者根本不可能仅仅通过采取某种态度，就使自己真的摆脱并离开他的当下情境。我们把这种情境理解为由社会—历史的具体化所规定的时代状况，无论是文本作者还是文本的解释者，都不可能——根本不可能——同这种时代状况相脱离。正如黑格尔所说，“妄想一种哲学可以超出它那个时代，这与妄想个人可以跳出他的时代，跳出罗陀斯岛，是同样愚蠢的”①。

这样一来，我们所面对的事情就变得更复杂了。如果说，我们先前的讨论已经确认：对历史事物的客观阐释须包含——但不满足于——“作者”（活动者）的主观意图，而这种不满足又是由于历史事物本身、活动者及其主观意图为特定的社会—历史情境所超越并被赋予意义的，那么，如今我们还要面对的是作出阐释的、生存于相当不同的社会—历史情境中的阐释者及其被规定了的意图；进而言之，由于这两者—— 一方面是作者和作品及其时代状况，另一方面是理解者或阐释者及其时代状况——之间的巨大间隔，所以把握住两者之间的关系并建立起两者之间的沟通就成为必要的了。很显然，当代解释学主要就是在这样的领域中活动并取得成果的，而这样的问题领域本身将使我们关于历史事物中的主观意图及其客观阐释的讨论获得极大的丰富和有意义的拓展。与我们的讨论特别有关的是以下三个重要的解释学议题。

首先，是对所谓“偏见”之意义的重估。当施莱尔马赫和狄尔泰把文本或活动的意义等同于其作者的主观意图，因而把理解或阐释的任务看作是如同原作者本人那样去恢复文本或活动的意义时，解释者自身的历史性情境就被完全阉割掉了，从而成为一种超社会—历史的抽象主体——据说只有这种主体之中立的、不带偏见的意识才能保证

① ［德］黑格尔：《法哲学原理》，范杨、张企泰译，商务印书馆 1961 年版，序言第 12 页。

知识的客观性。伽达默尔断言：这样的主体和知识的客观性是根本不存在的，而现实的、生存于特定历史性情境中的解释者乃是有限的主体（相对于那种抽象的、无限的主体而言），这种主体能够构成的客观性知识是带有“偏见”或意图的（就其不可能脱离自身的情境并成为作者本人的意识而言）。因此，“偏见”决不意味着任意解释的可能性，相反，它倒是意味着应当这样来承认解释者本身的意图，即这种意图在解释者自身的具体历史处境中有其现实的根源。就此而言，“偏见”是使有限的、生存于特定处境中的解释者能够进行历史理解的积极前提，而不是一种必须被去除的障碍或消极因素。“事实上，我们存在的历史性包含着从词义上所说的偏见，为我们整个经验的能力构造了最初的方向性。偏见就是我们对世界开放的倾向性。”①约言之，这里所说的偏见，就是指解释者生存于他自身的历史情境中；而当解释者及其意图在这种情境的制约中活动时，我们就说他是有“偏见”的。反过来说，只有无意识者（自然物）和不受任何情境制约者（神）才是没有偏见的。

其次，是所谓“视域融合”的概念。既然存在着文本及其作者与解释者之间的巨大间隔，既然解释者不可能去除其自身的历史情境而无偏见地归属于文本作者本身的意图，那么，这两者之间的沟通如何才成为可能呢？这里所需要的乃是两者——文本与解释者——之间的积极“对话”。就像一切真正的对话一样，在文本和解释者之间所进行的解释学对话包含着一种彼此渗透的相互作用，并具有既改变文本的意义定向也改变解释者的理解活动这样一种辩证性质。这种对话是由问题引导的，因而对于解释者来说必须去恢复和发现的，乃是文本力图回答的、同时又是不断向其解释者提出的问题。如果说这样一种观点在黑格尔《精神现象学》关于知识进程的描述（认识活动中进行理解的意识和它的对象同时得到改变，并在更高的和扩展了的阶段上重新汇合）中有其源头，那么对于伽达默尔来说，正是在我们与文本的持续对话中，才可能不断地超越文本的历史视域而使之与我们自

---

① ［德］伽达默尔：《哲学解释学》，夏镇平、宋建平译，上海译文出版社 1994 年版，第 9 页。

己的视域相融合，并同时也改变着我们的视域。理解活动以及立足其上的阐释总是不同的视域通过对话而开展出来的融合过程。在这个意义上，理解和阐释按其本性来说不仅是对话式的，而且是超主观的——在理解和阐释中所发生的视域融合与转化，超越了对话者的主观意识。

最后，是“效果历史”（Wirkungsgeschichte）原则。这个原则的根本之点在于：当历史思维力图去把握某个历史对象时，它必须同时意识到它自己的历史性，意识到自身和对象同样处于具体的历史处境中。“真正的历史对象根本就不是对象，而是自己的和他者的统一体，或一种关系，在这种关系中同时存在着历史的实在以及历史理解的实在。”① 因此，一种真正的解释学必须在理解本身中显示历史的全部实在性，而理解或解释按其本性来说乃是“效果历史”事件。海德格尔对“理解”之本体论意义的阐述为这种效果历史的原则奠定了基础。在海德格尔看来，理解并不是一种主观性的“活动”，而是一种存在模式。正是此在本身的历史性表明，根本不可能借助于不断纯化的方法论反思以消除理解者自身对历史当下的参与；每一种解释（包括科学的解释）都不能不受到解释者具体处境的约束。伽达默尔由此把效果历史把握为这样一种本体论条件，即每一个新的解释者有可能同他力图理解的文本或事件进行对话的先行条件。在这个意义上，所谓的效果历史在为历史事物的不同理解和解释提供多重可能性的同时，也为超越主观性的理解和解释找到了立足其上的现实基础：“一切自我认识都是从历史地在先给定的东西开始的，这种在先给定的东西，我们可以用黑格尔的术语称之为‘实体’，因为它是一切主观见解和主观态度的基础，从而它也就规定和限定了在流传物的历史他在（Andersheit）中去理解流传物的一切可能性。”②

我们无法在这篇短文中对上述内容更详尽地展开和阐述了。对于本文的论题来说重要的是：当代解释学的进展和成果提供了一些最主

① ［德］伽达默尔：《真理与方法》上卷，洪汉鼎译，上海译文出版社 1999 年版，第 384—385 页。

② 同上书，第 387—388 页。

要的思想路径，使得我们关于历史事物中的主观意图及其客观阐释的探讨能够更加深入和更富内容地开展出来，也使得我们的基本结论能够更为清晰地显现出来。毫无疑问的是：当代解释学的积极进展及其正脉是沿着德国古典哲学、特别是黑格尔哲学所开辟出来的道路继续前进的，因而其成果便表现为是“客观精神”概念——客观精神扬弃主观意识并将它包含在自身之内——这份伟大遗产的继承者。对于历史事物的客观阐释来说，解释学从根本上承认主观意图的在场和重要性（而决不至于天真到要排除一切主观性），但它同时又清楚地意识到，仅仅用意义活动的主观性去阐释历史事物是多么地不充分。当解释学主张理解或阐释可以超越——事实上总是必然地超越——“作者”之主观的意义活动时，它已先行把这样的主观活动置入到对历史事物的客观理解之中了；但由于“作者”的主观意图不可能与其活动的历史意义恰好相当，所以客观的阐释也决不能把自己局限于“作者”的主观计划和主观意向中。[①] 无论如何，当代解释学的真正进展意味着要更深入地对历史事物作出客观的阐释，这种阐释不是抹杀意义活动的主观性，而是经由这种主观性去发现它植根其中的现实基础并从而通达历史之客观意义所在的那个领域。“历史研究的真正任务并不是理解历史所涉及人物的主观意向、计划和经历。相反，必须理解的是历史意义的巨大策源地，它要求历史学家作出解释的努力。”[②] 至于那些放弃了这一根本任务和基础定向，却只是一鳞半爪地从解释学的某些片断说法中引申出趋于极端的偏仄观点，虽说或能耸动听闻，但却从一开始就已经误入歧途了。

---

① 参见［德］伽达默尔《哲学解释学》，夏镇平、宋建平译，上海译文出版社 1994 年版，第 121 页。

② 参见［德］伽达默尔《哲学解释学》，夏镇平、宋建平译，上海译文出版社 1994 年版，第 103 页。并参见伽达默尔的下述说法：“历史的联系最终必须被理解成一种意义联系（Sinnzusammenhang），这种意义联系从根本上就超越了个体的体验视域。意义联系就像一件巨大而又陌生的文本，诠释学必须帮助对它进行破译。”参见伽达默尔《真理与方法》下卷，洪汉鼎译，上海译文出版社 1999 年版，第 671 页。

作者、读者与阐释的边界

南　帆*

一

“‘意图’在不在场?”这是张江教授郑重提出的问题。①通常认为,“意图”是文学写作的起始,“在心为志,发言为诗,情动于中而形于言”,这不啻于不言而喻的文学常识。然而,这个文学常识意外地遭到颠覆。“意图谬误”“作者的死亡”,种种惊世骇俗的命题纷至沓来。这些命题来自著名的批评学派,来自著名的批评家,例如“新批评”或者罗兰·巴特。尽管如此,张江教授并没有盲目屈从。他力图发出自己的声音,一争是非。文学阐释是张江教授这一段时间聚焦的理论主题。如何考虑作者“意图”的价值与意义,这显然是文学阐释的题中应有之义。

必须指出,这个文学常识的颠覆很大程度上源于理论背景的转换。特雷·伊格尔顿概括了西方文学批评的三个阶段:“全神贯注于作者阶段(浪漫主义和19世纪);绝对关心作品阶段(新批评);以及近年来注意力显著转向读者阶段。”② 事实上,“意图谬误”或者

* 南帆,福建社会科学院研究员,研究方向:中国现当代文学、文学理论。

① 参见张江《“意图”在不在场》,《社会科学战线》2016年第9期。

② [英]特雷·伊格尔顿:《二十世纪西方文学理论》,伍晓明译,陕西师范大学出版社1987年版,第83页。

“作者的死亡”毋宁是后面两个阶段的代表性观点。对于文学阐释来说，“读者”所赢得的空间是由“作者”腾出来的，读者阐释权的增加意味着压缩作者的文本控制权。如果说，作者曾经热衷于抛出自己的写作意图反驳批评家的某种阐释，那么，这种策略的效力现在已经大打折扣。读者占据了中心位置的标志是，他们——当然包括批评家——的文本解读不再企求作者的审核与批准。文学阐释与其说是探究作者说了些什么，不如说是表述读者如何理解。然而，读者权力的无限扩大不仅会造成阐释的无政府主义，阐释权的滥用还可能形成张江教授所形容的“强制阐释”。

对于中国文学批评史来说，伊格尔顿的概括多少有些焦点不准。中国文学批评史并未清晰地显明作者、文本、读者三个阶段，亦未曾集中出现作为理论后援的“语言转向”或者现代阐释学。尽管如此，人们仍然可以从中国文学批评史内部发现类似“强制阐释”的冲动。这种冲动不仅隐藏于董仲舒的“诗无达诂”、陆九渊的“六经注我，我注六经”以及谭献的“作者未必然，读者何必不然”这些观念背后，而且遗留下若干著名的批评公案。例如，《毛诗序》将《诗经》之中的“关关雎鸠”解读为“后妃之德”，儒生们对于这首民歌的穿凿附会绝不亚于某些僵化的精神分析学或者结构主义。“红学”之中的“索隐派”或许可以视为另一个著名的例子。批评家利用谐音、谜语、拆字等文字游戏和各种历史传闻进行“索隐”，苦心孤诣地将《红楼梦》塞入某种家族“秘史”的框架，这部文学巨著内部大量与“索隐”无关的内容被弃置不顾。众所周知，“文化大革命”曾经将种种政治性的“强制阐释”推向极端，以至于许多作家因此罹难。众多事例显示的共同特征表明，所谓的“转向读者阶段”不仅开拓了新的视野，同时也带来了新的问题——人们没有理由对于后者视而不见。

“转向读者阶段”的一个醒目标志是，贬低作者的意义，例如清算作者“意图”的影响。许多西方批评家共同倾向于认为，作者“意图”已经在文学阐释之中丧失了意义。张江教授对于这种观点表示强烈的异议。他选择的论辩对象是维姆萨特与比尔兹利的《意图谬见》、克莱夫·贝尔的《有意味的形式》和罗兰·巴特的《叙事作品结构分析导论》以及一些相关的观点。在我看来，张江教授对于克莱夫·贝尔的批评理由充分。许多艺术作品的确显现为“有意味的形式”，但是，无论雕塑、绘画还是音乐，没有哪一种形式可以排除作者而自动生成。换言之，“有意味的形式”无法否认作者“意图”的存在，哪怕这种“意图”仅仅是某种无意识。许多时候，文学形式与作者的关系可能比雕塑、绘画、音乐更为复杂，因此，后续的辨析可能远远地超出《有意味的形式》的涉猎范围。这个意义上，我更乐意参与张江教授与维姆萨特和罗兰·巴特的争论，坦陈一孔之见。

正式论述开始之前，人们必须共同确认的基本文学事实是：一部文学作品出自某一作者之手，以书籍或者相似的形式发表、传播，并且获得阅读。作者“意图”以及作者、文本、读者三方面的关系将在这个基本事实之内加以考察。某地发现一部作者不详的文本或者超现实主义的自动写作等各种特殊事例并没有改变这个基本事实。我想搁置不论的只有一种现象：作者以谎言的形式表述自己的写作意图。谎言当然无法充当文学阐释的可信依据，然而，谎言的效应、目的以及自觉的谎言或者无意识的谎言将会打开另一个论述空间，这个有趣的论题留待他日处理。

二

多数人共同认为，“意图谬见”是“新批评”的一个标志性论点。《意图谬见》一文是由维姆萨特和比尔兹利联手共同撰写的。这句话无疑表明了《意图谬见》的关键主题：“就衡量一部文学作品成功与否来说，作者的构思或意图既不是一个适用的标准，也不是一个理想的标准。”① “新批评”反对浪漫主义批评将作者才能作为批评焦点，“意图谬见”如同一柄利刃切断了文本与作者的联系。维姆萨特坚决地强调，文学阐释的对象仅仅聚焦于文本本身，作者“意图”必须关在门外。诗是自足的，作品的各个部分只能在文本的逻辑框架之内找到自

① ［美］威廉·K. 维姆萨特、蒙罗·C. 比尔兹利：《意图谬见》，载赵毅衡编选《“新批评”文集》，中国社会科学出版社1988年版，第209页。

己的位置并且获得评价。

张江教授正确地指出，维姆萨特“是承认意图本身的存在的，只是反对意图在理解和阐释过程中的作用”。尽管如此，张江教授仍然敏锐地发现了维姆萨特论述之中存在的矛盾和对立：

> 其一，在逻辑上说，维姆萨特认定评价作品是有标准的，只是作者意图“既不是一个适用的标准，也不是一个理想的标准”，既然如此，我们当然要问，在第一条根据中提出的，“如果诗人是成功地做到了他所要做的事”，这个“成功”是什么意思？其二，维姆萨特认为，如果诗人成功了，诗本身就表明了意图是成功的标准；如果他没有成功，“那么他的诗也就不足为凭了”。前一句表达了意图与作品的一致性，也就是说，意图与文本契合，书写就是成功的；后一句说，如果意图没有实现，诗就失去了存在的价值，这是不是还难以逃脱意图是评价和判断作品是否成功的标准？其三，从关于意图的定义看，维姆萨特是承认意图存在的，而且在前两条根据中也或明或暗地暴露了意图的作用，但在第三条根据中他却又说，文本“一生出来就立刻脱离作者来到世界上，作者的用意已不复作用于它，也不再受作者支配”，我们不能不疑问，作者离开了文本还可以理解，难道意图也从作品中脱壳而出，不在文本现场了？一个明显的事实是，如果意图是一种谋划，那么它将贯穿于作品创作的全过程，展开实现于作品的语言、结构、风格等全部安排之中，随文本进入历史。他人可以否定它，也可以弃而不顾，但是，它和文本熔铸于一体，甚或说它们就是文本，是客观存在的。①

张江教授的质疑相当犀利，很难设想维姆萨特如何做出进一步的有效辩解。我的好奇毋宁说转向了另一面：为什么维姆萨特无法察觉自己的表述内部隐含的矛盾？在我看来，形成这种状况的一个重要原因恰恰是，由于作者“意图”的顽强在场，以至于维姆萨特无法彻

---

① 张江：《“意图”在不在场》，《社会科学战线》2016 年第 9 期。

底地掩盖种种蛛丝马迹。

我还想提到的另一个原因是，《意图谬见》一文可能低估了作者“意图”与文本之间关系的复杂程度，以至于简单地认为文学阐释可以将作者“意图”作为一个无聊的问题轻松地甩下。正如张江教授反复质问的那样，怎么可能存在一个与作者“意图”完全无关的文本？稍作总结即可发现，作者“意图”与文本之间至少存在三种类型的关系。首先，文本完整地实现了作者的“意图”，二者相互重合。这种状况通常出现于相对简单的文学作品之中，例如一首小诗，或者一篇短小的散文。另一种类型是，文本部分地实现了作者的“意图”。《文赋》曰：“恒患意不称物，文不逮意”；《文心雕龙·神思》曰：“方其搦翰，气倍辞前，暨乎篇成，半折心始。”由于作者才能不逮，或者由于作者的内心想象与文学语言符号组织规则存在的距离，一部完成的文学作品仅仅有限地吻合作者的预想。人们曾经调侃说，许多作者的“意图”是力争写出一部杰作，可是，世界上的杰作并不如想象的那么多。相对地说，这种状况最为常见。第三种类型的关系是精神分析学派擅长的主题：虽然作者不承认存在某种“意图”，但是，作为一种无意识的流露，批评家的精神分析学技术可能在种种象征性症候背后察觉作者的某种奇特“情结”，例如恋母或者弑父等等。所谓的三种类型可以证明，一个文本是作者“意图”与语言符号不同形态的交汇。

然而，维姆萨特仅仅主张在语义、句法、叙述模式等文本的构造体系内部从事文学阐释活动。语言符号自成一体，作者“意图”没有价值。换言之，他强调的仅仅是语言符号的单方面存在：“诗是一种同时能涉及一个复杂意义的各个方面的风格技巧。诗的成功就在于所有或大部分它所讲的或暗示出的都是相关的，不相关的则就像布丁中的面疙瘩或机器中的‘疵点’一样被排除掉了。”① 这时，维姆萨特慷慨地放过了文本生产过程中的一个特殊事实：作者“意图”与文学语言符号体系的顽强搏斗。无论是诗、小说还是戏剧，种种文学

---

① ［美］威廉·K. 维姆萨特、蒙罗·C. 比尔兹利：《意图谬见》，载赵毅衡编选《“新批评”文集》，中国社会科学出版社1988年版，第210页。

类型的既定形式、表述成规先于作者而存在。诗人的写作时常遇到的难题是，如何将内心的汹涌激情导入严格的诗词格律。“吟安一个字，捻断数茎须”，二者之间的驯服与反驯服时常迫使诗人呕心沥血。性格塑造或者戏剧性设置通常是小说、戏剧的表述成规，作者必须将所有的细节或者场面调集到这个轴心的周围。作者“意图”与表述成规的磨合、协调或者冲突、对抗将深刻地影响文本的生成。这个事实如此重要，它的复杂涵义甚至远远超出了作品“成功”与否的范畴。如果批评家对于如此重要的事实视而不见，狭窄的视野可能遗漏许多意味深长的文学症候。

当然，普通读者仅仅接触物质形态的文本，他们无法也无须将作者“意图”从文本之中分离出来。遇到古人或者作者不详的作品，作者“意图”更像是一个无人对证的幻影。因此，对于文学阐释来说，罗兰·巴特所说的“纸上的生命”会不会比作者“意图”更为真实一些？

三

如果我没有误解的话，那么，在《叙事作品结构分析导论》之中，罗兰·巴特所谓“纸上的生命”（Paper Beings）即是将作者与文本的叙述者切割开来。作为一个现实的社会成员，作者必须纳入一系列社会管理范畴，例如护照号码、健康状况、是否加入社会保险，如此等等；“纸上的生命”毋宁说是文本的组成部分，叙述者的功能仅仅负责完成故事的讲述，离开了纸面之后并不存在真实的生命。《孔乙己》之中，咸亨酒店里的小伙计不能与作者鲁迅先生混为一谈。然而，正如张江教授再度指出的那样，巴特的种种论述仍然无法否认作者的存在，无法否认作者“意图”与叙述者——即使是“纸上的生命”——之间的联系。鲁迅先生当然不是酒店的小伙计，但是，怎么可能无视鲁迅先生对于小伙计的塑造？所以，张江教授说：“作者的全部意图，通过叙述者得以实施和实现。我们可以判断，这个‘我’，即所谓‘纸上的生命’，是作者现实生命的化身，或者说，就是作者的生命，它活跃于词语和规则之中，给读者构建了一部贯穿作者意图轨迹的文本。”① 显然，《叙事作品结构分析导论》的策略是，强行将作者从考察的视野之中剔除出去，存而不论。事实上，否认作者的存在甚至无法解释罗兰·巴特自己的写作生涯。罗兰·巴特是一个极具风格的作者。他喜欢精粹的短文片断，追求写作带来的愉悦，热爱摄影，生活富有情调，写作时通常不用打字机，抽屉里藏有许多钢笔，如此等等。几乎所有的罗兰·巴特研究者都知道这些细节。风格即人。拒绝“作者”的文学阐释仅仅是陈述若干通用的条款，与众不同的个性、想象、情感方式和语言修辞统统消失了。

但是，罗兰·巴特的《叙事作品结构分析导论》谈论的即是叙事学的若干条款，例如意义层次、叙事单位、人称系统、人物结构模式，等等。这的确是一部叙事学的经典之作。罗兰·巴特不仅对叙事话语的组织规则做出了天才的总结，同时还力图描述这些组织规则之间的结构。这是结构主义时期的罗兰·巴特。《叙事作品结构分析导论》很大程度上承担的是文学结构主义的局部工作。文学结构主义的理论宏图是，总结隐藏于无数文学语言现象背后的组织规则，再现文学语言独一无二的结构框架。然而，这种理论宏图迄今已经破产。结构主义观念无法彻底划清日常语言与文学语言的界限，并且证明这种界限再也不会改变。历史的演变不断地重写文学的边界，包括重新定义何谓文学语言。这个意义上，所谓的文学语言结构仅仅是一个理论幻觉。因此，罗兰·巴特的结构主义叙事学仅仅赢得一半的成功。罗兰·巴特以及其他一些结构主义批评家的总结仅仅证明了过去，他们并没有如愿地描述出固定的“叙事语法”。这些组织规则无法限定未来作者的活跃创造。事实再度表明，抛开作者的文本考察只能获得一些片面的结论。

然而，尽管文学结构主义已经退潮，人们仍然没有理由忽视这个学派留下的某些理论遗产。如果说，“新批评”所谓的“意图谬见”针对的是浪漫主义的传统，那么，结构主义抵制作者的很大一部分理论依据源于语言与主体的关系。存在主义认为，存在先于本质，人可以通过自由选择对抗荒诞的世界；然而，结构主义对于存在主义的绝

① 张江：《“意图”在不在场》，《社会科学战线》2016 年第 9 期。

对自由表示强烈的异议。正如 J. M. 布洛克曼所说的那样：结构主义“这种思想方式向人的独特性和真实性提出挑战，它们是和这样一种传统的想法连在一起的：人，作为一个生物，是自足的。人在他一生中的某些时刻，或许能够偶尔发出自己的光辉；至于在大多数情况下，他就必须被看作是在一个更广阔的系统中的一个成分而已。不应当谈人的自由，而应当谈他被卷入和束缚于这个结构的情况。他的意识很少能表现他的存在的自足性，而多半是他的存在的产物；只有这样，自我才能富有成效地活动”[①]。结构主义的一个重要观念是，语言建构了主体。每一个人随心所欲的言语表达仅仅是一种表象，事实上，个人无法突破语言的词义规定、语法、修辞方式、文体类型等种种约定的形式。语言不可旁听。人们的精神世界不可能超出语言系统之外，语言的边界亦即主体的边界。这个意义上，存在主义式的绝对自由必须接受语言的限制——尽管许多存在主义思想家可能没有意识到这一点。马克思主义的社会历史批评学派揭示了社会关系对于主体的限制。生产力、生产关系、经济基础、上层建筑相互作用形成的社会关系决定了个人的活动半径以及选择的可能，这是“历史”这个概念的重要涵义；不无相似的是，“语言”关系决定了主体的特征：语言是塑造精神世界和意识形态的基本材料。由于这种观念，结构主义不再将作者视为自由挥洒语言的天才，他们宁可将作者形容为语言的奴隶。

“作者是一位近现代人物，是由我们的社会所产生的……在文学方面，作为资本主义意识形态的概括与结果的实证主义赋予作者‘本人’以最大的关注，是合乎逻辑的。”[②] 罗兰·巴特将作者的特殊地位与资产阶级的“个人”联系起来，这种观点多少流露出社会历史批评学派的痕迹。一部作品是某一个作者的私有财产，署名权、版权与知识产权，种种文化交易产生的经济报酬，当然还有“文责自负”。总之，围绕作者的诸多个人权益得到明确的肯定的确是资本主

① ［比利时］J. M. 布洛克曼：《结构主义：莫斯科—布拉格—巴黎》，李幼蒸译，商务印书馆 1987 年版，第 12 页。

② ［法］罗兰·巴特：《作者的死亡》，载《罗兰·巴特随笔选》，怀宇译，百花文艺出版社 1995 年版，第 301 页。

义社会兴起之后的现象。之前的相当一段时间，各种文字作品的作者是谁仅仅是一个无足轻重的问题。在《什么是作者》一文之中，福柯表述了相似的观念：“‘作者’概念的出现构成了人类思想、知识、文学、哲学和科学史上个人化的特殊阶段。”福柯的另一个相当有趣的观点是，作者存在的一个重要功能是限制作品意义的危险膨胀。人们可以引用作者的不同意见否决各种不合时宜的文学阐释。[①] 当作者作为一个至高的君王主宰文本的时候，任何脱离作者“意图”的阐释只能被视为无稽之谈，甚至被视为异端邪说。这时，作者的存在遏制了阐释的文化民主。对于罗兰·巴特来说，作者的意义独断是不可忍受的专横。他的解放方案是将阐释权转交给“读者”。罗兰·巴特激进地主张“作者的死亡”，驱逐作者是为读者的大规模进驻清理场地。

喊出“作者的死亡”的罗兰·巴特已经是后结构主义的罗兰·巴特了。他对结构主义那个宏伟的“语言结构”不再有兴趣，但是，他仍然将文本想象为一个独立于外部世界的语言织体，尽管这个语言织体包含了种种文本间性。正如《叙事作品结构分析导论》赋予叙述者的位置一样，罗兰·巴特的读者同样作为文本的组成部分而逗留于纸面，或者说，读者即是罗兰·巴特在《叙事作品结构分析导论》之中所说的“叙事作品的受者”。罗兰·巴特《作者的死亡》如此表述：

> 一个文本是由多种写作构成的，这些写作源自多种文化并相互对话、相互滑稽模仿和相互争执；但是，这种多重性却汇聚在一处，这一处不是至今人们所说的作者，而是读者：读者是构成写作的所有引证部分得以驻足的空间，无一例外；一个文本的整体性不存在于它的起因之中，而存在于其目的性之中，但这种目

---

① 参阅［法］米歇尔·福柯《什么是作者》，米佳燕译，载王岳川等主编《后现代主义文化与美学》，北京大学出版社 1992 年版。福柯此文的版本较为复杂，各种版本的内容有所出入，米佳燕译文依据的是 J. V. 哈拉里《文本的策略：展望后结构主义批评》，（纽约）康奈尔大学出版社 1981 年版，同时可参见巴奴日的译文，https：//www. douban. com/note/234919866/，2012 年 9 月 4 日。

> 的性却又不再是个人的：读者是无历史、无生平、无心理的一个人；他仅仅是在同一范围之内把构成作品的所有痕迹汇聚在一起的某个人。①

从《叙事作品结构分析导论》到《作者的死亡》，从纸面上的叙述者到纸面上的读者，罗兰·巴特完成了一个个人的理论转移：他抛弃了结构主义严谨的符号组织规则从而转向了后结构主义式的语言狂欢。

四

后结构主义的罗兰·巴特显然倾心于“狂欢化”的文学阐释。他的《恋人絮语》或者《S/Z》无不显示出犀利、机智、出人意表以及天花乱坠的表征。他的出众才能往往使人——包括他自己——遗忘了一个重要的问题：“狂欢化”的文学阐释是否存在一个限度？如何设定这个限度？如何避免“强制阐释”制造的不良后果？也许，罗兰·巴特本人的批评实践证明的是，一种创造性的误解可以带来多少出其不意的收获；可是，这并不能掩盖问题的另一面：那些低劣或者别有用心的曲解可以带来多少令人扼腕的灾难？至少在目前，后者的数量肯定超过了前者。

1990年，昂贝多·艾柯、理查德·罗蒂、乔纳森·卡勒等人曾经在剑桥大学举行过一场关于“过度诠释”的开放式讨论。② 这显示出众多思想家开始共同关注阐释学背后存在的问题。当然，共同关注并未得出共同认可的结论。一个固定的文本背后可能隐藏了无边的阐释空间，没有人知道恰如其分的“度”在哪里。500年以前，没有人知道可以用“审美”阐释文学；300年以前，没有人知道文学与“阶级”或者“意识形态”有关；大约一个世纪之前，文学阐释惊奇地

---

① ［法］罗兰·巴特：《作者的死亡》，载《罗兰·巴特随笔选》，怀宇译，百花文艺出版社1995年版，第307页。

② 参阅［意］艾柯等《诠释与过度诠释》，王宇根译，生活·读书·新知三联书店1997年版。

听到了“恋母情结”或者“神话原型”这些概念；半个世纪之前，“文化研究”又进入视野，诸如此类的观念无不带来文学阐释的巨大震荡。谁知道历史还会送来别的什么？某一个历史时期的奇谈怪论，很可能成为另一个历史时期的不刊之论。

在我看来，或许“历史”恰恰是解决“强制阐释”问题的重要线索——更为具体地说是“历史语境”。历史否决了一个恒定不变的“度”，然而，每一个历史语境无不提供了相对合理的准绳。所有的文学阐释无不依赖特定的理论体系、价值观念、智慧、想象力、理论逻辑和分析技术，这些因素无一不是特定历史时期的产物。同时，特定的历史语境保留了有形或者无形的答辩制度，无法通过答辩的种种观点也将遭受有形或者无形的抵制。断言《西游记》的主题是反殖民，认为《三国演义》是一部伟大的爱情小说，或者宣称李白是唐代的末流诗人，这些任意的幻想多半无法在现今的语境之中获得支持。另一方面，某些石破天惊的文学阐释问世，可能恰恰是另一种历史语境临近的征兆——历史即将出现深刻的转折。当然，历史语境的作用往往体现为划定阐释所能涉猎的最大范围，而不是精确地锁定某一个结论，继而迅速地一锤定音，颁布标准答案。同一个历史语境内部，各种对话、争辩、补充、呼应此起彼伏，相互竞争，阐释之后的再阐释甚至形成了巨大的话语旋涡。只有拉长时间距离人们才能发现，某些结论由于多数人认可而逐渐浮现，不知不觉地立于潮头；另一些支持率低下的观点逐渐过时，慢慢地退出历史舞台而隐到幕后。很大程度上必须承认，这种“混乱”即是历史文化的基本形态——包括历史文化的进步形式。

描述这些复杂的阐释运动时，我十分赞同张江教授的观点：作者“意图”始终在场，潜入文本的各个部分；然而，对于文学阐释说来，作者“意图”产生的作用或者不如想象的那么大——不仅因为作者“意图”与文本之间的距离，更重要的是另一个事实：只有文本与读者相互遭遇。没有人可以否认，文本始于作者，然而，文本的意义终于读者，形形色色的阐释是读者对于作品生命不同方向的延续。这个意义上，我赞同罗兰·巴特对于读者的文化礼遇；但是，我要补充的是，这种读者必须是“历史”的而不仅仅生存于纸面之上。

意图论与作者建构*

［美］威廉·欧文**

作者建构（author construct）这一术语指理论家关于“作者”的概念，当这一概念运用于阐释时尤其如此。起初，作者建构的作用在于削弱阐释中作者的地位，与之同时又能适当维持对于作者的关注。后来有些理论家向作者意图的方向回归，然而迄今为止尚没有哪位意图真实论者（相对于意图假设论）拿出适当的作者建构，充分解释自己的立场。本文的目的首先是提出一种意图论作者建构，我称之为“源作者”，之后简要叙述这一建构对意图论的补充。本文并不志在捍卫意图论，批驳意图论的批评者，虽然在别的文章中我曾数度为之。

一　脱离作者建构的意图论

在“作者”问题上，罗兰·巴特和福柯更多把“作者”视为压制性力量，誓把阐释“解放”出来。其后，尼哈马斯（Nehamas）和格雷西亚（Gracia）对“作者”做了更深入的探讨，两人的观点对于意图论比较友善，可迄今为止还没有哪个意图真实论者提出过任何一

* 本文译自 William Irwin，ed.，*The Death and Resurrection of the Author*? Westport：Greenwood，2002。

** 威廉·欧文（William Irwin），美国宾州国王学院哲学系教授，研究方向：阐释哲学、哲学与流行文化批评等。

种作者建构。我提议，应当提出与意图论相适应的作者建构。要提出作者建构，我首要关注的是赫施（E. D. Hirsch）极具启发性的意图论，此外也关注到居尔（P. D. Juhl）的理论，然后也会简要论及意图假设论和意图真实论之间的论证，代表人物分别是杰罗德·莱文森（Jerrold Levinson）和诺尔·卡罗尔（Noel Caroll）。[①]

赫施本人并没有提出过作者建构概念，不过这种概念早已暗含于其理论中，为后来者指明了方向：

> 表面上看，要是对作者所知甚少，很难在脑海中唤起作者可能的形象。可即便受到这么大的局限，掌握的资料少之又少，阐释者依旧会从心理和逻辑两方面重构起作者。即便面对匿名文章，不仅需要设定某位作者的存在，更要确定下特定的主观姿态，唯有以此为参照方有可能对文章的意义加以度测。正因为如此，确定匿名文本的写作年代显得至关重要……从这一意义上说，一切文本均要追根溯源，匿名文本亦不例外。[②]
>
> 然而，文本中发声的主体并不等同于作为真实历史人物的作者主体，文本主体所对应的是作者主体整体中相当有限的一个方面，或者可以说，是作者身上可以细化，或决定文字意义的那个部分。[③]

赫施的观点中暗含了文本历史生产者的重构，尽管赫施很少言明此点，更不要说发展出作者建构的任何细节。首论阐释主体 30 年后[④]，赫施在一篇文章中终于提到“作者功能必不可少”[⑤]，可即便在

① 参阅 William Irwin, *Intentionalist Interpretation*: *A Philosophical Explanation and Defense*, Westport, CT: Greenwood Press, 1999, pp. 39 –72。

② E. D. Hirsch, Jr., *Validity in Interpretation*, New Haven: Yale University Press, 1967, p. 259.

③ Ibid., pp. 242 –243.

④ 这一问题上赫施的早期主要文章参阅 E. D. Hirsch, Jr., “Objective Interpretation”, *PMLA*, Vol. 75, No. 4, 1960, pp. 463 –479。

⑤ E. D. Hirsch, Jr., “Transhistorical Intentions and the Persistence of Allegory”, *New Literary History*, Vol. 25, No. 3, 1994, p. 551. 这篇文章中赫施指出要“坚持作者”，即便面对福柯的言论，赫施依旧坚持“作者功能”，只不过对于福柯而言实现作者功能的是读者。

这篇晚期文章中赫施也没有就作者建构做出任何论述。还有一个地方可以看出赫施心目中装的是作者建构，而非历史人物，赫施坚持应当关注作者的意图所指，而非创作时作者头脑中可能有的一切：

> 无论什么人，只要有一点点常识，怎么可能把作者的文本意义和作者创作时可能传达的一切混为一谈呢？有些意义作者根本就无意以言辞表达。①
>
> 如果把呈现于作者心中的所有意义当做原则，客观阐释就没有任何希望了，大多数情况下根本无法完全确定作者创作时的全部想法，即便作者本人也办不到。②

赫施在阐释中关注的作者并非脑子里有着无数私心杂念的历史人物，而是一定程度上对作者的重构，是历史人物有可能以意图所指的那部分。遗憾的是赫施并没有意识到历史人物和作者建构间的区别，在他的文章中既谈到历史人物，也谈到隐含于阐释之中，被视为“作者”的建构。不过赫施的核心思想是明确的，即只需关注作者在文本中有意图表达的那部分意义。③ 赫施似乎对作者建构这一概念有些抵触，至少在他说“作者功能必不可少”之前是如此，原因之一是作者建构这一概念已经被反意图论者用滥了，其二则是赫施尚未看到以作者建构来补充意图论的价值和必要性。赫施反驳法国作者建构传统时写道：“熟悉文学理论的人都知道，文本阐释的交流模式遭到德里达以及其他一些法国著名知识分子（巴特、福柯）的无耻攻击，这些人不仅反对文本有作者，更把自己的反对搞成半调子哲学玄思。在这些人看来，作者缺席，从未真实存在于阐释之中，作者只不过是一

---

① E. D. Hirsch，Jr.，*Validity in Interpretation*，New Haven：Yale University Press，1967，p. 18. P. D. Juhl 一定程度上赞同这一观点，参阅其专著 P. D. Juhl，*Interpretation*：*An Essay in the Philosophy of Literary Criticism*，Princeton，NJ：Princeton University Press，1980，pp. 191 - 192。

② E. D. Hirsch，Jr.，*Validity in Interpretation*，New Haven：Yale University Press，1967，p. 220.

③ 赫施必须关注的作者建构很大程度上以历史人物为基础，故而与布斯所说的“隐含作者”有着很大的不同。

种建构。”[1]

居尔同样也反对作者建构，在他看来作者建构与他所反对的反意图论立场太接近了。居尔反驳了韦恩·布斯（Wayne C. Booth）所提出的“隐含作者”（implied author），可倒洗澡水的时候把孩子也一起倒掉了。居尔要摆脱布斯的隐含作者，却没有从意图论的角度提出任何作者建构以为替代，剩下就只有真实历史作者了。居尔写道：“作者身上的某些方面与作品理解相关，也有些方面不相关，可一定要给前者起一个术语，给后者起另一个术语，还说什么只有前者才值得关注，这样做真的有意思吗？”[2] 居尔并没有充分认识到意图论需要作者建构，因为意图论根本不可能重构出作为真实历史人物的作者，想都别想。所能重构的仅仅是作者建构，与文本紧密相关，与作者本人的关系则可远可近。和赫施一样，居尔也承认无须了解有关作者的一切，“作者可能会觉得，因为这个我头发少了，因为那个我牙齿掉了，可极少会有人觉得作者的这些念头举足轻重”[3]。一篇文章中，居尔似乎也意识到了阐释所面对的作者和作为真实历史人物的作者有着根本区别，但依旧没有直接言明，他写道：“我一直强调，真正决定如何解读文学文本的是人们就真实历史作者所形成的画面。”[4]

诺尔·卡罗尔和杰罗德·莱文森的意图假设论争沿袭了前人不设作者建构的模式，也避开了作者建构这个概念。莱文森提出，阐释中要关注的作者意图未必就是作者的真实意图，而是理想读者所能想到的有关作者的一切，包括作者的全部作品、历史背景，等等。[5] 这样一来，莱文森就提出了某种作者建构，莱文森本人称之为“假设作

---

① E. D. Hirsch, Jr., “Counterfactuals in Interpretation”, in Sanford Levinson and Steven Mailoux eds., *Interpreting Law and Literature: A Hermeneutic Reader*, Evanston, IL: Northwestern University Press, 1988, p. 58.

② P. D. Juhl, *Interpretation: An Essay in the Philosophy of Literary Criticism*, Princeton, NJ: Princeton University Press, 1980, p. 191.

③ Ibid..

④ Ibid., pp. 185 – 186.

⑤ Jerrold Levinson, “Intention and Interpretation in Literature”, in *The Pleasures of Aesthetics*, Ithaca: Cornell University Press, 1996, pp. 175 – 213，尤其注意第207—208页，也可参阅 Jerold Levinson, “Intention and Interpretation: A Last Look”, in Gary Iseminger ed., *Intention and Interpretation*, Philadelphia: Temple University Press, 1992, pp. 221 – 256。

者”（hypothetical author）。莱文森的意图假设论可以用到意图真实论的所有信息，只有一个显著例外，即作者本人对创作意图的自我陈述。可以说意图假设论向着意图真实论前进，却停在了半道上，确实有点儿奇怪，不过本文的目的也不是解决意图真实论和意图假设论之间的论争。① 本文的主要观点是：卡罗尔所辩护的意图真实论和赫施以及居尔的理论一样，都避开了作者建构。卡罗尔借用斯塔克的话写道：“这一理论建构对于文本没有任何因果影响，也很难看出其对于解释文本特征能起到什么作用。”② 卡罗尔反驳各种形式的意图假设论时颇有见地，却没能看出作者建构对于意图真实论的价值和必要性，要充分理解作者的任何真实意图，必然会牵涉到作者建构，所关注的是作者其人作为作者的意图，而非作为一般人的意图。③ 也可以说，意图真实论具有“假设性”（或者说“理论性”），我们坚信作者意图，也可说作者建构，始终保持开放性，随着新证据的积累始终处于修正之中。即便有时作者本人明白无误地公开了自己的创作意图，可随着新证据的积累，也不能完全排除作者意在讽刺，或根本就是存心欺骗的可能。意图真实论的作者建构不会武断地局限真实作者的可能意图，而是帮助人们把注意力集中到真实作者的“真实”意图上来。

二　源作者：意图论作者建构

不妨把意图论作者建构称为“源作者”（urauthor），这一术语指

---

① Noel Carroll 这方面的论证很令人信服，参阅 Noel Carroll，“Interpretation and Intention：The Debate between Hypothetical and Actual Intentionalism”，*Metaphilosophy*，Vol. 31，No. 1 – 2，2000，pp. 75 – 95；“Andy Kaufman and the Philosophy of Interpretation”，in Michael Drausz ed.，*Is There a Single Right Interpretation*，University Park：Pennsylvania State University Press，forthcoming。

② Noel Carroll，“Interpretation and Intention：The Debate between Hypothetical and Actual Intentionalism”，*Metaphilosophy*，Vol. 31，No. 1 – 2，2000，p. 85；Robert Stecker，“Apparent，Implied，and Postulated Authors，” *Philosophy and Literature*，Vol. 11，No. 2，1987，p. 266.

③ 我要说，这与日常口语阐释相符，因而对于 Carroll 的观点是一种补充。Cf. Noel Carroll，“Art，Intention，and Conversation”，in Gary Iseminger ed.，*Intention and Interpretation*，Philadelphia：Temple University Press，1992，pp. 97 – 131。

出，形成作者建构形象时要追本溯源，切忌任意武断，应当令作者建构与源头，即作者本人，尽可能相近。作者和源作者在本质上有显著区别，作者是（或曾经是）真实的人，源作者却是思维建构，故而源作者不等同于作者。若是把作者和源作者的本质区别暂且抛开，却也能从二者身上多少发现一些相吻合之处。当然，再现源本的过程总会遇到各种困难，限制着再现的精确度，有时限制小一些，也有时限制很大。此外，形成源作者的过程中我们对自己也要有所限制，只考虑与阐释有关的各种因素。当然，谁也不可能事先准确说出哪些相关，哪些不相关，不过总体而言需要考虑的是对于作者意图所指的交流有所贡献的一切。

多个因素构成源作者。以源本为模板构建源作者的过程中，不应放过手头能得到的任何信息，整个过程都应当置于作者建构，即源作者的统辖之下。相关的作者生平信息很重要，[①] 作者是谁？有着什么样的思想？作者创作文本可能有着什么样的意图？[②] 作者如何在文本中使用语言？[③] 作品有怎样的历史背景？读者是谁？[④] 作者假定自己的读者应当有着什么样的学识和态度？手头有没有相同作者创作的其他文本？[⑤] 有些东西表达得很隐晦，隐藏于字里行间，更有些东西根本就隐而不现，只有通过分析读者和创作背景才能显影出来。实际

---

① Cf. P. D. Juhl, *Interpretation: An Essay in the Philosophy of Literary Criticism*, Princeton, NJ: Princeton University Press, 1980, pp. 88–89. 虽然 P. D. Juhl 反对作者建构，他的观点依旧令我们获益匪浅，帮助我们把各种成分组合起来，最终形成源作者建构这一概念。P. D. Juhl 在自己的著作中从头到尾都在强调，作者意图与阐释所依赖的一系列因素间应当有着逻辑联系（这些因素包括作者生平信息、其他外在证据、文本自身、语境、语言使用情况以及文本的审美特质）。P. D. Juhl 认为阐释者诉诸上述各个因素，归根结底还是在诉诸作者意图。

② Cf. P. D. Juhl, *Interpretation: An Essay in the Philosophy of Literary Criticism*, Princeton, NJ: Princeton University Press, 1980, pp. 54–65. P. D. Juhl 对用典和反讽的讨论对这个问题颇有帮助。

③ Cf. P. D. Juhl, *Interpretation: An Essay in the Philosophy of Literary Criticism*, Princeton, NJ: Princeton University Press, 1980, pp. 106–112, 66–89.

④ Cf. P. D. Juhl, *Interpretation: An Essay in the Philosophy of Literary Criticism*, Princeton, NJ: Princeton University Press, 1980, pp. 90–99, 141. 就我们的目的而言，应当把读者视为语境的一部分，不过 P. D. Juhl 本人没有明言此点。

⑤ Cf. P. D. Juhl, *Interpretation: An Essay in the Philosophy of Literary Criticism*, Princeton, NJ: Princeton University Press, 1980, pp. 103, 261–268.

上，借助于阐释相同作者的其他文本，可以部分建立起文本的源作者。

源作者建构中包含了相关的作者生平信息、可能的真实意图、文本中语言的运用和创作背景、读者相关的信息以及作者创作的其他文本。这一系列因素中究竟哪个最重要？这并无定论，因阐释的文本而异，不过通常而言最重要的还是作者的真实意图，源作者所包含的其他信息大都是帮助人们发掘作者真实意图的线索。① 构建源作者要投入多大精力，这与一系列因素呈函数关系，包括掌握证据的多寡，文本指向作者真实意图的清晰度，以及阐释者对于阐释忠信度要求的高低。

如何形成作者建构在细节上有很大的差别，不过至少可以假定，作者用我们阅读所使用的语言创作出了作品，② 或者曾有人读过这部作品，然后将其翻译为我们阅读使用的语言。这实在不能算多，却也不失为最初的一缕丝线，最终编织出作者建构错综复杂的图案。③ 本文认为，我们从阅读之始就在形成作者建构，尽管此时作者建构形象还比较简单粗糙，没有经过思想的打磨。建构作者的方式之一就是猜测文本所使用的语言，另一重要方式是假定作者是个理智的人，对于语言的使用也不违背俗例常规。④ 文本确定自身意义的能力常常被夸大，通常做法是首先假定作者是个理智的人，他或她的词汇选择、句法结构符合语言约定。当然，此类假定并非无懈可击，常常可以发现其与实际情况不相符，此时人们才意识到原来阐释对于作者的依赖如此之重。

有些文本从创作初衷上就希望作者建构与真实作者判若两人，例如克尔凯郭尔就希望读者不会认出某些文本出自自己的手笔，于是写

---

① P. D. Juhl 会提出，诉求于此类任何一个因素，实际上就是在诉求于作者意图。

② 当然并非所有作者都“写下”自己的文本，例如荷马史诗一度依靠口口相传。本文中用到“写”这一词是包括所有的文本创作方式。文本既可以“写”，也可以“说”，甚至没有物理实体（即心理文本）。Cf. Jorge J. E. Gracia，*Texts：Ontological Status，Identity，Author，Audience*，Albany，NY：SUNY Press，1996，pp. 18 – 26.

③ 本集中 Jason Holt 称此为“意图的傲慢”，并说这也只能令作者概念“苟延残喘”。参阅 William Irwin ed.，*The Death and Resurrection of the Author?* Westport：Greenwood，2002，pp. 70 – 73。

④ 把文本归于不同文类之中，就会有不同的规约。举例而言，把一篇文本归于诗歌，或归于普通话语，通常会有很大的不同。

《此/彼》时用了笔名。[①] 休姆在表达自己对上帝的见解时大多用对话体，而非论说体，可即便此类例子中，作者建构依旧是一座诱惑力极大的城池，鲜有不欲克之而后快者。无论休姆如何躲藏，哲学学者也不一样确定下他的作者建构吗？克尔凯郭尔的情况不也如出一辙吗？

三 源阐释

现在简述“源阐释”（urinterpretation），这一标准理论实际上是赫施意图论的发展和深化。实际上，自施莱尔马赫（Schleiermacher）以来，以作者为基础的阐释传统对于源阐释理论多有借鉴启发之处。源阐释理论的出发点就是赫施在《阐释的有效性》一书中所提出的“意义”（meaning）和“意味”（significance）的区别。[②] 不妨这样说，意义指的是作者意图所指的交流，[③] 而意味指的是除文本以外同意义相关的一切。意味并非源阐释的产物，不过作为阅读的产物并非不可接受，有时甚至是阅读孜孜以求的目标。[④]

源阐释所信守的另一条原则是：阐释所追求的意义只有一个，即作者意义（借助于源作者发现）。当然不能忽视文本自身，应对其详细研读，通常而言文本是发现作者意义最重要的线索，不过源作者所包含的其他因素可能也很重要。

对于任何标准阐释理论而言，核心问题都是：如何获取文本意义

---

① Cf. Merold Westphal, “Kierkegaard and the Anxiety of Authorship”, in William Irwin ed., *The Death and Resurrection of the Author*? Westport: Greenwood, 2002, pp. 23 – 43.

② 我曾指出，这一区分是合理的，参阅 William Irwin, *Intentionalist Interpretation*: *A Philosophical Explanation and Defense*, Westport, CT: Greenwood Press, 1999, pp. 46 – 50。

③ 不考虑文本根据语言规约可能表达的内容。参阅 William Irwin, *Intentionalist Interpretation*: *A Philosophical Explanation and Defense*, Westport, CT: Greenwood Press, 1999, pp. 56 – 58，我曾说即便是《爱丽丝漫游奇境》中笨笨蛋说的话也自有一番道理。亦可参阅 Keith Donnellan, “Putting Humpty Dumpty Together Again”, *Philosophical Review*, Vol. 77, No. 2, 1968, pp. 203 – 215; Michael Hancher, “Humpty Dumpty and Verbal Meaning,” *Journal of Aesthetics and Art Criticism*, Vol. 40, No. 1, 1981, pp. 49 – 58; Jonathan Bennett, “The Meaning – Nominalist Strategy”, *Foundations of Language*, Vol. 10, No. 1, 1976, pp. 141 – 168。

④ 关于非源阐释和意味的详细讨论，参阅 William Irwin, *Intentionalist Interpretation*: *A Philosophical Explanation and Defense*, Westport, CT: Greenwood Press, 1999, 第五章。

的知识？回答这一问题时源阐释理论从赫施处获益良多，不过在是否使用源作者时与赫施有着显著区别。[①] 源作者这一术语意味着形成作者形象时要追本溯源，要尽可能再现真实作者的本意。源作者并非文本的历史生产人，而是一种心理建构，却又在与文本相关的各个方面和文本的历史生产人极其接近。

源作者是一条途径，经由这条途径后人走向文本的意义，走向交流意图，走向作者本人，而源阐释孜孜以求的也正是这种意义。不过很难保证源作者必定精准，也很难保证通过源作者这一建构就可以发现作者意义。原则上说可以通过源作者获取作者意义的相关知识，可难以就此下最终结论。在可靠性论证这一问题上，赫施不仅极具启发性，实际上已经描述出了完整的论证过程，任何情况下源作者都要对修正保持开放，源阐释以源作者为基础，自然也是如此。在现有知识的基础上，也就是说，在源作者的基础上，人们寻找最可能、最合理的解释。有些解释虽然看上去高度可靠，但可能完全搞错了。新证据不断出现，可靠性论证过程就像赫施所说的那样，是“适者生存”。[②]

建构源作者要付出多大努力？这与一系列因素呈函数关系，包括阐释者手中掌握多少证据、文本清晰度高还是低以及阐释者对阐释忠信度的追求程度。举例而言，人们几乎不会耗费心思为一篇报刊文章构建源作者，却会为一篇文学或哲学文本投入巨大精力去构建源作者。当然也可能出现相反的情况：关于某篇报刊文章拥有大量的信息，从而深刻影响到对该文章的解读。举例而言，读完皮特·汉米尔的自传《饮酒人生》[③]，读者脑海中会形成栩栩如生的源作者形象，必然会影响到对汉米尔其他报刊文章的阐释。源作者是读者在所读、所解的基础上形成的连贯统一的形象，当然无论以这种或那种方式形成的源作者都可能有未尽精准之处，应当对后人的修正保持开放。

---

① 也包括“极端意图实在论”对意义的解释，参阅 William Irwin, *Intentionalist Interpretation*: *A Philosophical Explanation and Defense*, Westport, CT: Greenwood Press, 1999, pp. 56 – 61。

② E. D. Hirsch, Jr., *Validity in Interpretation*, New Haven: Yale University Press, 1967, p. 169.

③ Pete Hamill, *A Drinking Life*, Boston: Little, Brown and Company, 1994.

源阐释要求严密的论证过程，当然前提是阐释者对于阐释正确与否足够在意。所谓正确阐释应理解为再现文本意义的阐释，亦即能再现作者交流意图的阐释。然而阐释有可能做到明白无歧义吗？[①] 答案是肯定的，至少在有限意义上是肯定的。任何阐释，只要充分、准确再现了作者的交流意图，就可以说明白无歧义，不过问题是谁也无法就此下定论。另一个问题是某种阐释自身就包含于文本之中，而文本又会对理解施加各种实际限制。进行阐释所使用的自然语言的规则会随着时间而改变，故而不同时代的读者在传达作者意义时都会有所不同。阐释中某些方面会省略，对某些时代的读者来说完全不是问题，可对另一些时代的读者而言却会对理解造成障碍。最后的结论应当是：对于特定读者而言，阐释可以做到明白无歧义。更重要的是，阐释文本所指明的意义完全可以做到明白无歧义，有可能与作者意义严丝合缝。当然前面已经提到，谁也无法就此下定论。

所谓作者意义也就是作者意图通过文本交流传递的内容。一个问题相应而生：难以确定作者心中是否总是有着，或曾经有着所谓"意图文本"（intended text），格雷西亚（Jorge J. E. Gracia）认为事实上根本无所谓意图文本：

> 作者或许有着某些笼统的意图，模糊的想法，可根本算不上什么完整确定的意义，同样的意图和想法可以产生出众多不同的文本，更会在文本生产的过程中发生变化。[②]
>
> 可以说根本无所谓意图文本，原因很简单，作者通过文字、语音或思想把文本实际生产出来之前，关于文本根本就没有清晰完整的想法……从来不存在什么意图文本，文本从来是一系列生产过程的产物，根本不可能以任何方式先于生产过程而存在。[③]

---

① Gracia 对这个问题的讨论，参阅 Gracia，*A Theory of Textuality*：*The Logic and Epistemology*，Albany，NY：SUNY Press，1995，pp. 169 – 170。

② Gracia，*A Theory of Textuality*：*The Logic and Epistemology*，Albany，NY：SUNY Press，1995，p. 113.

③ Ibid.，p. 77.

格雷西亚所说的很重要，不过有点儿言过其词。如果视意图文本为文本实际形成之前完整呈现于心灵的结构，那么格雷西亚是对的，任何具有相当长度和复杂度的文本在实际形成之前都不大可能有完整的意图文本。举例而言，很难想象托尔斯泰在完成《战争与和平》之前就有详细的意图文本。

不过，就一些较短也比较简单的文本而言，意图文本还是有可能的，理论上说即便是复杂的长文本也可以有意图文本。请看下面这个例子：一个学生紧张操演“阿尔巴尼是纽约州首府”这句话，可张口却说成“亚特兰大是纽约州首府”。这种情况下，似乎可以说学生有个意图文本，可生产过程却产生了偏差，最后形成的实际文本与意图文本有重大差别。

格雷西亚或许会回应，上述情况出现的并非意图文本，而是实际心理文本。[①] 上述学生形成了实际心理文本“阿尔巴尼是纽约州首府”，最后却生产出不同的口头文本“亚特兰大是纽约州首府”。然而上述文本同时也是个意图文本，也就是学生意图以语音实现的文本，尽管这一意图并未最终实现。某个文本可能就某一种媒介而言是实际的，例如思想，就另一种媒介而言则是意图文本，例如语音。[②] 准确地说，心理文本和语音文本是两种不同的文本，因文本的实现媒介而各异，最终意图是用语音把心理文本复制出来，误差越小越好。

源阐释所关注的也并非意图文本，而是意图所指的交流——意义。文本指向意义，而阐释者所关心的也仅限于作者借助于文本表达出的意图。和意图文本一样，意图所指的交流既可能先于文本存在，在文本形成的过程中得到部分发展，也可能随着文本的发展同步发展。写下文本第一个字之前，作者心中或许已经有了牢固的意义；作者也可能一边形成文本，一边发展自己的意义，恰如斯坦恩·霍戈姆·奥尔森（Stein Haugom Olsen）所说：“文本每一个细节成分的形

---

① Gracia 对心理文本的讨论参阅 Jorge J. E. Gracia, *Texts: Ontological Status, Identity, Author, Audience*, Albany, NY: SUNY Press, 1996, pp. 23 - 26。

② 这一观点最早由 William Irwin 提出，参阅 William Irwin, “Review of Jorge J. E. Gracia's A Theory of Textuality: The Logic and Epistemology”, *Sorites*, Vol. 3, No. 3, 1995, pp. 64 - 68。

成都具有意图色彩，也就是说要从服务于特定目的的角度加以考察。"[①] 维姆萨特（W. K. Wimsatt）也承认："艺术作品（尤其是语言艺术作品）一定意义上说形成于意图或意图性材料"[②]，"无论诗歌中有什么，都应当认为是诗人将其放入诗歌中"[③]。意图未必先于文本存在，但它们是构成文本的"材料"。意图的确是作者"置入"文本之中的，是赋予文本意义的根本。

通常而言，文本生产过程中作者的交流意图十分清晰，可即便如此，意义本身依旧先于文本存在，文本生产过程中浮出水面的是作者主动意识到的那部分意义。实际上，上述也并非必然，可能存在着另一种情况，实际上也是相当常见的一种情况，即作者生产文本过程中心中有某种意义却没有主动意识到。赫施早已证明，某些意义，或者说是意图所指的交流，潜藏于意识之下，某些潜意识意义经过阐释者的努力可以上升至作者意识的表面，也有些意识根本抵抗阐释，拒绝上升至意识表面。归根结底，作者的确有一定的意义，文本指向意义，找到意义并表达出来则是阐释者的任务。

四　文学文本的意图阐释：意义和意味

要保持文学的生机与活力，寻找意味是关键行为，每一代读者均在寻找意味。寻找意味这一重任很大程度上落在教师肩上，举例而言，普通高中生会觉得莎士比亚的《麦克白》既陌生又古怪，难以理解，而教师的任务就是令这部剧作生动起来。部分工作包括阐释，通过澄清历史背景，解说早期现代英语的用法，令读者清楚理解《麦克白》的意义，可比这更重要的是展现《麦克白》这部戏剧同当下的联系，展现出莎士比亚作品中真正永恒的东西。后一项工作与作者意图所指的意义未必不协调一致，赫施论《莎士比亚十四行诗 55》（"没

① Stein Haugom Olsen, "Interpretation and Intention", *British Journal of Aesthetics*, Vol. 17, No. 3, 1977, p. 215.

② W. K. Wimsatt, "Genesis: A Fallacy Revisited", in David Newton - De Molina ed., *On Literary Intention*, Edinburgh: Edinburgh University Press, 1976, p. 116.

③ Ibid., p. 120.

有云石或王公们金的墓碑，能够和我这些强劲的诗比寿”[①]）时写道：“这首诗的创作意图中原本就包含向后世传递思想的意图（这是文学、法律、宗教的特征）。”[②] 这也证明文学文体作者有着多种类型的意图。例如，赫尔曼·黑塞曾明白表示，世人把他的《荒原狼》当作悲观作品实在是误读。[③] 作者的意图或具体，或模糊，或根植于当下，或面向未来，或产生逻辑理性，或带来审美体验，各种可能可谓数不胜数。克罗斯（A. J. Close）写道：“文学意图包含着一些微妙且难以言明的目标，例如亨利·詹姆斯的兴趣在于就某种错综复杂的道德窘境做细致入微的描写刻画，而西班牙诗人克维多则乐于呈现出巧妙构思中的不和谐音。”[④] 无论是什么，只要是作者意于交流传递的，就是文本的意义。

任何一部文学作品和任何一个交流行为一样，都是一种言语行为（speech act），[⑤] 其中既有言外行为（illocutionary act），又有言后行为（perlocutionary act）。言外行为具有一定的归约性，要产生语言的言外之力必须确保理解语言规约，从而同时领悟到意义和言语行为的当下效力。[⑥] 应当注意区分言语的当下效力和所产生的效应，后者是言后行为的特点。所谓言后行为是人们说了什么后产生的后果，例如证实、说服、延迟、惊吓。[⑦] 通常而言，文学文本作者都意在产生某种

---

① William Shakespeare，“Sonnet 55”，in *The Norton Anthology of Poetry*，3rd ed.，New York：W. W. Norton and Company，1983，pp. 187 – 188.

② E. D. Hirsch，Jr.，“Meaning and Significance Reinterpreted”，*Critical Inquiry*，Vol. 11，No. 3，1984，p. 205.

③ Hermann Hesse，“Author's Note – 1961”，in *Steppenwolf*，New York：Henry Holt and Company，1990，pp. v – vi.

④ A. J. Close，“Don Quixote and the ‘Intentionalist Fallacy’”，*British Journal of Aesthetics*，Vol. 12，No. 1，1972，p. 23.

⑤ 本文无法就这一主张做深入讨论，关于该主张的辩护，可参阅 P. D. Juhl，*Interpretation：An Essay in the Philosophy of Literary Criticism*，Princeton，NJ：Princeton University Press，1980，pp. 218 – 219，亦可参阅 E. D. Hirsch，Jr.，“Counterfactuals in Interpretation”，in Sanford Levinson and Steven Mailoux eds.，*Interpreting Law and Literature：A Hermeneutic Reader*，Evanston，IL：Northwestern University Press，1988，p. 64。

⑥ J. L. Austin，*How to Do Things with Words*，2nd ed.，Cambridge，MA：Harvard University Press，1962，pp. 116 – 117.

⑦ Ibid.，p. 109.

言后行为，只要这种行为确实为作者意图所指，就是文本意义的一部分，理应加以发掘。文学文本作者常常希望给自己的读者带来审美体验，这种体验就可以是作者意图所指的文本言后行为。甚至可以把言后行为的实现程度视为判断作品成功与否的一条标准，当然也仅仅是其中一条。格里高利·居里（Gregory Curry）写道："从审美意义上说，成功意味着收取言后之果，而非领悟言外之力。"[①]

文学文本的教学中应指明哪些属于意义，哪些属于意味；书面的阐释研读中，意义和意味常常交织到一起，但也应适当指明。若是刻意把意味呈现为意义，可以说是一种道德越界行为，作者遭到误读，读者也遭到误导。[②] 文学文本作者的意图或许广阔而富于启示性，包含丰富的内容，但毕竟有所界限。当然要确定界限殊非易事，一定程度上只能具体文本具体对待。[③] 赫施也曾表达过相似的观点，论及面向后世的意图时，赫施写道："作者的目的在后世可以拥抱无数具体应用，没有人可以预先窥探其细节。"[④] 对于面向后世的意图，必须逐个具体分析，可有时某些阐释与作者意图已经完全看不出有任何相似之处，这种阐释是不可接受的。"问题真正棘手之处在于，文本的后世实现越来越偏离人们对文本的最初期待。"[⑤]

意味偏离作者的意图所指的交流后具有何种价值？不妨简要思考一下这个问题。女性主义、马克思主义、心理分析常常会产生出此类解读，只要此类解读能清楚言明自己的方法和目标，明白表示自己所

---

① Gregory Currie, "What is Fiction", *Journal of Aesthetics and Art Criticism*, Vol. 43, No. 4, 1985, p. 391. "要认识到诗人，小说家，剧作家意于抓住读者的注意，引起读者的兴趣，一定程度上这是读者理解文学的基础。"（A. J. Close, "Don Quixote and the 'Intentionalist Fallacy'", *British Journal of Aesthetics*, Vol. 12, No. 1, 1972, p. 36）

② 关于曲解作者原意所涉及的伦理问题，参阅 William Irwin, *Intentionalist Interpretation: A Philosophical Explanation and Defense*, Westport, CT: Greenwood Press, 1999, pp. 50 - 54。

③ Cf. E. D. Hirsch, Jr., "Counterfactuals in Interpretation", in Sanford Levinson and Steven Mailoux eds., *Interpreting Law and Literature: A Hermeneutic Reader*, Evanston, IL: Northwestern University Press, 1988, pp. 62 - 63. Hirsch 提出反真实条件也具有真值，因而从反真实的角度去思考问题也有其价值，将历史移植到当下时，可以帮助我们确定阐释是否可靠。Hirsch 还从反真实的角度阐释了布莱克的名诗《伦敦》。

④ E. D. Hirsch, Jr., "Meaning and Significance Reinterpreted", *Critical Inquiry*, Vol. 11, No. 3, 1984, p. 206.

⑤ Ibid., p. 207.

呈现的是文本的意味，而非作者意图所指的意义，就未必会曲解作者，欺骗读者。实际上，就促进思想流动而言，上述阐释还是很有价值的。然而最喜欢生产意味的不是旁人，恰恰是读者自己，大多数人都曾从某部文学文本中发现个人的意味，后来又发现自己曲解了原作。然而不能因此就贬低之前人们从文本中发现的意味，自己从《李尔王》中发现的意味或许对自己影响更深，要远远超过某位莎学名家对这部戏剧的解释。莎学名家的解释或许比自己的要高明得多，因为莎学名家对莎士比亚的了解要深刻得多，此外还拥有其他种种和戏剧阐释相关的知识，可凭什么说他从《李尔王》中发现的意味就比自己的高明呢？其他读者或许会觉得莎学名家发现的意味更有趣，可这完全是个人品味问题。意义严谨而客观，有着客观评判标准；与之不同，意味没那么客观严谨，其评判标准具有一定程度的主观性。

应当注意到，文学文本可能随着时间的流逝而丧失魅力，此时该怎么办？是否应该从文本中翻腾出更多具有创造力的意味，却与原作渐行渐远？或许不应该，或许应当画下一条红线，大方地承认随着时间的流逝，有些文学文本会丧失魅力，无论其意味距离意义多么遥远，文本意义本身已经不能引起读者的兴趣。恰如赫施所指出，此时应该做的就是“把更真实，价值更高的作品引入文学正典之中，以替换过时的作品”①。

（译者：杨建国，五邑大学外国语学院副教授，研究方向：西方文艺理论和翻译理论。）

---

① E. D. Hirsch, Jr.,“Meaning and Significance Reinterpreted”, *Critical Inquiry*, Vol. 11, No. 3, 1984, p. 219.

文本阐释与作者意图

周　宪*

当代文学理论中关于作者一直存在着激烈的论争。日前，张江教授在《“意图”在不在场》一文中，指出了作者意图的存在与其重要性，解析并批判了各种极端的消解作者意图的理论主张，[①] 又一次让我们把目光聚焦于作者及其意图这个重要的阐释学问题。如果我们对论争中看似复杂的各种观点和立场稍加整理，可以清理出两大对立阵营：“作者捍卫派”和“作者驱逐派”。“作者捍卫派”坚信，在对文学文本复杂意义的阐释中，必须将作者因素纳入其内加以考量，而尤其要关注的是所谓“作者意图”；“作者驱逐派”则针锋相对，断言作者是文本阐释的障碍甚至误释之根源，所谓“作者意图”完全是不靠谱的东西，它阻碍了文学批评家对文本意义的创造性发现。两派的诸种理论各有不同的版本，前者如早期的德国阐释学或20世纪中期美国赫施的阐释学，后者如俄国形式主义、英美新批评或法国解构主义等。当然，两派对垒之间的广阔空间地带，还有名头和立场迥然异趣的各种中立派或折中派。

然而，不管你采取何种立场或赞同何种理论，有一个问题像幽灵一样始终挥之不去，那就是在文学文本的阐释中如何处置作者及其写

* 周宪，南京大学艺术研究院、人文社会科学高级研究院教授，研究方向：美学与文学理论。

① 张江：《“意图”在不在场》，《社会科学战线》2016年第9期。

作意图？一些看似修正主义的理论在两派之间发展出几许有前景的解决路径，这里刊出的威廉·欧文的《意图论与作者建构》显然是一个值得关注的努力。

作者名分和地位问题在不同理论中以不同的方式加以讨论，有些讨论对我这里所说的“修正主义理论”做了必要的奠基性工作。首先我想提到的是“芝加哥学派”的第二代领军人物韦恩·布斯，他在其《小说修辞学》对叙事的研究中，发现了随着现代小说不断地追求客观化叙事，作者改变了传统作者说故事的讲述方式，转向了一种自然而客观的“显示”性的叙述。于是，客观冷静的叙事消解了人称，去除了作者的道德评判，任由人物自己登场、事件自行演变，作者从现代小说中逃逸了。韦恩·布斯认为这些都不过是假象，无论怎样客观化叙事，总是存在着“隐含的作者”。而事实的作者与隐含的作者之间有着许多不同，因此，文学文本的分析需要慎重地对待作者问题。①

“隐含的作者”概念的提出，以及这一概念与“事实的作者”的区分是一个很有创意的想法。首先，面对现代小说中俯拾皆是的客观冷静的无人称叙事，作者并没有被去除，只不过是作者与文本的关系变得更加隐蔽、更加复杂了。于是，我们对文本的意义阐释似乎不应简单地归结到事实的作者那里，而应该注意在文本中那个常常隐而不现的作者及其声音。

在韦恩·布斯“隐含的作者”概念提出后不久，在大西洋另一边的法国，罗兰·巴特令人惊异地提出了“作者死了”的判词，就像此前尼采宣布“上帝死了”一样。罗兰·巴特干脆将作者当作现代版权法的产物，并把作者对文本意图的统治视为文本意义解放的最后障碍。罗兰·巴特的推理逻辑其实很简单，作者之死乃是读者诞生的前提；一个作者对文本的单一意义解释的局面一定要打破，取而代之是复数的读者对文本无限可能的意义阐释。于是，文本作为与作品相对立的概念就显得过时了，因为文本就是一个不断被“编制”的“编织物”，具有意义被生产的无限可能性。更有趣的是，罗兰·巴

① ［美］韦恩·布斯：《小说修辞学》，华明等译，北京大学出版社 1987 年版。

特一方面严肃地批判传统的作者写作观，另一方面又大肆鼓吹读者的阅读具有写作的种种机能。所以，文本不同于僵死固定的作品而具有无限的意义生产性，而阐释的奥秘正在这里。①

如果说韦恩·布斯的理论是为保留作者权利和地位所做的努力，那么，罗兰·巴特的判词则是对作者与文本意义阐释之间关系的彻底割裂。但在我看来，这种激进的甚至极端的理论，反倒为人们重新思考作者与文本意义之间的复杂性提供了新的思考路径。可以断言，没有“作者之死”的激进宣判，也就不会有晚近种种“作者复活”（resurrection of the author）的理论探求和反思。

我把这里刊出的欧文的论文视为广义的“作者复活”论的一部分。作者欧文是美国宾州国王学院的哲学教授，这篇文章就是出自他主编的《作者之死与其复活》（William Irvin，ed.，*The Death and Resurrection of the Author*? Westport：Greenwood，2002）。在这本很有代表性的文集中，清晰地再现了上述“驱逐作者派”和“捍卫作者派”的理论沿革。书中两大部分阵线分明，第一部分是各种作者之死论，第二部分是新崛起的不同作者复活论。我们知道，理论的发展并不是简单的线性运动，用黑格尔古典哲学的术语来说，是一个不断螺旋上升的过程，以这种观念来审视“作者复活”论，不难发现，它并不是回到传统的素朴的作者意图论上去，而是在遭遇了作者之死的解构性破坏后，重新确立作者意图重要性的某种另辟蹊径的探究，它以更加复杂的方式来处理文本阐释中的作者问题。

欧文的一个明确的想法是，任何人，不论是文学研究者还是普通读者，都难免会产生建构作者的自然而然的倾向，他名之为“本能”。这就好比我们看一幅画时会问：这画何人所绘？我们品尝一桌佳肴时会寻思：这精美的菜肴谁人烹调？甚或是看完一部电影难免会追问：这影片的剧本作者或导演是谁？如果欧文只是沿着这一思路刻板地继续下去，也许他就会回到古典的作者意图论而缺乏创新了。他的理论精妙之处就在于，一方面捍卫了“作者意图论”，另一方面，

---

① 参见［法］罗兰·巴特《作者之死》、［法］福柯：《什么是作者?》，载赵毅衡编选《符号学：文学论文集》，百花文艺出版社 2004 年版。

又修正了古典的"作者意图论"。在我看来，前一个方面并不重要，后一方面才是值得我们注意的，即他如何通过一系列复杂的修正来恪守作者意图论。

我读欧文的理论，发现他提出了两个颇有创意的概念。第一个是"源作者"（urauthor），第二个是"源阐释"（urinterpretation）。乍一看来，只是在作者和阐释前面加了一个德文的前缀"源"（ur，即"原始的""原先的"或"最早的"），但就是这个"源"体现了欧文修正主义作者意图论的创新企图。这一定受到韦恩·布斯"隐含的作者"与事实的作者区分的启发，又参考了另一位美国哲学家莱文森"假定的作者"的概念，他在文章提及了这两个人物。此外，"源作者"概念的形成，也明显受到美国阐释学代表人物赫施作者建构观念的影响。

对欧文来说，一个重要的问题就是如何把"源作者"与事实作者的那个人区分开来，这恰恰是这篇文章的一个主旨——"作者建构"。即是说，事实的作者曾经存在过，是一个有血有肉的鲜活的存在。但是，对文本阐释来说，要建构的不是这个事实的个体，而是透过文本语言所呈现出来的那个想象的或隐含的作者，他名为"源作者"。欧文写道："作者和源作者在本质上有着显著区别，作者是（或曾经是）真实的人，源作者却是思维建构，故而源作者不等同于作者。若是把作者和源作者的本质区别暂且放到一边，却也能从二者身上多多少少发现一些相吻合之处。"千万别小觑这一区别，这是晚近作者复活论的一个理论新动向。在实践性的文本阐释中，如果忽略了这个差异，对文本阐释就会采取一种简单的还原论，把事实的作者的某些话语、事件、活动直接当作文本意义阐释的根据。但是，事实的作者与源作者究竟有何不同呢？欧文并没有给出精细的区分，他采用了赫施的一个说法，即"文本中发声的主体并不等同于作为真实历史人物的作者主体，文本主体所对应的是作者主体整体中相当有限的一个方面，或者可以说，是作者身上可以细化，或决定文字意义的那个部分"。但是，欧文也注意到两者之间的关联性和相似性，"源作者这一术语意味着形成作者形象时要追本溯源，要尽可能再现真实作者的本意。源作者并非文本的历史生产人，而是一种心理建构，却又在与文本相关的各个方面与文本的历史生产人极其接近"。

在我看来，这一区隔具有重要的方法论意义，它揭橥了从事实的作者到源作者再到文本意义之间的复杂关联。其原理颇有些像艺术社会史中的两种不同理论，一种是直接把文学还原到社会经济状况并加以解释，这种庸俗社会学后来受到了尖锐的批判；另一种则是强调社会经济状况与文学艺术之间复杂的中介，反对把艺术风格或主题直接还原为社会经济或其他状况，进而做出一些过于简单化的类比。就像艺术社会史家 T. J. 克拉克尖锐指出的那样，将库尔贝《奥尔南的葬礼》人物一字排开的独特构图，被直接图解为所谓资本主义社会人人平等的观念在艺术中的体现。[①] 用另一位艺术社会史家阿诺德·豪塞尔的话来说，艺术与其根源性的社会历史背景直接的关系是通过许多“传送带”的中介环节而对艺术产生最终影响的。[②] 同理，作者意图作为一个不可忽略的文本阐释范畴，需要特别关注从事实的作者到源作者之间的差异、距离和变化，因为两者之间有相似之处亦有差别。欧文指出了一系列事实的作者与源作者之间可能的差异。比如有些文本的作者建构与真实作者判若两人，克尔凯郭尔不想让读者认出自己的文风，在写《非此即彼》时用了笔名。休姆在表达自己对上帝的见解时大多用对话体，而非论说体。这些情况需要仔细甄别和分析，才能确立起文本中的源作者。所以，欧文罗列了一个建构源作者的多项问题清单，包括：

> 作者是谁？有着什么样的思想？作者创作文本可能有着什么样的意图？作者如何在文本中使用语言？作品有怎样的历史背景？读者是谁？作者假定自己的读者应当有着什么样的学识和态度？手头有没有相同作者创作的其他文本？有些东西表达得很隐晦，隐藏于字里行间，更有些东西根本就隐而不现，只有通过分析读者和创作背景才能显影出来。实际上，借助于阐释相同作者的其他文本，可以部分建立起文本的源作者。

---

① ［英］T. J. 克拉克：《论艺术社会史》，载周宪主编《艺术理论基本文献·西方当代卷》，生活·读书·新知三联书店 2014 年版，第 309 页。

② ［美］阿诺德·豪塞尔：《艺术史的哲学》，陈超南、刘天华译，中国社会科学出版社 1992 年版，第 263 页。

进一步，欧文还特别强调了源作者建构的两个要点：建构作者的方式之一就是猜测文本所使用的语言，另一重要方式是假定作者是个理智的人，对于语言的使用也不违背俗例常规。这就是回到了赫施关于作者意图是在特定语言规则的合乎逻辑的使用中呈现出来的观点。语言一方面具有历史性，即是说作者写作时使用了特定时期的语言，了解这些意义可以帮助人们理解作者在文本中要表达的意图；但另一个问题又摆在后来的阐释者面前，那就是语言的历史差异。当前的阐释者与过去文本的作者语言的不同。关于这一点欧文有很好的论述，他指出阐释要做到明白无歧义只在有限意义上可以做到。困难在于阐释所使用的语言本身也处在变化的时间流程中，就像今人读文言小说或近体诗那样，语言的历史距离虽有可能克服，但却是很困难的工作。所以不同时代的读者对特定文本的作者意图的理解必然有所不同。

由此，进入了复杂的源阐释过程，值得关注的是欧文指出源阐释的开放性和可修正性。比如他通过对赫施理论的细读，发现在赫施那里，对作者意图的阐释从来不是一个一蹴而就并不可更改的过程，因为无论何种情况，源作者都要对修正保持开放，所以以源作者为基础的源阐释本身就是可以不断修正和改变的，新材料和新文献的分析会导致新解释的出现。由此，欧文界定了一个文学理论中始终存在争议的难题，那就是何谓“作者意图”？如何利用“作者意图”？

> 我们坚信作者意图，也可说作者建构，始终保持开放性，随着新证据的积累始终处于修正之中。即便有时作者本人明白无误地公开了自己的创作意图，可随着新证据的积累，也不能完全排除作者意在讽刺，或根本就是存心欺骗的可能。意图真实论的作者建构不会武断局限真实作者的可能意图，而是帮助人们把注意力集中到真实作者的“真实”意图上来。

这一想法其实是很有新意的，更有趣的是，欧文还采用看似更加精确的自然科学观念函数来描述这个问题，却反倒把问题说得云里雾里了。比如，他多次指出建构源作者的努力与一系列因素呈函数关系，包括阐释者手中掌握证据的多寡、文本清晰度的高低以及对阐释忠信度做何等追求。

欧文探索的可贵之处就是一方面有力地批判了解构主义的“作者死了”的理论，另一方面又暗中吸纳了解构主义的一些可取之处。我注意到他用赫施的判断来评判罗兰·巴特和福柯的解构主义作者论，即赫施所表述的罗兰·巴特等人对作者的攻击，是强调作者的缺场，他或她并不存在于文本的具体阐释中，所以“作者只不过是一种建构”。但是，欧文自己最具贡献的一个想法也就是把作者意图与作者建构关联起来。他从意图论中汲取了作者意图的重要性观念，又从解构主义那里吸收了作者建构的理论。当他将这两种理论融合起来时，便另辟了一条我称之为“修正主义的作者意图论”之路径。

当然，欧文的理论也并非完美无缺，他还只是提出理念，很多具体论证还有待深入，一些问题并未得到最终解决。首先对作者建构的产物源作者与事实作者之间究竟存在何种关系尚需进一步精确界定和论证，由源作者概念而来的源阐释似乎给作者意图论带来了一个新的解决路径，可是如何操作和应用却往往显得语焉不详。其次，对意图、意义、意味等概念也缺乏明确的区分，特别是结尾处，有时说作者意图先于文本，有时又说意义先于文本。照此推论，作者意图与文本意义之间就简单等同了，而他要在其间确立的某种复杂的中介关系的努力也就付之东流了。最后，他一方面虔信文本的意义把握或阐释有可能明白而无歧义，但很快又说这只是有限的明白和无歧义。这些不那么肯定的表述说明，他的“修正主义作者意图论”在一些关键问题上仍有摇摆，还需要做进一步的推证和思考。不管怎么说，这篇论文描述了文本阐释中处置作者意图的种种可能性和复杂性，启示我们应努力避免直接还原为事实作者的单一阐释的局限。

试论作者意图与阐释标准

袁　渊*

张江先生发表于《社会科学战线》上的《“意图”在不在场》①一文可谓是对其前期提出的“强制阐释”论②的继续和深化：在已经对“强制阐释”这一概念做出宏观界定之后，本文中张江先生聚焦于作者“意图”，探讨了其对文学作品阐释的意义。张江先生认为：“当代西方文艺理论的总体倾向是否定作者及其意图的存在，否定意图对阐释的意义，对文本做符合论者目的的强制阐释，推动当代阐释学研究走上了相对主义、虚无主义的道路。”③张江先生的论述将目标锁定在了近现代西方文论的三个标志性的概念，即新批评的“意图的谬误”（The Intentional Fallacy）、克莱夫·贝尔“有意义的形式”（The Significant Form）和罗兰·巴特的“作者之死”（Death of the Author）。以这三个理论概念为基点，张江先生在追述作者“意图”在西方文论发展中消解历程的同时，对它们做出了一一驳斥，指出了其自相矛盾之处，并指出否认作者意图对文本阐释带来的消极影响。在此基础上，张江先生得出结论：文学批评“应该回到对话的立场，尊重文本，尊重作者，尊重意图，给文本以恰如其分的认识和公正确当

* 袁渊，上海外国语大学英语学院博士生，专业方向：叙事学。

① 张江：《“意图”在不在场》，《社会科学战线》2016 年第 9 期。

② 张江：《强制阐释论》，《文学评论》2014 年第 6 期。

③ 张江：《“意图”在不在场》，《社会科学战线》2016 年第 9 期。

的阐释"①。

应该说，张江先生提出的"强制阐释"论在我国文艺理论的发展现状之下是颇有积极意义的。它引起了学界对当前文艺理论空前"膨胀"式发展的反思，促使广大学者对各种光怪陆离的"舶来"理论应用于文本解读的合法性加以论证，对构建我国自有文论体系具有开辟性意义。但是，张江先生在其文中以作者"意图"为焦点，试图通过恢复这个被西方文论逐步消解的概念来给文本阐释确立一个稳定界限，给合理阐释树立一个参照标准的做法虽然用心良苦，但其论证的说服力却有待商榷。我们认为，张江先生对作者"意图"的界定尚有西方传统理性主义哲学的特点，一定程度上忽略了近现代哲学对传统理性主体批判的积极性成果，这直接导致了其与结构主义思想的交锋中与其核心理念失之交臂，未能直击要害。另外，这也间接导致了张江先生对新批评的"意图谬误"存有些许误解，忽视了其在批评实践层面的意义。本文在对张江先生论证过程讨论的基础上，尝试对作者"意图"作为阐释参照标准的可行性进行再次评估。总体说来，这个过程将以三个步骤展开：对张江先生界定的作者"意图"概念进行再次探讨；对这个概念的方法论意义即其对具体文本阐释过程的实际指导价值进行分析；对作者意图作为批评标准的可能性进行论证。

一　何为作者"意图"

整体而言，张江先生对作者"意图"这个概念的界定具有浓重的西方传统理性主义意味。这个界定中的"作者"是一个理性的行为主体，其"意图"体现在这个主体对其创作的动机、目的、过程的理性掌控上："从文本书写开始到结束，或更确切地说，从书写者确定文本书写的第一念头起始，直至文本最后完成交付于公众，书写者的全部思考与表达方式，都将被视为作者主体自觉作用的意图（in-

① 张江：《"意图"在不在场》，《社会科学战线》2016 年第 9 期。

tention)。"[①] 这个概念的传统理性主义色彩体现得更为明显的地方出现在张江先生引证胡塞尔意向性理论，以驳斥结构主义"作者之死"论调的时候，根据胡塞尔"授予意义的活动"的概念，张江先生甚至得出推论，认为作品所呈现出的文本世界其实都是"叙事者清醒意向的观照，因此而展开的全部文字，都是叙事者——从意识与书写的关系说，这些叙事者不是别人——恰恰是书写者本人，是20世纪西方文论主潮中讳莫如深的作者"[②]。我们认为张江先生这里将叙事者等同于作者本人的说法值得推敲，而其将文本所呈现的世界等同于作者意向呈现的说法也至少取消了两重近现代叙事学所强调的距离：作者与叙述者的距离、叙述者与所叙述世界的距离。更为重要的是这种说法背后隐含的传统主体性哲学思维：按这种观点，作品只是主体意图的物质呈现，而作品所有元素又可以反向收拢为一个独立的主体意识，可以说意图之外别无一物。这个意图不仅在作品生成端起决定作用，甚至在作品的接受端也不容小觑，对此最有力的表述出现在张江先生的结论之中："……作者的意图是'有'的，是'在场'的，灵魂一般潜入文本之中，左右着文本并左右着读者的阐释。"[③] 考虑到这个概念在创作端的决定性作用，其在接受端的控制力自然顺理成章，于"左右"一词中可见一斑。

但是作品创作的过程真的全都处在作者主体意识的筹划之下吗？对此张江先生援引了乔伊斯和伍尔芙两位作家对各自作品创作的陈述，以此表明即使是在这两位以意识流技巧见长的作家的作品中，人物看似杂乱无章的意识呈现也是作家有意识的精心策划的结果。姑且不论历来评论界对作家创作自述对批评实践的指导价值本来就分歧很大，就是作家群体内部对于各自创作过程的描述也不尽相同，甚至相互矛盾。类似例子不胜枚举，最著名的恐怕就是塞缪尔·柯勒律治对自己的作品《忽必烈汗》创作过程的描述。在他的描述中，这部作品是在梦中出现在他的脑海，他醒来之后只是根据记忆将其部分誊抄

① 张江：《"意图"在不在场》，《社会科学战线》2016年第9期。
② 同上。
③ 同上。

了下来。再有就是现代主义作家贝克特，有人曾问他《等待戈多》中的戈多到底是谁，贝克特说他也不知道，他如果知道的话，早在剧本中说出来了。[①] 由此二例可见，即使是作家自己，也不尽对其创作过程所有层面的因素了然于心。

再者，社会个体对其社会历史境遇的感知，不一定会上升到理性的、可以言说的层面，作家个体也不例外，但这可能并不会影响其创作。弗洛伊德对文学的理解虽然因其泛力比多化而广受质疑，但他的潜意识理论到后来的荣格的集体无意识理论，再到拉康的结构主义心理学理论，让我们至少认识到了文学创作活动在理性层面之外的另一维度。乔伊斯和伍尔芙两位作家可能对后来哲学家所关注的现代工业社会的“现代性”缺乏一个完整的、抽象的、理性层面的概括，但不能据此否认他们对其当代生活状况的感知，也不能阻止他们的作品呈现出现代性意味。诚如张江先生所言，乔伊斯确实对其笔下的人物以何种形态呈现可以有清晰的谋划，但他未必就完全对莫莉这个人物身上所折射的现代社会的特性有完整的理性层面的把握。推而广之，某一社会历史时期各种力量的交锋不一定以理性的、可言说的形态呈现在一个作家的意识中，但这并不会阻止它们以各种经过折射的、感性的，甚至是隐性的形态进入其视野，催生出创作的动机。这些创作动机具有历史必然性，不完全在作者的掌控之中。然后，在表达过程中，一个作家也处于文学艺术发展的某一特定时期，可供其选择用于表达的手段和技巧也是有限的。即使我们肯定作者在表达方式上的原创性，但这个创造性也是有限度的，一是受之前文学实践的制约，二是受其历史社会境遇的制约。比如意识流的表达技巧就不大可能出现在弥尔顿或莎士比亚的时代。由此可见，作者对创作的理性把控其实是有限的。

张江先生对作者“意图”传统理性主义式的界定，导致了他批评结构主义对“意图”所谓的消解的说服力略显欠缺。结构主义所说的语言、符号系统或是“话语”对言语主体的限制恰恰大多发生在

---

① H. P. Abbott, “Reading Intended Meaning When None is Intended”, *Poetics Today*, Vol. 32, No. 3, September, 2011, pp. 461 – 487.

主体的意识之外。结构主义并不在经验层面否认作者与其作品的联系。诚如张江先生所言，“作品或者文本是一个确定的存在，签署作者的名字而流传于世”[①]，比如我们不能否认《哈姆莱特》是莎士比亚的作品，这显而易见，连结构主义者也不能否认这点。但后面张江先生又谈道：“符号可以有自组织的规则，但绝对没有自组织的功能，符号的无序堆砌没有意义，唯有书写者根据或依照符号规则的要求，有意识地自觉组织排列无意义的符码，才使符码成为有意义的符码，而且这个意义是书写者需要的意义。”[②] 我们恰好可以从这里的“书写者根据或依照符号规则的要求”入手。第一，单从语言系统来讲，其对言语主体的约束大多发生在主体意识之外。一个简单的例子就是一个从来没有系统地学习语法的言语主体却可以自然从容地使用语言。其言语行为看似随心所欲，但却必然符合语言规则，因而实际上受其约束。第二，即使言语主体有意识的表述行为，也要受语言系统暗含的认知概念系统制约。我们可以设想，如果在某一语言中的颜色概念系统只包含明暗两种区分，那处于该语言系统中的言语主体就不能像有七种或更多颜色区分的语言系统的言语主体那样，轻松自如地谈论某种颜色。第三，写作过程不仅仅涉及语言系统，还涉及其他认知、伦理、表达相关的符号概念系统，它们不仅共同制约着主体的行为，甚至就是主体构建自身的基础。这方面的论证至少可以追溯到1930年代美国社会心理学大师米德关于象征、语言符号的习得与主体社会身份形成关系的研究。米德的研究表明无论是从人类学的角度，还是从个体发育的角度，人对自身身份的构建都是随着语言符号系统的发展和习得而形成的。由此可见，结构主义所强调的系统对个体的制约并不是依靠主体的主观“意向”就能轻易破解的。

面对结构主义设置的迷局，张江先生选择了重新回归以胡塞尔为代表的主体意向性加以破解，其方式选择略让人困惑。西方哲学对于“主体”的消解由来已久，近现代以来自尼采到解构主义均予其以沉重打击，即使是胡塞尔的现象学也是试图对之前的主体性哲学的改良

---

① 张江：《“意图”在不在场》，《社会科学战线》2016 年第 9 期。

② 同上。

尝试。这种种因素导致了现今西方哲学但凡提及“主体”二字莫不有几分保留。其实解决结构主义问题的最好方式可能就是从结构主义自身入手，鉴于篇幅所限，兹仅略叙一二。其一，众所周知，结构主义思潮发轫于索绪尔结构语言学，但在索绪尔那里，语言共时系统性的提出至少有出于研究需要的原因，类似一种为研究便利而预设的理论模型，但在后来的结构主义那里，却演化成了一种绝对的存在。结构主义重系统共时性，忽视历时性，由此难以解释系统起源、更新和发育的过程。其二，结构主义强调符号系统对个体的制约，却鲜见符号系统与个体所处的社会文化群体的相互依存关系。总之，现今西方哲学大体趋势是从对理性的质疑进入到了理性重建的过程，从对主体的解构过渡到对主体间性（intersubjectivity）的重视，张江先生试图重归传统主体性以给予其作者“意图”概念以支撑的论证方向选择略让人费解。

二　作者意图与文本阐释

张江先生对作者意图如此传统理性主义风格的界定，对其理解意图与阐释的关系有深远影响，这从他对新批评的“意图谬误”的批评上可以看出。从大体理论取向来说，新批评或其他形式主义文学批评理论主张将批评的焦点集中到文本本身上来，强调从文学的“场内”研究文学，这应该与张江先生之前反对文论“场外”征用的主张大体相符，故应是其可以团结的潜在理论伙伴，所以张江先生在文中对新批评的质疑略让人不解。但细加斟酌，这种令人困惑的局面首先源于张江先生对“意图谬误”说的曲解。

张江先生与新批评“意图谬误”的提法之根本分歧不在于是否承认作者意图存在，而在于意图对于阐释过程的指导价值上。正如张江先生提到的那样，新批评无法在经验的层面否认作者意图，他们也认同“一首诗的出现不是偶然的”，“一首诗的词句是出自头脑而不是出自帽子”（原文用的 bat，而非 hat，张江先生此处恐存误读）；① 甚

① W. K. Wimsatt Jr., M. C. Beardsley, “The Intentional Fallacy”, *The Sewanee Review*, Vol. 54, No. 3, July, 1946, pp. 468 – 488.

至新批评对作者意图的界定与张江先生也有共同之处，比如这些理论家也承认意图作为“作者内心的构思或计划”，“同作者对自己作品的态度，他的看法，他动笔的始因等有着显著的关联”。[①] 但新批评在作者意图与文本解读的关系上却与张江先生所持的观点大相径庭。我们先来看看《意图谬见》两位作者的原话是怎么说的，为了更好地理解张江先生与二位评论家的分歧，我们觉得有必要直接比照原文而不是译文：

> One must ask how a critic expects to get an answer to the question about intention. How is he to find out what the poet tried to do? If the poet succeeded in doing it, then the poem itself shows what he was trying to do. And if the poet did not succeed, then the poem is not adequate evidence, and the critic must go outside the poem for evidence of an intention that did not become effective in the poem. [②]

张江先生对此的质疑是这样的：

> 其一，在逻辑上说，维姆萨特认定评价作品是有标准的，只是作者意图“既不是一个适用的标准，也不是一个理想的标准”，既然如此，我们当然要问，在第一条根据中提出的，“如果诗人是成功地做到了他所要做的事”，这个“成功”是什么意思？其二，维姆萨特认为，如果诗人成功了，诗本身就表明了意图是成功的标准；如果他没有成功，“那么他的诗也就不足为凭了”。前一句表达了意图与作品的一致性，也就是说，意图与文本契合，书写就是成功的；后一句说，如果意图没有实现，诗就失去了存

---

① 张江：《“意图”在不在场》，《社会科学战线》2016 年第 9 期。

② W. K. Wimsatt Jr., M. C. Beardsley, “The Intentional Fallacy”, *The Sewanee Review*, Vol. 54, No. 3, July, 1946, pp. 468 – 488. 此处维姆萨特的原文的合理译法可以是：我们必须要问批评家如何才能得知诗人的意图，他如何能确认诗人到底想要完成什么？如果诗人成功地实现了其创作意图，那么其诗作本身就是其意图最好的明证。如果他没有成功地表现其意图，那其作品本身也就不足为凭了，此时批评家就只能借助作品之外的凭证去揣摩作品之内没有完全表现出来的作者意图了。

> 在的价值，这是不是还难以逃脱意图是评价和判断作品是否成功的标准？其三，从关于意图的定义看，维姆萨特是承认意图存在的，而且在前两条根据中也或明或暗地暴露了意图的作用，但在第三条根据中他却又说，文本“一生出来就立刻脱离作者来到世界上，作者的用意已不复作用于它，也不再受作者支配”，我们不能不疑问，作者离开了文本还可以理解，难道意图也从作品中脱壳而出，不在文本现场了？①

逐一仔细比对，我们不难发现张江先生的反驳对原文似有曲解而欠缺说服力。其一，作为对张江先生首问的回答，我们可以看出维姆萨特原文中的“成功”是动词的用法，意为作者成功实现了自己的创作意图，可以当“to effectively carry out”讲。其二，在张江先生的第二轮反驳中，他却有意无意将“成功”理解成了一个表价值判断的形容词：“意图与文本契合，书写就是成功的。”这层意思在维姆萨特的原文中并未出现。从逻辑上说，在文献原文中，作者是否成功有效地执行了自己的意图的“成功”是一个判断的假设条件，而在张文中，“成功”却成了判断的结果。通过将维姆萨特原文转换成逻辑推理命题形式，或许这种曲解更明显。

条件：（1）作者成功地执行了自己的创作意图，即作者的意图等同于文本含义；（2）如果作品终极意义等于作者意图。

推论：（3）文本含义等于文本终极意义。

在这种情况下，如果把批评的目的设为释义，我们完全可以只通过挖掘尽文本自身蕴含的意义而通达作品的终极意义。或在另一种情形下。

条件：（1'）作者没能成功执行自己的创作意图，即作者的意图大于文本含义；（2'）如果作品终极意义等于作者意图。

推论：（3'）文本含义小于文本终极意义。

在这种情况下，如果我们还是将批评的目的设为释义，那么我们释义活动的对象文本就失去了价值，因为它并不完全包含我们想要得

---

① 张江：《“意图”在不在场》，《社会科学战线》2016 年第 9 期。

到的意义，即作者意图。我们可以说在此情形下，读者必须通过结合文本“场外”的因素才可以推知作者的全部意图，而这些因素是可能与文本相抵触的。

在以上对张江先生前两轮反驳的研究之后，我们会发现张江先生的第三轮反驳似乎略显冗余。这里的语境是在讨论作者意图与文学批评实际操作过程的关系，正如之前我们强调的一样，“意图谬误”的说法不是否认意图的存在，而是指出其对实际批评操作过程显得冗余的缺陷。假设我们接受张江先生的观点，即文学创作是在作者这个理性主体的理性把控之下完成的，并且也接受作者的主观意图外化于作品全部物质、情感、概念形态并自始至终展开并实现于作品的语言、结构、风格等全部安排之中，随文本而进入历史，那么作品本身难道不是和作者意图离得最近、结合得最紧密的存在吗？难道作品本身不是通达作者意图最近的路径吗？进一步讲，假设作品就是作者意图的躯壳，意图是作品封存的灵魂，那我们如何与这个灵魂对话呢？想要绕开这层语言物质性的屏障直接以心灵感应的方式对话肯定是不现实的。

如前文所言，新批评强调文学批评着眼于作品本身，张江先生也主张文学评论回归文学的“场内”，两者应该有共同话语，但为何在作者“意图”这个问题上二者却各执己见呢？除了上文论述的张文对原典的局部曲解之外，更深层的原因恐怕还在于二者在理论取向上的一个重要差异，即释义学与形式主义文论的取向差异。张江先生是从文本阐释的角度出发，而阐释活动背后是悠远的释义学传统；新批评是从文本形式解读的层面出发，背后是影响深远的形式主义传统。释义学重结果，形式主义重过程。一个权威的作者意图概念可以给释义结果以稳定参照，但却会让审美过程无足轻重。于前者，审美过程不过是通往意义的屏障；于后者，审美过程本身就是意义所在。这种取向不同最明显的体现就是新批评另一主将布鲁克斯提出的“意释误说”的概念（The Heresy of Paraphrase）。“意释误说”这个概念的核心理念就是说对诗歌的理解不应该降格为对其主要思想的概括，而应该是关注表达的具体过程。张江先生援引的维姆萨特一文其实也在这方面有所论述，如他也赞同诗不在于表意，而本身就应是自足的存在

（“A poem should not mean but be”①）。

最后，结合上文分析，我们又应该如何公正客观地评价“意图谬误”和新批评留下的其他理论遗产呢？这个问题可以一分为二看待。一方面，从历史角度看，通过“意图谬误”这个概念，新批评为批评活动排除了作者端的干扰；通过“情感谬误”（The Affective Fallacy），排除了读者主观情绪的干扰；通过“意释误说”，遏制了对文本之下语义的执着；这样一来，文本本身就凸显了出来。可以说，文学研究活动的对象在历史上很少能被这样明确地界定，这对于一个学科的初期发展是有益的。因专注文本而发展起来的文本细读（close reading）也是给后来文艺批评留下的宝贵遗产，即使是后来各种所谓的“场外”的文学解读方式，往往也是以此为基础。另一方面，从认识结构的层面讲，新批评的文艺理论还是没有摆脱主客体思维的根本框架。新批评的诸多概念虽然将文本解放了出来，但现在批评的视域中只剩下了作为认识对象的文本和作为认识主体的评论家，批评的过程其实就是主体如何运用理性，认识到其面前的作为客体的文本的内在结构和规律的过程。新批评的这种认识理论框架其实和释义学的认识框架无本质不同，只不过在后者那里，作者占据主导位置；对于前者，文本自身起主导作用。由于西方哲学认识论中主客体在认识活动中的优先性之争由来已久，纷争不断，那么在此理论框架下，作者、作品与读者在批评过程中的主导地位之争也自然难分高下了。

那么是不是我们就因此而接受现状，承认彼此的相对正确性而搁置纷争呢？其实未必。正如我们上文对张江先生界定的作者意图概念的研究一样，对新批评的局限性也当从对传统理性主义的反思开始，但这种反思不是诉诸非理性或止于解构，而应是一种超越主客体思维框架的理性重建。对于文学批评，这个重建过程中要解决的首要问题可能就是以另一种范式理解文本创作、接受的过程，以及对作者和读者概念的重新界定。但现在我们至少看到，以传统理性模式界定的作者“意图”很难有效地介入阐释过程，而且似乎以阐释的方式解读

---

① W. K. Wimsatt Jr.，M. C. Beardsley，“The Intentional Fallacy”，*The Sewanee Review*，Vol. 54，No. 3，July，1946，pp. 468 – 488.

文本本身也值得我们反思。

三　意图与批评的标准

以上论述让我们认识到以传统理性模式界定的作者“意图”对“意图谬误”的批判并未撼动其根基，因此对实际批评操作流程并不能构成有效约束。即便如此，这个作者“意图”可否作为判断一种文本解读结果是否得当的判断标准呢？之所以有此一问，是基于这样一种常见的现象：不同的读者会对同一部作品有不同路径的解读，比如我们常说“一千个读者就有一千个哈姆莱特”。不仅同时代的不同读者会对一部作品有不同解读，不同时代的读者间也会有分歧。这时候我们如何决断这些解读孰优孰劣呢？

如果我们认为，“作者意图总是在场的，并决定着文本的质量与价值，影响他者对文本的理解与阐释……意图贯穿于作品创作的全过程，展开并实现于作品的语言、结构、风格等全部筹划之中”①，那么面对“一千个读者就有一千个哈姆莱特”的现象就有两种解释：一是其中可能有九百九十九个是假的；二是这种情况本来就在莎士比亚谋划之中，他在构思这部戏剧时想让哈姆莱特呈现无穷可能性，不仅仅包含当代的一千种，甚至未来的分布于不同地域、文化、历史时期的所有可能性。这两种解释在经验上基本都不大可能，而且只有尚未创造出来的人物才可能有无限可能性。退一步讲，即使我们甚至承认这种可能的存在，那么对于匿名的作品呢？谁能来替匿名的作者发声？任何一种对其意图的揣摩都只能是一种阐释。还有就是集体创作的作品，比如一些民谣或史诗，无人知其源头，且在口口相传中一直处于演变之中，这时我们又如何确定谁是作者，什么是作者的真实意图呢？

虽然以上例子有其特殊性，但至少说明以作者意图作为解读结果的衡量标准的理论主张并不严密。如果结合本文第一部分就作者作为理性意识行为主体这个概念的分析，我们甚至可以做出一个推论：不

---

① 张江：《“意图”在不在场》，《社会科学战线》2016 年第 9 期。

被作者理性的“意图”洞悉的文本解读不一定就是不合理的。如前所述，作家在创作时可能只对其手头具体素材进行筹划安排，比如计划如何通过情节上的设计凸显人物的个性，但他不一定对促使他创造出这个人物的社会历史背景的各种力量有清晰、理性的认识。我们在这里并不是否认他对其历史社会背景有切身的感知，但这些感知完全有可能仅仅停留在尚无法言说的潜意识阶段，属于一种隐性知识（implicit knowledge）；之后随着历史的演进，这些隐性知识完全可能转变为显性知识（explicit knowledge），从而可以被人言说而进入批判的场域，这完全无可厚非。从这个角度说，在作家创作时进入其作品的内容不一定都在其理性把握之中，如果这时我们还是以作者意图标准而视其为场外因素而排斥在批判实践之外的话，这必使解读的深度受到损害。站在这个立场，我们可能也会更加赞同马克思对巴尔扎克《人间喜剧》的解读，理解他为何称颂该作品生动地描绘了当时法国社会的急剧变化，塑造了一系列具有阶级特色的典型形象。①

除开创作端以隐性形态进入作品的那些因素之外，文本解读中另一些不完全被理性把控的因素还会从接收端进入。这些因素的代表便是读者的前见和立场。近现代释义学正是认识到了其不可避免性，所以才提出了作者与读者“视域融合”说（fusion of horizons）。面对文本，读者主体不可能像胡塞尔现象学所设想的那样通过“悬置”一切干扰因素以绝对中立的态度去观照文本。因为同属上文提到的隐性知识，这些阻碍读者以绝对中立的态度去进入文本世界的因素，大多数时候同样在理性的把控之外。据此，我们可以确切地说，如果我们将作者的意图作为评价的标准，那么任何解读都只能是一种折中，因为其中总会杂糅进我们自己和时代的影子。这是不是迫使我们变相地承认所有解读或多或少都是一种误读呢？

这个困局是阐释的困局，也是传统理性主义的困局，这个困局迫使我们必须对文学的创作与体验的思考有一个根本的范式转换。如果我们仅以阐释的方式去观照文学，那么从根本上讲文学的创作必然是一个意义表述的过程，而文学体验必定是一个由文本的表面抵达其意

① 《马克思恩格斯文集》第10卷，人民出版社2009年版，第570页。

义本源的过程。如果是这样，那么我们注定不能回答柏拉图对于前一个过程的质疑和以德里达为代表的解构主义对于后一个过程的质疑。文本在两个过程中都沦为了多余的障碍。或许我们需要一种理解范式让我们不再把文本的创作和接受割裂，将作者、文本和读者孤立；让我们意识到阅读不是克服此岸文本的障碍抵达彼岸的意义而获得救赎的过程，因而在本体层面上并不是一种痛苦；让我们意识到读者的前见和构成他主体身份的各种社会、文化、认知、情感结构不是我们要克服的对象，反而是意义产生的动力之一，作者和读者的视域差异、作者和读者的个性恰好是促成文学实践活动的动因……这些设想在释义学或传统主客体理性思维框架下是不大可能的，这可能就是促使苏珊·桑塔格写下《反对阐释》的原因。

在《反对阐释》中，桑塔格明确表达了对传统阐释方式重内容轻形式倾向的反对，指出了其基于古希腊“模仿论”的理论源头，她说：“正是因为这一理论，艺术本身——而不是既定的艺术作品——才成了问题，需要辩护。也正是对艺术的这种辩护，才导致那种奇怪的观点，据此我们称为‘形式’的东西被从我们称为‘内容’的东西中分离开来，也才导致那种用意良苦的把内容当作本质、把形式当作附属的转变。”[①] 她呼吁我们将注意力更多地放在我们实际审美经验本身上来，她提出：“现今所有艺术评论的目标，是应该使艺术作品——以及，以此类推，我们自身的体验——对我们来说更真实，不是更不真实。批评的功能应该是显示它如何是这样，甚至是它本来就是这样，而不是显示它意味着什么。”[②] 无独有偶，提出“有意义的形式”的克莱夫·贝尔也曾有类似的言论。暂且搁置贝尔美学理论中的宗教神秘主义倾向，我们认为他对艺术批评的看法还是很有见地的，他说，虽然批评的功能是能够持续地指出构成艺术作品中的部分、整体，以及部分和整体的结合如何相互关联起来构成了有意义的形式，但由批评家直接告诉我们一件作品属于艺术品这种做法是毫无意义的；他必须能让我们自己“感受”到作品的艺术性；除非他可以让我们亲身

① [美] 苏珊·桑塔格：《反对阐释》，程巍译，上海译文出版社2003年版，第9页。
② 同上。

体验到这种作品的艺术性，不然他不可以把他的情感强加给我们；如果一件艺术品不能带给我们情感上的触动，那么我们完全有权否认其艺术性；如果我们没有任何对一件艺术品审美感性上的认识，那么我们就无权去探讨其作为艺术的本质特征；美学只能通过作用于我们的审美情感才能对我们的审美取向产生影响；美学必须从审美情感出发。① 虽然对贝尔在其著作中对审美情感源头的看法我们可能存疑，但其论述却有一点非常值得我们借鉴：对审美的理性认识必须建立在审美的感性认识之上。

如果文学批评是对文学的理性认识，那么它也首先应该建立在对文学的感性认识之上。一旦我们接受这一点，那么将文本接受端读者的主观因素纳入批评考察体系将不可避免，而这些因素不完全在作者主体理性掌控范围之内。据此，我们更加确认将作者意图作为判断文本解读是否合理的一个衡量标准的不确定性。当然这不是简单重复部分极端化的读者反映理论的论调，而让批评陷入相对主义，以文本开放性为名允许以任何方式解读作品。与此相反，我们对读者的不同阅读体验的重视只是迈向文学理性认识的第一步，评论家需要从这些个性中找到共性。另一方面，这也不是回归形式主义，虽然形式主义的一些理念如陌生化也强调对审美过程的关注，但我们反对其审美过程终于自身的说法，因为它阻止了评论家更进一步朝文学形式的社会性根源进行探索。

结　论

本文从对张江先生文章的研读出发，首先对其提出的意图概念进行了分析，梳理出这个概念自身与西方传统理性主义的联系；然后分析了对作者意图的这个界定对批评的实际操作流程的实际效力，认为它并不能有效地回应新批评所提出的“意图谬误”说；最后探讨了作者意图作为文本解读参照标准的可能性，认为这个可能性也不是十分明朗。追述以上整个过程，笔者认为，作者“意图”这个概念对

① Bell, *Art*, New York: Frederick A. Stokes Company, 1913, p. 8.

于批评实践的指导规范作用是有限的，这种有限性使其作为一个判断阐释是否合理的标准的可能性变得不确定。从上述论述可见，不符合作者主观意图的文本解读不一定就不合理，不一定就构成“强制阐释”。此外，作者“意图”具有较强的排斥性，它并不能容纳作者主观意识之外的因素，一旦以其作为评判标准，可能导致我们过于草率地将一些文本解读方式排斥出批评实践的场域。但在当前文艺批评理论路数层出不穷、各种主张各执一词的局面之下，暂时恐怕还是更需要一种更具包容性的取向，在我们有确定的标准区别真相与假象之前，先对各种现象有个更为全面的考察。毕竟唯物主义的认识观表明，即使假象也可以促进我们对真相有更深刻的认识。

我们非常赞赏张江先生在这个历史时期提出这个问题供理论界思考，当前的文艺批评纷争也需要学者对这个场域的现状做出宏观把握，张江先生前期提出的“强制阐释”论就是在这个方向上迈出的开辟性的一步，而他在这个方面的继续深化，尝试为批评确立标准的做法也令人敬佩。正是由于其在这方面的努力，让中国评论界有机会对西方文论中看似已经落幕的纷争做出符合我们自己的认识观、价值观的探索。正是在这样的探索中，我们甚至发现，对于“阐释”本身的认识似乎也值得深入。文本“阐释”不仅仅是一种中性的解读文本的方式，其自身也带有很难察觉的根本价值取向，它自身就事先带有一种理论预设。认识到这一点是否可以促使我们尝试建构一种比阐释更具包容性的理论框架，以促成文艺研究的一次范式转换呢？这个问题值得深思。

诗学和文学理论中的意义和范例性

[英] 安德鲁·本尼特*

一

我想从引用文学理论家罗伯特·罗兰·史密斯（Robert Rowland Smith）的一个观点开始此文。史密斯说，知识是“相对于普遍秩序的，从一系列具体案例中推论出来的”①。一部文学作品的意义——即他所说的知识——可以据此被认为是由以下两个范畴之间的关系决定的：“具体案例”（specific case）和“普遍秩序”（general order）。获取关于一个文本的知识就是去理解它的意义，而为了理解它的意义，我们必须在特殊与一般之间进行协商。但是我想提出，将这一方法运用在一个文学文本上时会产生一些严重的问题，因为，正如苏珊·斯图尔特（Susan Stewart）在《诗歌与感觉的命运》② 一书中所评说的，一部文学作品是“由语言建构成的”，因此它“既参与对于一些既定的意义系统的普遍化，也具有此时、此地，以此种语调的特殊表达”；

* 安德鲁·本尼特，布里斯托大学英语系教授，研究方向：英国浪漫主义文学、20 世纪英美文学、文学理论。

① Robert Rowland Smith, *Death Drive: Freudian Hauntings in Literature and Art*, Edinburgh: Edinburgh University Press, 2010, p. 29.

② Susan Stewart, *Poetry and the Fate of the Senses*, Chicago: University of Chicago Press, 2002.

以及运用这样的顺序使用这些词汇、使用这些叙事和修辞的策略，产生如此这般的听觉效果。在这个意义上，诗歌，以及更广泛意义上的文学，符合康德和18世纪的英国美学理论家、19世纪德国哲学家黑格尔以及20世纪美国文学批评家W. K. 维姆萨特所理解的“具体普遍性”（concrete universal）：“一种同时见证个性化和普遍性的形式。”①

我想要说的是，当我们谈论一部文学作品的“意义”时，就为文学中的“意义”提出了独特的问题，或者说难题。因为，在从公元前4世纪的亚里士多德到包括雅克·德里达在内的当代学者所提出的欧洲诗学和文学理论中，意义问题与范例性（exemplarity）问题一直纠缠在一起——一方面是个体性与特殊性，另一方面是普遍性与共性——两者之间有着不可判定的关系。范例性包括从一个具体案例推出一个普遍秩序的知识生产过程，它在涉及由这种关系的不确定性构成的话语时极其不明确、不直截了当。我认为，正是特殊和普遍之间的这种不稳定的关系，使任何试图针对一首诗歌、一部小说、一个故事、一部戏剧或其他类型作品建立一个明确一致的“意义”解释的尝试变得艰难而复杂。

在源于古希腊的诗学和文学理论的西方传统中，一种将文学文本从其他文本中区分开来的通常做法是，认定一首诗既是“特别的”或“唯一的”，同时也是“一般的”或“普遍的”。这样的文本才被认为符合德里达所谓的“可普遍化的唯一性”②。蒂莫西·克拉克（Timothy Clark）也简明地指出了这一点，他认为，文学语言“曲解”（或扭曲、转变）了作为一方的“言语”和作为另一方的“概念”之间的区别。如此一来，根据克拉克的说法，文学语言就产生了个体和普遍之间的一种“悖论”关系，这种关系原则上是不可解决或不可判定的。也是部分因为这个原因，我们可以说文学语言既“引起”又“抵制”阐释。为了说明这个问题，克拉克用莎士比亚的著作《哈姆雷特》（*Hamlet*）中的“面貌”（visage）一词作为例子（这个词在该

① Susan Stewart, *Poetry and the Fate of the Senses*, Chicago: University of Chicago Press, 2002, p. 328.

② Jacques Derrida, *Demeure: Fiction and Testimony*, trans. Elizabeth Rottenberg, Stanford: Stanford University Press, 2000, p. 94.

剧中一共出现了5次)。[①] 克拉克追问,“面貌”一词是否可以在“无重大意义损失”的前提下,用其同义词“脸”(face)来代替呢?[②] 克拉克的答案是,这个问题永远不能得到最终的解决,因为文学所做的事情恰恰就是要使词语和概念之间的关系不可判定。我们既可以也不可以在不丧失重要内涵的条件下把“面貌”一词翻译成更熟悉的词语“脸”。显然,这就是西方传统所理解的文学所要做的事情:它动摇或“解构”词语与概念之间的关系;它破坏我们的如下认知:在能指和所指之间存在,或者说可以存在一种稳定、统一、不可破坏的关系。克拉克举的《哈姆雷特》中“面貌”一例,他感觉到的我们在“这是一个词语还是一个概念”这一问题上必然产生的不确定,以及他对是否可以在不更改莎士比亚戏剧的“意义”的前提下将“面貌”替换为“脸”这一问题的看法,本身就是批评、阅读和阐释持续面临的困境的例证。只要《哈姆雷特》还是一部文学作品,它就会使我们面临这个困境。我们可以在更大范围里看到这一现象:莎士比亚的戏剧给我们提出了一个无法解决的问题,即,哈姆雷特王子究竟是独一无二的个体,还是说他代表着更广泛的对个体性和意识的关怀,或者是代表着一般的人类经验,如对希望和绝望、欲望和报复、愤怒和哲学沉思的意识?在这个传统中,哈姆雷特被视为既是独特的自己——没有一个像他一样的人——同时也是一个具有普遍性的代表——像一些人会认为的那样代表生命和死亡、爱和忠诚、正义和复仇这些人类的终极存在两难之境——在某种程度上,每个人和哈姆雷特没有什么不同。

文学从根本上关注范例性问题,也通过个体性和一般性之间的不可判定关系,产生于范例性问题——这一观点正如我试图表明的那样,并非新鲜事物。这种存在于亚里士多德《诗学》(约公元前330

---

① Ann Thompson and Neil Taylor eds., *Hamlet*, London: Cengage, 2006, I. 2. 81; 2. 2. 489; 3. 1. 46; 3. 3. 47; 3. 4. 48.

② Timothy Clark, “Literary Force, Institutional Values”, in Elizabeth Beaumont Bissell, ed., *The Question of Literature: The Place of the Literary in Contemporary Theory*, Manchester: Manchester University Press, 2002, p. 100; Clark, *The Poetics of Singularity: The Counter – Culturalist Turn in Heidegger, Derrida, Blanchot, and the Later Gadamer*, Edinburgh: Edinburgh University Press, 2005; Derek Attridge, *The Singularity of Literature*, London: Routledge, 2004.

年）中的西方文学理论建立时就产生的两难，可以被理解为文学本身的结构性的东西。在《诗学》第九节中，亚里士多德写道："诗人的职责不在于描述已经发生的事，而在于描述可能发生的事，即根据可然或必然的原则可能发生的事。"[①] 他说，这与"描述已发生的事"的历史学家形成鲜明对比。亚里士多德进而总结，因此诗歌是"比历史更富哲学性、更严肃的事"，他解释说，诗歌关注的是"普遍性"（universals，τὰ καθόλου），而历史关注的是"特殊性"（particulars，τὰκαθ'‘εκαστον）。[②] 他进而解释，这并不妨碍诗人表现已经发生的事情，因为根据定义，已发生的事情是"可能会发生的"。[③] 因此，诗歌确实可以处理诸多单独的历史事件。亚里士多德也清楚地表明，诗歌不同于哲学，因为哲学只涉及普遍性：如果诗歌比历史"更哲学"，他并不是说诗歌就是哲学。对于亚里士多德来说，诗歌位于哲学和历史这两种认识世界的方式之间某处不可判定的地方：它既是哲学又是历史，同时又两者皆非。

诗歌、历史和哲学之间这种至关重要的、并且具有极大影响力的区分在英国传统中得到了有效的阐释，这体现在菲利普·锡德尼（Philip Sydney）爵士现代早期捍卫诗歌的著作《为诗辩护》（*An Apology for Poetry*，初版于1595 年）之中。锡德尼直接借用了亚里士多德的说法，并抽引出其中所隐含的内容。他讽刺地宣称哲学家的知识是"如此拘泥于抽象和一般，以至于可以理解他的人会感到很幸福，甚至因为能够运用他所理解的东西而感到更加幸福"。因为哲学家只是在讨论一般性，换句话说，他的意思通常是晦涩、模糊的。锡德尼认为，相比之下"追求概念"或规则的历史学家被"什么是"这样

---

① ［古希腊］亚里士多德：《诗学》，陈中梅译注，商务印书馆 1999 年版，第 81 页。

② Aristotle，"The Poetics"，in Vincent B. Leitch，ed.，*The Norton Anthology of Theory and Criticism*，New York：Norton，2001，pp. 97 – 98. 关于《诗学》中的范例性问题，参见 J. M. Armstrong，"Aristotle on the Philosophical Nature of Poetry"，*Critical Quarterly*，1998，Vol. 48，pp. 447 – 455；Malcolm Heath，"The Universality of Poetry in Aristotle's Poetics"，*Critical Quarterly*，1991，Vol. 41，pp. 389 – 402；G. E. M. de Ste. Croix，"Aristotle on History and Poetry"，in Amélie Oksenberg Rorty，ed.，*Essays on Aristotle's "Poetics"*，New Jersey：Princeton University Press，1992，pp. 23 – 32。

③ Aristotle，"The Poetics"，in Vincent B. Leitch，ed.，*The Norton Anthology of Theory and Criticism*，New York：Norton，2001，p. 98.

的问题——“事物的特定真理，而不是事物的一般原因”——所“束缚”，以至于他们的例子会得出“非必然的结果”，由此提炼出锡德尼称之为“不太富有成效的原则”。锡德尼说，正因为历史学家面对的是孤立的个别事例，正因为他们提出的是具体的经验性而不是普遍性的主张，他们工作的价值是有限的。然而对于锡德尼来说，诗歌包括了哲学的和历史的两个方面：无论哲学家如何描述，诗人都能根据“某人已完成此事”的设想来描绘出“完美的画面”，因此诗人将“一般的概念与特定的例子”“匹配”起来。[①] 根据锡德尼和亚里士多德的观点，诗歌可以被定义为居留于历史的特殊性和哲学的一般性之间、存在于不确定空间中的一种写作。诗歌不是历史，因为它比历史更具“哲学性”、理论性、广泛性。但它也不是哲学，因为它涉及特定事件的叙述，而不是或不仅是对某些“普遍”真理的陈述。既然诗歌可以说是涉及了对这些“真理”的陈述，换句话说，它通过特定事件、活动、人物以及对语言的特异性和不可译性的强调来实现，那么从这个角度来看，意义存在于这些词语以及这些词语表示或体现的概念中：它与语言不可分割地纠缠在一起，因此从原则上来说，既是可译的，又是不可译的。

亚里士多德和在他之后的锡德尼由此提出，诗歌涉及个体和一般之间的一种可变的、不可确定的、最终是不可判定的关系。尽管使用的术语有所不同，但后来几个世纪的文学理论家经常评论文学作品在认识论意义上的这种陌生性。[②] 例如，在这个意义上，在《判断力批判》（1790）中，康德提出，针对美的判断是“范例性典型性的”，我们针对品位做出的判断是基于“主观上的普遍性的”原则。[③] 虽然康德认为，一般来说，判断力就是“把特殊性视为包含在普遍性中”

① Sir Philip Sidney, *An Apology for Poetry* (*or The Defence of Poesy*), 3rd edn. , Geoffrey Shepherd, ed. , Manchester: Manchester University Press, 2002, p. 90.

② “从古到今，所有的文学理论家都一直在辩护：在某种独特意义上来说，一件文学艺术作品要么是非常个别性的，要么是非常普遍性的，要么两者兼有。” See W. K. Wimsatt, Jr. , *The Verbal Icon*: *Studies in the Meaning of Poetry*, London: Methuen, 1970, p. 69.

③ Immanuel Kant, *The Critique of Judgement*, trans. James Creed Meredith, Oxford: Clarendon, 1952, p. 75, p. 84.

来思考的能力，[①] 但是，当我们开始将艺术作品——天才的“范例典型的原创性”的产物，[②] 无论是口头的、视觉的或其他——理解为由感性与理性，或与黑格尔所说的“精神”之间的二律背反的组合构成时，就会产生问题。跟随着康德的思路，黑格尔在1818年之后的几次美学讲座中断言，“精神在艺术中通过感性显现（the spirit appears in art as made sensuous）”，因为艺术“处于直接的感性和观念性的思想之间”。[③] 不仅是德国哲学家这样认为，英国浪漫诗人威廉·华兹华斯在康德提出这样的看法几年之后、黑格尔的第一个演讲之前三年，也提出了非常类似的观点。他把诗描述为“既是缥缈的、超越的”，同时“没有感性的化身”就“不能”存在。[④] 华兹华斯的朋友和同伴诗人萨缪尔·泰勒·柯尔律治（Samuel Taylor Coleridge）也在他的《文学传记》（*Biographia Literaria*，1815年）中类似地将诗歌定义为“相反或不和谐的品质之间”的平衡与和解，包括“总体和具体之间”和“个体和代表之间”。[⑤] 在柯尔律治看来，诗歌表达了“一致的多元性”和“普遍性和特殊性的联合和互相渗透”。[⑥]

二

下面我以一个具体例子来说明这个问题。约翰·济慈（John Keats）写于1820年的诗歌《希腊古瓮颂》以两行富有召唤性且非常

① Immanuel Kant, *The Critique of Judgement*, trans. James Creed Meredith, Oxford: Clarendon, 1952, p. 18.

② Ibid., p. 168.

③ G. W. F. Hegel, *Aesthetics*: *Lectures on Fine Art*, Oxford: Clarendon, 1975, pp. 38, 39.

④ William Wordsworth, “Essay, Supplementary”, (1815) in *The Prose Works of William Wordsworth*, Vol. 3, W. J. B. Owen and Jane Worthington Smyser, eds., Oxford: Clarendon, 1974, p. 65.

⑤ Samuel Taylor Coleridge, *Biographia Literaria*, 2 vols., James Engell and W. Jackson Bate, eds., London: Routledge and Kegan Paul, 1983, Vol. 2, pp. 16 - 17 (see also 46n, on the Aristotelian Idea of An ‘Involution of the Universal in the Individual’); W. K. Wimsatt, Jr., The Verbal Icon: Studies in the Meaning of Poetry, London: Methuen, 1970.

⑥ Samuel Taylor Coleridge, “The Principles of Genial Criticism”, in *Coleridge's Criticism of Shakespeare*: *A Selection*, R. A. Foakes, ed., London: Athlone, 1989, p. 66.

概括的诗句结尾：

> “美即是真，真即是美”，这就包括
> 你们所知道、和应该知道的一切。

在过去的两个世纪中，关于这两行诗句的讨论非常多。评论家争论的内容包括谁在说话，诗句涉及的是一般的，还是地方或特定的命题，作者的、叙事的以及诗意的讽刺是复杂化了还是削弱了诗句的陈述，在整个诗歌的语境下以及在 19 世纪初的社会和历史文化语境下分别如何理解诗句内涵，以及诗句的陈述到底是否传达了某种“真”。换句话说，评论家们在不同的程度上关注作者意图的假设，无休止地辩论这些诗句是什么“意思”。最根本的困难是，一方面，诗句似乎表达了一个关于真和美的普遍真理。但是另一方面，其表达方式是特定的，强调修辞性和形式性。正是这一普遍命题与它的局部或个体表达之间的张力在产生我们可能会想到的作品意义或生产出它们的作者意图的同时，也使它们更复杂。最值得注意的是，诗句使用了交错配列的修辞方法，即几乎是过于工整、完全相反的重复——美即是真，真即是美——这一方法强调修辞形式上的对等逻辑，而不是语义内容或“意义”。这种明显的对等关系的产生归结于该声明的表达方式，而不是其（在哲学家理解中的）抽象真实内容，因为“美即是真”与“真即是美”相等这一命题是经不起逻辑分析的。换句话说，诗句的事实意义和其修辞形式是互相矛盾的。但是与其对诗句的事实意义发难，文学评论家可能更想证明的是，正是这一命题的语义内容和修辞形式之间的张力赋予了诗句诗意的力量。在某种意义上，人们可以说张力正是这一命题的“意义”。但同时，这是一种可能将意义消解的意义，因为它的意思包含有一种无法解决的悖论。

因此，当我们怀着兴趣试图找出或者修正济慈将美和真理等同时他究竟意味着什么时，我们是从 20 世纪和 21 世纪的英美文学研究的理论视角出发的，而这将使我们疏漏掉诗句之间字里行间的诗意。这一问题也会以其他的方式显现出来。毕竟，诗句远不是独创的。与其说济慈这位作者在诗句中意图呈现什么东西，不如说这个意图是某种诗学传统带来的。到济慈写作《希腊古瓮颂》时，他已经至少2次分别在书信中将美和真理等同①——这表明无论他的诗句是何用意，其意图并不是或并不仅是在写诗的那一刻才产生的。正如济慈作品的现代编辑者约翰·巴纳德（John Barnard）所指出的，这可能是因为“美”是“真理”的一种形式，或者二者相同这类主张在18世纪的审美话语中是一个“广泛流行的话题”。② 在这个意义上，我们可以这样理解，这句话出现在济慈诗中，它的意义是通过一个特定传统分散地存在着并得以传播的，它不受诗人济慈的驾驭与掌控；他的意思不是他一个人的。事实上，人们可能会认为，把这句话理解为济慈个人的东西——完全在他的控制、意图或能动作用之内——会带来一种误读，这种理解的作用没有新意或创新性；这种理解目的可能包括成为一个引用来源，而又认为对于它自己来说，没有类似的作者意图。这种理解将“美即是真，真即是美”这句话的文学性和诗意视为本质性地存在于这句话本身中与一种不可判定的互文性（undecidable intertextuality）或者说引用性（citationality）——一种没有特定起源的、分散的意义——的关系当中。从这种理解的意义上讲，济慈并没有什么意图，他只是在重复其他人已有的意图。或者我们可以说，他的意义或者意图也就是去传播意义或者意图。

部分是由于这个原因，充满了新批评、结构主义、后结构主义以及其他派系的当代文学批评理论家们相继地，如果不是没有争议地，发展出的原则，更倾向于去问一系列与阐释学相关的问题，而不是去问诗句本身究竟意指什么。这些批评家可能会问到真理—美这个等式的起源以及互文性对它的重要性；他们可能会问到这个文本的讽刺性质，或者它的框架的一般假设；他们可能会问到在诗歌中发生作用的形式的限制（包括节奏、韵律、共鸣、讽刺、节段形式），或者诗歌结尾的戏剧力量；他们可能会——就像杰克·斯廷格（Jack Stillinger）

① Hyder Edward Rollins, ed., *The Letters of John Keats* (2 *vols.*), Cambridge, Mass: Harvard University Press, 1958, Vol. 1, pp. 184, 192.

② John Barnard, ed., *John Keats: The Complete Poems*, 3*rd edn.*, London: Penguin, 2003, p. 676.

那样——问“在《希腊古瓮颂》的结尾，谁、向谁、说什么”[①]。但是，在任何简单的意义上谈论“美即是真，真即是美”这个短语的含义，或者谈论济慈在写下这些词语时的“意图”，这种做法最好的结果是打开阐释的闸门，最坏的结果则是忽略了该诗歌以个体性和范例性的方式、精确地和原则性地对任何稳定的或可定义的意义或意图进行质疑的各种方法。

在西方文学解释的核心传统中，诗歌与言语的根本关系被理解为诗歌使言语复杂和难解；诗歌被理解为将意义不可还原地、断然地嵌入语言之中，以这种方式使我们在使用“意义”这个词时会产生意指与其本意的混乱。诗歌不强调意义，而强调意义产生的方式，它们就是以这种方法提请我们注意其所特有的语言性（linguisticity），它们作为言语行为的特异性或个体性。当我们从济慈的诗歌中提取出陈述“美是真理”时，当我们孤立地考虑它［或者当我们断言它与布瓦洛的“只有真的才是美的”（“Rien n’est beau que le vrai”）或夏夫茨伯里的“所有美都是真”是“同样”的］时，[②] 我们不再是在处理济慈的诗了（那样看来，“美即真”的陈述与其说是他的，不如说是我的）。这就是说，虽然诗可以说包括了关于事实或认识论上的有效性的声明，但这些声明从根本上由于语言、诗的修辞和诗意的存在而

① Jack Stillinger，“Who Says What to Whom at the End of Ode on a Grecian Urn”? *PMLA*73 (1958), pp. 447 – 478; reprinted in “*The Hoodwinking of Madeline*” *and Other Essays on Keats's Poems*, Urbana: University of Illinois Press, 1971, pp. 167 – 173. 不确定性尤其产生于这一诗歌最后两行的四个版本的不同标点——两个幸存的手稿翻译中（不是济慈自己手中的）没有引号；诗歌最初在《美的艺术年鉴》（Annals of the Fine Arts）1820 年 1 月刊发表的版本中，没有引号，排列成两行；在济慈 1820 年的《拉米亚》（Lamia）书中（因为济慈病重，他的出版商代替他监督了书的出版），“美即是真，真即是美”两边有引号；在现代的编辑版本，比如巴纳德的版本中，最后两行诗句都在引号中。可变的标点本身带来了关于诗句的可能意义的各种理论。巴纳德列出了五种可能的解读：（1）古瓮向读者（或人类）说最后两行的话；（2）诗人对古瓮说这两行话；（3）诗人在读古瓮上的字；（4）《拉米亚》版本中包括的反转的逗号表示，古瓮在说前面的 5 个单词，诗人则在对他的读者说诗句中剩下的部分；（5）如同在（4）中那样，古瓮说那句“格言”，但是诗人是对古瓮而不是对人类说剩下的话。（Cf. John Bournard, ed., *John Keats*: *The Complete Poems*, 3*rd edn.*, London: Penguin Group, 2003, p. 652.）。

② 巴纳德引用了这两个短语，作为诗句可能的来源。Cf. John Bournard, ed., *John Keats*: *The Complete Poems*, 3*rd edn.*, London: Penguin Group, 2003, p. 652.

被复杂化。事实上，如果不认为语言、修辞、语言学语境或某种特定的说法或写作使事情复杂化了，我们就没有把这首诗当做文学作品。

考虑这一问题的一种方式是去思考济慈的诗歌将说某事这一特定例子——以这样特定的方式去说美和真理相同——与一般或（所谓的）"普遍"陈述相混合的方式。哲学家想要谈论的是，在一般意义上，是否可以说美与真理有关，或美是真理的一种形式（无疑，他们一直追问我们在一开始谈论"真理"这个词时到底是什么意思，对此提出繁难的问题）。相比之下，诗人和评论家（在学术建制上）感兴趣的是，去谈诗句中的命题怎样才能成立，或者它可能试图做什么，以及在这个特殊的语境中、这个特殊的说法中、这个特殊的公式中它的效果可能是什么。当然，重要的是，这一诗句涉及史学和美学中的一个持续而长久存在的问题——事实上，这对我们对济慈的诗歌的理解（或我们的不理解）非常关键。诗句的关键点正在于它看上去是在提出一个普遍的真理，这也是诗歌力量中的一个不可分割的组成部分。但是诗句只是在诗本身的具体语境（包括文学史、美学、人物传记，19 世纪初的社会、阶级、性别、经济和政治史，帝国征服和古典时代的占有等无限的语境）中才可以被认为有效，而且只有通过它的特殊的语言表述、词语的顺序，就是说，只有作为《希腊古瓮颂》这首诗的一部分才有效。

从上两个世纪人们对该诗的批判性接受中，我们可以得出的结论是，评论家对这些诗句提出的那种问题永远不会最终解决，也不可能解决，因为"美即真，真即美"既是一般的、普遍化的命题，也是一首诗的一部分，而这首诗具有自身特殊性、自己的存在模式、独特的修辞形式和修辞策略。诸如语言和修辞效果、讽刺、叙事声音、暗示和间接表达之类的问题使得诗歌的修辞形式和修辞策略非常复杂。换言之，这些诗句的含义不仅与它们是否表达了一个真理有关，而且也与它们如何表达真理有关。

三

虽然范例性问题在 18 世纪晚期和 19 世纪早期的美学和浪漫诗学

中得到一定程度的重视和强调，但这个概念的问题本身远不限于这一时期。雅克·德里达近来给了它一个特别而又完全处在这个传统之内的新诠释。他在其著作《论名称》（*On the Name*）中这样写道："如果不能够判定当我在说某东西时，我到底是在说某东西（这个东西本身，就是这一个，它自己）还是在举一个例子，一个关于这个东西的例子或者关于我能够谈论这个东西这件事实的例子"，"文学就要开始了"。① 回到前面的例子上去，当我们谈到哈姆雷特时，我们是在谈论一个个体的角色，还是在举这个角色为例子？一位评论家指出，不理解这种问题的力量，就会对文学这一概念产生"困扰"；就是忽视蒂莫西·克拉克所说的"文学的内在动荡"②。这种对文学作品的理解对意义问题的影响是清楚而明确的。为一部作品确立一个单一的、明确的、不模糊的"意义"，特别是试图将其与一个假想的理论概念"作者意图"相联系，是对文学话语的性质的误解，这不仅与20世纪的文学理论相悖，也背离了从亚里士多德到德里达以后的主要欧洲传统。这种误解依赖于一个基本假设，即质疑作者意图等于质疑作者有意图；相反，文学理论质疑的是作者的意图是否能够被得到、被定义或被限制——以及是否可以说作者的意图定义或限制了阐释。

最后，重要的是要理解，这个问题从根本上包含在理论和批评运作的更广泛的制度环境中。最近，米歇尔·洛里（Michele Lowrie）和苏珊·兰德曼（Susanne Lüdemann）在她们为题为《范例性和奇特性》（*Exemplarity and Singularity*）的跨学科文集写的导论中，将这一问题与社会、政治和意识形态方面的考量相联系。她们认为，现代（西方）个人主义的普遍"精神病理学"可以被恰当地理解为对"彻底的唯一性"和"规范的范例性同时具有的、辩证性的渴望"的意

---

① Jacques Derrida, *On the Name*, trans. Thomas Dutoit, Stanford: Stanford University Press, 1995, pp. 142 - 143.

② Joseph G. Kronick, *Derrida and the Future of Literature*, Albany: State University of New York Press, 1999, p. 11; Clark, *The Poetics of Singularity: The Counter - culturalist Turn in Heidegger, Derrida, Blanchot and the Later Gadamer*, Edinburgh: Edinburgh University Press, 2005, p. 6.

义上被理解。[①] 这是一个批评家称为“现代性的大问题”（因此也是民主的大问题）的一个方面，它涉及“对特殊东西的断定”与对一般性的要求之间的和解：我如何使他人相信，我特殊的、个人的观点不仅是特殊的、个人的、自私的，也是“可普遍化的真理”的一个例子？[②] 实际上，现代性的基础正是每个个体都与其他人一样具有个体性这一悖论：现代西方主体的个体性是独特的、唯一的、例外的，而正是这点使得他或她同时又是可普遍化的。但如果典型——通常被认为是某种不确定性或难题——是与个人主义、民主、人权和言论自由这些在18世纪欧洲占据垄断地位的意识形态相互关联的概念的基础，那么它在诗学和文学理论中的意义也比这宽泛得多。确实可以认为，是范例性构造和决定了我们至今仍停留在两千年前的古希腊传统中去理解文学作品的意义，这一传统今天仍在其制度中发挥作用。

（译者：杨琼，中国社会科学杂志社国际部编辑，研究方向：中国现当代小说。）

---

① Michele Lowrie and Susanne Lüdemann, eds. , *Exemplarity and Singularity*: *Thinking through Particulars in Philosophy*, *Literature*, *and Law*, London: Routledge, 2015, “Introduction”, p. 7.

② Thomas Docherty, *Confessions*: *The Philosophy of Transparency*, London: Bloomsbury, 2012, p. 17.（在这本书里，托马斯·多彻蒂对阿兰·巴迪乌关于“普遍的范例性”的真理宣言进行了评价。See *Saint Paul*: *The Foundation of Universalism*, trans. Ray Brassier, Stanford: Standard University Press, 2003）；可与多彻蒂对弗朗西斯·哈奇森在《论美和德行两种观念的根源》（*An Inquiry into the Original of Our Ideas of Beauty and Virtue*，1726）中提出的美是“一致的多样性”（variety in uniformity）这一观点进行的评价进行比较（第139—140页）；亦参见多彻蒂《批评与现代性：欧洲的美学、文学与民族，及其学术界》第4章（Thomas Docherty, *Criticism and Modernity*: *Aesthetics*, *Literature*, and *Nations in Europe and Its Academies*, Oxford: Oxford University Press, 1999, ch. 4.）。

“意图”之殇与作者之“向死而生”

陈晓明*

2016年，张江先生发表长篇论文《“意图”在不在场》，对“作者”与文本的关系提出追问，这是张江先生在继“强制阐释论”之后，又一篇追究文艺理论与批评之根本问题的雄文，引发了多方探讨，对于我们重新澄清一些根本性的理论问题无疑有积极意义。张江先生认为：“无论怎样消解和抵制意图，意图总是存在于文本之中，哪怕是‘作者死了’，文本交付于读者以后而无法更改，意图——确切地说作者的意图，依然在场，它决定着文本的质量与价值，影响他者对文本的理解与阐释。这种影响和决定，可能不为他者所知觉，他者也可以自动抵制意图，但是，意图的渗透与决定力量，贯穿于文本理解与阐释的全部过程之中，无论你承认还是不承认，接受还是不接受，它始终发生作用，让人无法逃避。”① 这里讨论的虽然是作者与文本的关系，但作者的创作是否始终影响和决定文本的构成及其价值，其实包含着对现代以来的文学理论和批评激进变革的追问，也是对文学批评的主体论向文本论转型的质疑。在如今中国文学理论批评界试图重新开掘自己的道路的时期，廓清这些理论前提，寻求更契合中国文学理论与批评的路径，无疑具有极大的建设性意义。此一问题的讨论虽然不一定能够迅速达成共识，或者建构出更理想的理论体

---

* 陈晓明，北京大学中文系教授，研究方向：中国现当代文学、后现代文学理论批评。

① 张江：《“意图”在不在场》，《社会科学战线》2016年第9期。

系，但这一问题域确实打开了一个丰富的理论面向，也是寻求重构文学批评与作者创作实践关系的理论基础。

一

割裂作者意图与作品文本的关系，宣称“作者之死”，这既是当代理论批评发展到一个激进阶段的产物，也是当代理论转型的根本标志——表明当代理论与批评进入到文本阶段。南帆在回应张江的观点时，曾经引述特里·伊格尔顿的论述并概括出当代理论批评的三个阶段，即当代理论批评经历了从作者到文本，再到读者的三段论。南帆富有洞见地指出，当代中国的文学理论与批评并未严格明确地经历这三个阶段。[①] 就目前中国的文学理论与批评来说，“作者之死”还只是一个理论观念，这个观念从1980年代后期就开始流传，但并未有实际的效果，中国的理论批评还是比较重视作者，也就是说，中国的文学批评还是以传记式和印象式为主体，不关注作者的纯粹文本批评少之又少。即便如此，从理论上澄清这个问题还是十分重要，因为它反映了当代理论批评走过的历程，以及它的激进化和极端化。

以作者为中心的批评时代也是文化精英主义占据主导地位的时代。我们称之为“文学批评”的这种文化类型，或者说这门专业在何时成立，确实很难做出明确界定。在西方，从柏拉图时代起，文学艺术就开始被谈论；在中国，关于文学艺术的论述据说始于《毛诗序》，孔子之编“诗三百篇”，他的“兴观群怨”说，都是文学理论与批评的滥觞。中外的文艺理论批评史同样源远流长，这是毋庸置疑的。但文学批评作为一门专业，则是现代的事情。[②] 按法国当代批评家蒂博代的看法，他把这个标志精确地定位在1827年，这一年，在法国的大学里出现了文学批评课程。有3位批评家以教授文学为业，即基佐、库赞和维尔曼。蒂博代认为文学批评的产生有三个条件：其

① 南帆：《作者、读者与阐释的边界》，《社会科学战线》2017年第2期。

② 在很长时期里，在西方学术史的发展中，还没有“文学理论”这种说法，因此，我们的表述会注意年代背景不同而审慎使用“文学理论”这一概念。

一是诞生了教授行业和记者行业；其二是历史感的加强对总结的需要；其三是多元化的创作和欣赏趣味①。

显然，在文学批评兴起的19世纪之初，文学批评既然与新闻职业相关，与大学新设立的课程相关，同时与创作和欣赏趣味相关，这也就表明它必然与作家关系密切。文学批评兴起之时也是文学在现代社会开始产生较大传播影响力的时期，作家成为社会中最受关注的人群。在法国现代主义之初，戈蒂叶以一本《珐琅与雕玉》就敢穿件红马甲在法兰西剧院招摇，吸引了众多贵妇和小姐的眼球，由此也就不难理解作家对于作品具有不容置疑的权威地位。作家在社会中的影响力无疑是文学批评无法忽略作家的基本原因，同时文学高扬人文主义精神和批判意识，以及历史主义的认识论和方法论对文学批评的支配作用，都表明文学批评以作者为中心、强调作者的权威作用理所当然。狄尔泰曾经指出：

> 我们所面对的理解生命的过程，是以自传这样一种最高级、最富有启发性的形式存在的。这里存在的是一种外部的、可以觉察的生命历程，它为人们理解那在某种环境之中把它产生出来的东西，构成了根据。对它进行理解的人与那个曾经把它创造出来的人，并没有什么不同之处。理解过程所具有的某种特殊的亲密关系，就来源于此。从不同的观点出发来看，那在自己生命之中寻找某些联系线索的人，已经创造了某种存在于这种生命之中的连贯性，因此，他现在只不过是用语言把这种连贯性表达出来而已。②

狄尔泰这段话最为鲜明地表达了传记批评的优越性，并且把理解作品的人（可以视为批评家）与作家的亲密关系揭示出来，甚至把

---

① 关于这问题的分析，可参见［法］蒂博代《六说文学批评》，郭宏安译，生活·读书·新知三联书店2002年版，第34页。蒂博代原书名叫《批评生理学》，中文译本书名叫《六说文学批评》。

② ［德］威廉·狄尔泰：《历史中的意义》，艾彦、逸飞译，中国城市出版社2002年版，第28页。

理解（历史学家或文学批评家的解释）看作是对作家创作意图的完整实现。他们在生命体验和意义的理解方面都能达到同一，并且完成了精神上和经验上的相互交融。在狄尔泰看来，伟大的历史学家一定是那种把历史眼光与投身于其他人的生存状态之中的愿望结合起来的人，这无疑也是那个时代，是相当长时期以来，人们对伟大批评家的期许。

以作者为中心是文学批评在漫长的古典和现代时期都秉持的观念，在20世纪文学的兴盛与危机进程中，这一观念受到严重挑战并被动摇。在我们讨论英美新批评兴起进而形成以文本为中心的批评时，我们有必要去关注一个更大的历史背景。这个大背景我以为有以下三点需要考虑：

其一，英语文学的兴盛。特里·伊格尔顿在《二十世纪文学理论引论》一书中指出，新批评是骑在战时民族主义的头上走向兴盛的。这句话表明英语与第一次世界大战英国殖民主义向世界的扩张，以及20世纪兴起的全球化和世界主义的浪潮相关。英语这一盎格鲁—撒克逊语言也是在20世纪逐渐成为世界通行语言，相应地，英语文学也成为全世界被阅读最为广泛的经典。早些时候的英国工业革命推动了英语文学向普通大众传播，英国的海外殖民主义也以英语文学为其文化及价值推广的手段。与此同时，牛津、剑桥成为英语文学教育的中心，英语文学批评在这里形成了“新批评”学派。以兰塞姆、瑞恰兹、艾略特、燕卜逊等人为代表的英美“新批评”的兴起，为英语文学的世界传播推波助澜。虽然这些批评家未必是有意识地配合英语的世界化，但“文本细读”本身却表明了英语的精深美妙。“新批评”并没有明确主张割裂文本与作者意图的关系，但他们扭转了传记批评主导的文学批评主流，回到文本、回到英语的字词，这就表明了另一个批评时代的开启。艾略特作为“新批评”独特的代表，他明确提出：“诗不是放纵感情，而是逃避感情；不是表现个性，而是逃避个性。”① 他认为诗人只有服从传统、领会传统才会是好诗人。不

① ［英］T. S. 艾略特：《传统与个人才能：艾略特文集·论文》，陆建德编，卞之琳等译，上海译文出版社2012年版，第10—11页。

要诗人的个性，去除诗人的感情，这其实也是把诗人的主体作用降到最低限度，让字词说话。他几乎逐字逐句分析史文朋（Algernon Charles Swinburne，1837—1909）的诗句，他认为，史文朋的诗，“意义和声音合二为一，他以一种独特的方式来处理文字的意义：他利用文字的意义，或者更准确地说，他‘经营’文字的意义”[①]。艾略特认为，让史文朋激动的是文字，而不是物体。兰塞姆对此大为赞赏：“诗人停留于文字之上，而不用文字来表现文字之外的东西。”[②] 哈特曼后来评价作为批评家的艾略特的工作时说道：“艾略特并不参与理想性的变革或者不参与对于已消亡的东西的亵渎，然而他却参与了语言的纯洁化，参与了使得语言能够消化——如果它必然这样的话——一种‘历史的和科学的知识的极其丰富的储备’。”[③] 新批评对英语诗歌的阐释无疑有助于体会英语语言的精深美妙，我们当然不能说是“新批评”助了一臂之力才使英语成为世界性语言，但英美“新批评”的兴起与英语成为世界性语言则不无关系。

其二，科学主义的兴起。进入20世纪之后，以伟大思想影响人类文化的时代转向以科学主义影响人类文化的时代。柏拉图以降的以思想史为谱系的人文学，转向了以实证分析为主要方法的语言学。弗洛伊德的心理学和索绪尔的语言学深刻有力地影响了文学研究。日内瓦语言学派、俄国形式主义都使专注于文本的研究有了方法论依据，也由此形成了一种趋势。随之的符号学、结构主义对文学研究影响尤甚，结构主义波及社会科学整个领域，甚至导致传统哲学的衰弱。20世纪五六十年代，法国作为战后欧洲思想大本营，正在悄然生变。存在主义不得不让位于结构主义，萨特的时代结束了，更年轻的一代知识分子崛起，他们表达了另一种社会理念和专业信念。福柯在回顾当时的思想转变时曾说道：“人们突然地，没有明显理由地意识到自己已经远离，非常远离上一代了，即萨特和梅洛庞蒂的一代——那曾经

---

① ［美］约翰·克罗·兰塞姆：《新批评》，王腊宝、江哲译，江苏教育出版社2006年版，第94页。

② 同上书，第96页。

③ ［美］哈特曼：《荒野中的批评》，张德兴译，天津人民出版社2008年版，第67页。

一直作为我们思想规范和生活楷模的《现代》期刊的一代。萨特一代，在我们看来，是一个极为鼓舞人心和气魄宏伟的一代，他们热情地投入生活、政治和存在中去，而我们却为自己发现了另一种东西，另一种热情，即对概念和我愿意称之为系统的那种东西的热情……”①更多的青年学生则为结构主义的科学性而欢呼，青年学生甚至欢呼，“因为结构主义人类学，我们终于有社会主义科学了！”此前的人文学并不能被称为“科学”，在科学主义盛行的时代，知识分子中不乏有人对人文学缺乏“科学性”而感到羞愧。现在结构主义改变了这种状况。列维－斯特劳斯解释说，“结构语言学的目的在于发现一些普遍规律，或者归纳法，‘或者用逻辑演绎方法来说明这些规律的绝对性’”②。当有人问如何看待知识分子的道义责任时，列维－斯特劳斯的回答是：“我认为我作为一个知识分子所具有的权威（如果人们觉得我还有点权威的话），在于我的著作，在于严密而精确方面的审慎。”③

在这种观念和方法的支配下，文本自身建立起一个严密的语言和符号世界，只有科学实证的方法可以分析它，至于“作者的意图”之类，以及其如何与文本联系、如何体现为文本的符号字词系统，则无法给予“科学的”说明，必然被排除在文本之外。显然，从实证分析的角度来看，“作者意图”是无法量化，也无法明确的一种概念，也就是它无法证伪，一切无法证伪的概念都难以成立。

其三，语言分析哲学的影响。20 世纪 30 年代以后，欧美的语言分析哲学取代了传统的形而上学成为哲学的主流。在剑桥和牛津，分析哲学中的日常语言学派日益活跃，以 J. T. D. 威斯顿为代表的剑桥学派和其后以 G. 赖尔、J. 奥斯汀、P. F. 斯特劳森等人为代表的牛津学派迅速占据了学院哲学的主流地位。两次大战期间以及第二次世界大战后，分析哲学发展出逻辑经验主义并且在美国得到进一步发展，

---

① 参见刘北成《福柯思想肖像》，北京师范大学出版社 1997 年版，第 138 页。

② ［法］列维－斯特劳斯：《结构人类学》，俞宣孟等译，上海译文出版社 1999 年版，第 33 页。

③ ［法］弗朗索瓦·多斯：《从结构到解构》上卷，季广茂译，中央编译出版社 2004 年版，第 11 页。

逻辑经验主义通过卡尔纳普、赖兴巴赫、H. 费格尔、C. G. 亨佩尔、W. V. O. 奎因等人的作用，取代或改造了实用主义，在美国哲学界占据了主导地位。这种哲学背景也可以解释20世纪70—80年代以后美国文学批评的理论化趋势，即“耶鲁四君子”的那种细密深奥的文本分析，比“新批评”有过之而无不及的叙事学分析和解构批评占据了风头。

值得指出的是，语言分析哲学并不关注分析语句的意义，甚至认为语句陈述的意义并不重要，他们分析陈述行为或陈述的逻辑关系。蒯因（Willard Van Orman Quine，又译奎因）“拒绝承认意义”。他认为：“至于意义自身，当做隐晦的中介物，则完全可以丢弃”，我们不需要“被称为意义的这种假想的东西”，因为它不能说明任何东西，“被称为‘意义’的这些特殊的和不可归约的媒介物的说明价值确实是虚妄的”。[①] 作为逻辑实用主义分析哲学家，蒯因否认意义为一种独立的实在或心理的存在，如果从这种哲学角度来看，一个现实化的作者的心理意图与另一个文本确认意义或建立起意义关联，无疑是不可想象的，也是没有意义的。分析哲学形成的主流观念，对于作者与文本的确定性关系也是不利的。

固然，试图用这些背景来解释当代理论批评何以割裂“作者意图”与文本阐释的关系，似乎还缺乏直接的学理关联，但是它导致“作者意图”的失效却是绰绰有余的。

二

“作者意图”之难以在文本中贯彻，这与当代理论批评对文本持以下观点当有直接关系：文本的语言符号并不能构成一个意义完整的体系，文本也不存在一个起决定作用的意义中心。这当然是典型的解构主义的文本观，德里达指出：

---

① ［美］威拉德·蒯因：《从逻辑的观点看》，江天翼、宋文淦等译，上海译文出版社1987年版，第25页。有关论述参考江天翼等写的“中译本序”。

> 中心并不存在，中心也不能以在场在者的形式去被思考，中心并无自然的场所，中心并非一个固定的地点而是一种功能、一种非场所，而且在这个非场所中符号替换无止境地相互游戏着。那正是语言进犯普遍问题链场域的时刻；也正是在中心或始源缺席的时候，一切变成了话语的时刻——条件是在这个话语上人们可以相互了解——也就是说一切都变成了系统，在此系统中，处于中心的所指，无论它是始源或先验的，绝对不会在一个差异系统之外呈现。先验所指的缺席无限地伸向意谓的场域和游戏。[①]

固然，德里达是在批驳列维－斯特劳斯关于“乱伦禁忌”作为原始社会亲属关系起源的依据时写下的这段话。德里达1966年在美国霍普金斯大学发表《人文科学的话语、符号与游戏》一文时，向结构主义发起了挑战，宣告结构主义的系统、整体和中心根本不能成立，这不啻向人文学科扔下一枚炸弹。如果说结构主义的文本封闭性足以割裂作者对文本的控制权，那么解构主义的去中心和符号无限延异的思想，则使作者作为一个权威的声音在文本中起决定作用的那种意义系统难以建立。解构主义所做之事，是去分析作者意图的矛盾，拆解作者的原初意图与其叙事形成的错位。德里达和德曼都分析过卢梭的《忏悔录》，卢梭试图在《忏悔录》里表达他虔诚的忏悔愿望，但在德里达和德曼的分析中，卢梭的文本本身是不完全的，他的叙述是言不由衷的。

德里达认为卢梭的《忏悔录》陷入了起源性缺乏的替补游戏。据说《忏悔录》原稿曾经散佚，是后人编辑而成，这部著作的完整性可能值得怀疑。[②] 德里达对卢梭的叙述采取了以其人之道还治其人之身的策略。卢梭说过文字是言语的“危险的替补”，这就是说作者的写作是不可靠的，未必是他的真心实语。德里达和卢梭开了一个小小

---

① ［法］德里达：《书写与差异》，张宁译，生活·读书·新知三联书店2001年版，第505页。

② 《忏悔录》共有3份手稿。第一份，最早的那份，是不完整的，在第四章便中止了。在卢梭的委托人杜·贝伊鲁逝世后交给了纳沙特尔图书馆。第二份是全的，保存于巴黎议院图书馆。还有一份就是日内瓦手稿，卢梭把此稿定为发表的文本。

的玩笑，指出在卢梭不断地表达对“妈妈”即华伦夫人的爱和感激的文字中，包含着一个长长的替补链。卢梭本人一方面鄙夷文字对言语的替补，另一方面又依赖这种替补。这就像他对“妈妈”的依赖一样，显示出卢梭的全部虚伪。那个“妈妈”（华伦夫人）并不是卢梭的亲妈，不过是卢梭的情妇，卢梭时年 21 岁，华伦夫人 29 岁。卢梭的这个所谓的“妈妈”同时跟多位仆人通奸，对卢梭可能更加热情一点。正沉浸于手淫之苦的年轻的卢梭初尝女人，自然对贵妇华伦夫人感激不尽。在回忆录里充满了对华伦夫人的溢美之词：他舔“妈妈”吃过的盘子，吻“妈妈”碰过的窗帘，躺在“妈妈”睡过的床上想入非非……所有的这些，都是对“妈妈”不在场的替代，但这是替代的替代。这个“妈妈”其实是卢梭欲望的代替者。卢梭的亲生母亲并不在场（在他出生时就难产死去了）。这就是替补之链，后来出现的伴侣泰蕾兹又成了对华伦夫人的替补，而且这其中隐含的也确实是“危险的替补”。德里达在论述卢梭在《忏悔录》中提到的“替补”问题时，曾说：“替补令人发狂，因为它既非在场也非缺席，因为它不断破坏我们的快乐和纯洁。”① 一切都是替补，都是替补的替补。德里达说，这一系列的替补显示出某种必然性：“无限系列的替补必然成倍地增加替补的中介，这种中介创造了它们所推迟的意义，即事物本身的幻影、直接在场的幻影、原始知觉的幻影。直接性是派生的。一切东西都是从间接性开始的，‘理性难以理解’这一点。”② 卢梭的忏悔初衷，他对华伦夫人的感激，其实陷入了叙述提供的那些“说法”（例如“妈妈”“手淫”“爱得发狂”“感激”等等）之间的替补游戏，我们甚至不知道卢梭在说什么，卢梭自己也在这“危险的替补”游戏中不知所终。德里达说道：“作为补充，能指并不首先和仅仅再现不在场的所指，它取代另一个能指，另一个能指的范围，这个能指的范围与欠缺着的在场保持另一种被差异的游戏更加看重的关系。”③

---

① ［法］德里达：《论文字学》，汪堂家译，上海译文出版社 1999 年版，第 112 页。

② 同上书，第 228 页。

③ 同上书，第 112 页。

德曼后来在《阅读的寓言》中也拿卢梭的《新爱洛伊丝》开刀，作者的权威声音究竟何在？卢梭的实有及真实性何在？卢梭的《新爱洛伊丝》写了两个少年直至青年男女的爱情通信，声称这两个青年人来自阿尔卑斯山脚下，实际上，这两个人是卢梭虚构的，但卢梭在文本中故做回避，既不承认也不否认他是信件的真实作者。这部作品讲述的故事没有实有场景，它的现实指向是虚构的。很显然，人们在并不知晓这样的背景下阅读，把虚构的假定性当作真实故事来阅读。卢梭在文中刻意否定自己的作者身份，表明了卢梭承认实际作者是谁并不重要，现在是文本自身的逻辑在起作用。那个在传统阅读体系里被认为是最为权威的真实作者并不能起决定作用，卢梭同时承认，文本的实际指涉也并不能完全为阅读掌握。[①] 德曼的关注重点在于揭示卢梭这部作品的“寓言意义”，显然，他试图完全摆脱作者权威的控制，他宁可刻画一个对阅读恐惧和不信任的作者形象，取消阅读对作者意图还原的可能性。

尽管我们看到割裂作者意图与文本的直接关系的理论有其时代的和思想史的依据，但并不等于它在学理意义上具有永久合理性，也不等于它能长久有效地形成定论。事实上，即使是极端如罗兰·巴特、福柯、德里达、德曼，他们在谈论任何一个文本时，都会不自觉地谈到文本的作者，始终是在作者的名义下来讨论文本，不管德曼在谈论的是普鲁斯特的《追忆逝水年华》，还是卢梭的《新爱洛伊丝》，或是德里达在解构列维-斯特劳斯的结构人类学以及卡夫卡的《在法的前面》，都是在作者名下讨论作品，也是在作者一贯的创作语境中讨论作品。何以见得“作者死了”？“作者死了”的意义其实是相当有限的。几乎在所有的文本批评阅读中，当然也包括德里达和德曼的解构主义批评，未尝没有反反复复回到作者的贯有思想中去解释的各种做法。正如张江先生指出的：“作品或者文本是一个确定的存在，签署作者的名字而流传于世。”[②] 确实，作者的意图不一定能完全贯穿于文本之中，或者说读者也无法通过文本的故事、字句、修辞或主题完全读出作者意图，

① 参见［美］保罗·德曼《阅读的寓言》，沈勇译，天津人民出版社2008年版。

② 张江：《“意图”在不在场》，《社会科学战线》2016年第9期。

但是，并不能因此否认作者的作用存在于文本中，那个曾经活生生的、以他的生命存在形式创作这个文本的作者，他肯定是影响了文本的建制和生成。张江先生强调指出：“写作是作家自觉的理性活动，是在确定的思维和逻辑规则制约及引领下展开的。其根据就是，写作本身是一种自觉的意识活动，是意识的自主建构行为……”[①]自觉的理性活动转化为语言符号、叙述和修辞之后，其意图会有不同程度的变异或减弱，但终归是这个作者创作的文本，总是有必要在这个作者的名下来讨论才有意义，才能释放更为充分的意义。

当然，在理论上承认作者与文本的关系是一回事，认定作者意图对文本起支配作用又是另一回事，这二者不只是程度不同，也是明确“作者意图”的基本含义的理论落脚点所在。如果“作者意图”对创作文本有作用，对阅读文本产生直接影响，那么，“作者之死”就是一个夸大的说法。不管是肯定文本自身的独立性，还是强调语词的修辞作用，都无法否认作者对于文本的作用。

虽然德里达给人的印象是极力删去作者作用的解构大师，但是，他惯常使用的技法是让文本如此贴近作者，让作者与每一个语词活生生地联系在一起。他让作者的意图呈现又消失，让那些语词与作者玩着躲闪的游戏。德里达在应《法国文学画卷》之约写作评价马拉美的文学史地位的短文时，他首先给自己提出的问题是：“‘文学史’里有马拉美的一个地位吗？或者这样说：在法国文学几乎全景的画卷里，马拉美的文本占一席之地吗？”德里达的提问意味着他要通过阅读马拉美的诗歌文本去标出马拉美的文学史位置，德里达说，马拉美促使文学的分类、文学史、文学批评以及种种哲学和阐释学里的诸多范畴“破裂”。德里达这次倒是十分明确地在马拉美的名下来把握马拉美的企图，他写道：“如果马拉美标志着一种破裂的话，它仍然是采取了重复的形式；例如，它将昭示过去文学的本质是什么。借助于该文本，通过它，便会发现这种双重操作的新逻辑；而且根据一种天

---

① 张江：《“意图”在不在场》，《社会科学战线》2016 年第 9 期。

真而自私的签名理论，我们只能将它归属于马拉美。”[①] 即使为一部权威辞典或文学史册封之书确立马拉美的地位，德里达也没有谈论马拉美的生平，他的各种经历，而是通过对他的诗歌和散文以及阅读札记等文本的交叉阅读，来确立马拉美对法国文学传统的背离，以及对柏拉图以来的哲学对写作的规定的破解。德里达认为，在马拉美的诗歌中，诗歌语言不再是语言的首要成分，马拉美的文本躲开了再现控制，让它回到自身的音节、相互的修辞中，词语沉迷于指涉自身的游戏。这显然是最为极端的“文本之外无他物”的批评范例，但即使在这样的范例中，德里达还是引用马拉美的散文和札记去作为注脚，也就是用马拉美自己书写的文字去作为解释的依据，虽然是被德里达编排为文本之间的游戏，但这无疑也是在探究马拉美的意图究竟何在。德里达宣称，在马拉美的诗歌中，消失的作者也是“被积极地书写上去”，“这并非文本的偶发事件，而是文本的性质；它是不断删削的签名标记而已”。[②] 为了强化作者消失的效果，德里达还引述了马拉美在《诗的危机》及《关于书》中的说法，马拉美似乎也认为，他写诗并形成一本诗集，为的是“删去作者”。他试图去做些超乎寻常的事情，如“作者省略”“作者的死亡”等。马拉美逃离了他的诗歌文本，多年后，德里达为了证明“作者死亡”，把马拉美的文本翻出来，证明了马拉美作为一个作者的“死亡”。

不管作者逃离自身也好，批评家试图删削作者的签名印记也好，作者总是在场，所有对这个文本的谈论，总是归属于这个作者名下，构成关于作者的这个文本的无数说法，使这个作者的名声越来越响亮，艺术生命力越来越活跃。

三

“意图谬误”这种说法也是对“作者意图”的最大挑战，[③] 既然

---

① ［法］德里达：《马拉美》，载《文学行动》，赵兴国等译，中国社会科学出版社1998年版，第327页。

② 同上书，第328页。

③ 此说法出自维姆萨特和比尔兹利合写的两篇文章《意图谬见》和《感受谬见》。

所有的阅读都有可能是“误读”，即使作者确曾有过意图寄寓于文本之中，读者也不可能读出其意图。从实证的角度来看可能这样，但是，相当多的人可以从同一个文本中阅读出同一种主题，可以从中感受到同一种情感，这或许又有某种同一性。人同此心，心同此理，如果这种说法不会招致完全否认的话，那么作者也有普通人的一面，生存于世，吃五谷杂粮，行为道德、说话言语与普通人并无二致，那语言还是可以在一定程度上表达出共同的思想和情感。因此，作者的“意图”固然可能在阅读中被“误读”，但也可能相当程度上被正确传达。

不过，需要指出的是，哈罗德·布鲁姆的“误读”理论并不是如此简单，深受神学影响的布鲁姆把那些伟大的作家看作一个仅次于最高神的造物者，这个造物者歪曲或者“误读”了他的思想来源，尤其是那些来自神的思想启迪，伟大作家创造的作品虽然是对神的思想的“误读”，但同样也是仅次于最高神的造物者所写下的经典文本。同为“耶鲁四君子”的哈特曼曾经分析过布鲁姆的“误读”理论，他指出：“‘误读’是一个起错了名称的术语，它是富于生气的而不是更有用处。它提醒我们注意这个事实：阅读并不是纯粹无利害关系的、观照的或者理论性的。它就像英国传统经常要求的那样实际。而且，通过适应于一个科学理想，并使之单纯化，英国传统使实际的成为功利的，或者成为可以毫无差错地被传达的东西。”①“误读”理论表达了对英国功利主义和科学理念的一种抵抗，通过对字词的创造性的发挥，“新批评”开启了一个文学世界，那里可以消除现实的混乱。“批评是神学的一种当代形式”。批评家有着和作家一样的甚至更大的抱负。但是，“新批评”过分沉迷于语词的演练中，几乎完全忘记了艾略特“文学替代宗教”的理想。

事实上，不管一部分理论家如何宣称“作者之死”或是“意图谬误”，大多数具体的批评活动，都偏向于把自己解读出的文本意义看成是作者的意思，人们对一个创作出作品的生命主体的重视，远远

① ［美］杰弗里·哈特曼：《荒野中的批评》，张德兴译，天津人民出版社2008年版，第61页。

大于作品文本。显然，批评活动终究是通过解释作品来完成作家或诗人的文学史或思想史的定位，通过阐发作家或诗人建立起一种思想或理念。即使再难理解和把握的作家（诗人），批评家也在所不惜通过支离破碎的文本去建立完整的作家（诗人）形象。

阿兰 · 巴迪欧曾经写过一篇颇为独特的文章，题名为《哲学任务——成为佩索阿所代表时代的人》。该文认为，当今时代乃是反柏拉图主义占据主流，如尼采所声称的，他的时代最大的任务就是治愈柏拉图病，尼采开启的方向显然延续到20世纪。巴迪欧试图去阐释，费尔南多·佩索阿既不属于柏拉图主义，也不属于反柏拉图主义。尽管柏拉图主义主要是从数学角度来看，但基本意义则是相同的，那就是是否有一个客观存在的理式构成了一切真理之源。很显然，“作者意图”的决定作用问题，某种意义上也属于柏拉图主义，“作者意图”是否存在于文本中的客观的认识之源？按巴迪欧的思想，当今时代的反柏拉图主义思潮，无法让“作者意图”作为一种客观存在的意义存在于文本之内，并决定所有的阅读。巴迪欧对佩索阿的分析则以一个十分特殊的角度切入：他分析了佩索阿的“异名”现象，即佩索阿写诗用了四个异名，除了佩索阿外，还常使用3个不同的异名，阿尔贝托·卡埃罗、阿尔瓦罗·德·坎波斯和里卡多·雷耶斯。令人惊奇的是，这3个异名都有对应的实有人物，佩索阿为这3个异名杜撰了各自的身世，他们看上去像是真的，那些实际上是由佩索阿写下的诗篇，现在被归在不同的作者名下。因为他们有身世，各自写作不同的主题和风格，佩索阿把它们当做“异名作者”，而不是他使用的不同笔名。对于佩索阿来说，他甚至自己也相信他同时化身为几个人在写诗。他这样解释道：“从幼儿时代起，我就总喜欢幻想在我的周围有一个虚拟的世界。幻想出一些从来不曾有过的朋友、人物。自从我意识到我之为我的时候起，我就从精神上需要一些非现实的，有形象、有个性、有行为、有身世的人物。对我来说他们是那样的真实，就如在面前。”① 这个诡秘的游戏既是在躲避真实的作者佩索阿本人，又不愿意让作者之名“名不符实”。这些也有“身世经历”的

① ［葡萄牙］佩索阿：《佩索阿书信三封》，程一身译，《上海文化》2013年第9期。

异名作者，写出各自非常不同的诗篇。这倒是无意中说明，诗歌的意义和风格与作者的性格、身世不无关系，作者会把个性、心理气质签名印在文本上。即使是虚构的人物，文本与写作者本人也要有某种相关性，当佩索阿用其他的笔名写诗时，他就成为那个人在写诗。他想象他的一切，想象异名者与那些诗句融为一体。这是一个作者逃避自我，又重构自我的游戏；也是一个去除意图，又重建意图的伎俩。佩索阿在《基督，我不会恨你》一诗中写道：

> 生命是多重的，
> 所有的日子都和其他的日子有别，
> 正因为这多重性我们才会
> 在融入现实后却又孤孤单单。[①]

佩索阿一生都在逃避自己，甚至自己的名字。根据研究者特蕾莎·丽塔·洛佩斯（Teresa Rita Lopes）统计，佩索阿一生共创造了72个异名。他创造了那么多的异名，依然孤孤单单；因为孤单，他创造了那么多的异名陪伴自己。说起来这个异名家族人丁兴旺，但佩索阿多年来并不为人所知。许多年来他不名一文，欧洲文学史差点就完全埋没了这个人。他的那些诗篇一直在那里，直至有一天被重新发现，被赋予佩索阿之名。1935年，佩索阿47岁病逝，死后7年，1942年，由阿道弗·卡斯凯斯·蒙特罗搜集和整理的2卷本《佩索阿选集》问世。同年，路易斯·德·蒙塔尔沃和若昂·加斯帕尔苦心搜集和悉心整理的11卷本的《佩索阿全集》开始出版。按阿兰·巴迪欧的说法，佩索阿直到去世后50多年才在法国渐渐为人所知，巴迪欧自己“也是那些可耻的迟到者中的一个”[②]。直至佩索阿成为一个人，成为一个完全意义上的作者或诗人，他的那些诗篇才被人们重视起来。佩索阿有那么多的异名，至少有4个主要异名，哪个是他作

---

① ［葡萄牙］佩索阿：《费尔南多·佩索阿诗选》，杨子译，河北教育出版社2003年版，第106页。

② 原文为英文，出自 Alain Badiou, *Handbook of Inaesthetics*, trans, Alberto Toscano, Stanford: Stanford University Press, 2005, p. 36. 此处参考佚名译文。

为诗人的真实身份呢？或者说，哪个异名最能表达他的真实意图呢？巴迪欧据四个异名分析出佩索阿的哲学思想，那就是介于柏拉图和反柏拉图的中间地带，“在诗人为我们开辟的空间中前行，那是一种多元的、空虚的和无限的哲学”①。巴迪欧就是如此这般把佩索阿推到时代至圣先师的地位：“这种哲学将为这个众神从未抛弃的世界带来福音。”② 一个逃避到无限的异名中去的佩索阿被巴迪欧满血复活，圣者归来，引领我们走向未来世界。不为别的，这是一个需要作者却无法产生作者的时代，因为，作者早已被杀死了，巴迪欧不惜从无限分裂的异名中成全一个佩索阿，让他成为一个预言家。

巴迪欧如此自信读出佩索阿的思想精要，并且作为救世良方，这无疑是令人鼓舞的举措。固然，我们也会对巴迪欧的批评思想持有疑虑，把文本的要义与无数的异名联系起来，最后得出这么一个要指引世道人心的结论，如此大智大勇亦属可敬可佩。当然，这是马克思主义批判哲学家一贯的豪勇行为，巴迪欧阅读佩索阿而提出时代任务，也对文学批评提出了召唤。今天的文学批评需要重新建构起历史感和人文性，就此意义而言，对于中国的文学批评尤其重要。虽然中国的文学批评从未经历过严格的文本细读的磨砺，从未割裂作者对文本的权威意义，但是，如何把传统的历史化的、社会学的文学批评与文本批评结合起来，能够在文本中发现、体验到作家的情感胸怀以及思想精义，或者以此作为参照，审视中国作家的作品文本的思想内涵、情感与胸怀，也是批评应做的一项工作。

作者的归来，重新理解作家与文本的意义关系，也是重新确认文学的思想意义。文学为这个时代揭示什么样的思想，作家对文学有什么样的承担，对当代社会有什么样的承担，都是重塑作者形象、探究作品中的作者意图所要探究的问题。在人们谈论“历史终结”和“意识形态”终结的时代，期待文学作品有伟大的思想似乎成为一种奢望，但作家高扬起精神旗帜却是必要的和可能的。文本批评家多半

---

① 原文为英文，出自 Alain Badiou，*Handbook of Inaesthetics*，trans，Alberto Toscano，Stanford：Stanford University Press，2005，p. 45. 此处参考佚名译文。

② 同上。

也是因对时代思想抱有困倦之意，而逃避到文本的字词中去，期盼字词的修辞学阅读可以超度失落的心灵。罗兰·巴特曾表示：“这种字词的突现，可赋予我们的悲境以一种距离化的震撼：新的形式对于我们的苦难相当于一种净化之浴。”① 1990 年代初期，中国诗人欧阳江河也说过，“我们是一群语词的亡灵”，欧阳江河也是一位极其出色的诗歌批评家，他对字词的修辞分析十分在行，充满了想象力，可是如此伤感也于事无补。1990 年代以后的中国文学确实在思想的高扬方面遇到困境，今天我们要重振中国文学的思想力量，这也确实需要文学批评去发现优秀作品，去阐发作家（诗人）的思想，这本身要形成互动与激发。佩索阿在他的诗里诡异地说道：

你也许什么都没有抓住。但当那空无的
影子充满了你，你就会抵达黄昏的平静
你将沉浸于其中，仿佛获得了异域的安置。

——《在黄昏的镜子面前大声朗诵》

无论如何，我们要抓住他——佩索阿以及那些“空无的影子”。巴迪欧不是声称他抓住了吗？我们可以抓住，因为，我们立足于中国的大地上。

---

① ［法］罗兰·巴特：《写作的零度》，李幼蒸译，生活·读书·新知三联书店 1987 年版，第 214 页。

作者意图和文学作品

赵炎秋[*]

继《强制阐释论》等论文之后，张江教授再次发表重要论文《“意图”在不在场》，肯定作者意图在文学创作中自始至终的存在与重要作用，强调文学批评“应该回到对话的立场，尊重文本、尊重作者、尊重意图，给文学以恰如其分的认识和公正确当的阐释”[①]。文章的目的与“强制阐释论”是一致的，即文学批评应该回到文学本身，反对违反作品实际，按照自己的意图对文学文本做随心所欲的阐释。这的确是构建中国文艺理论和话语体系的不二途径，其中牵涉到很多方面的问题，值得我们深入探讨。

一

作者意图是否在场，在19世纪以前，无论中外，都不是一个问题。孟子认为：“颂其诗，读其书，不知其人可乎？是以论其世也。”[②] 强调“故说《诗》者，不以文害辞，不以辞害志；以意逆志，是为得之”[③]。这也就是孟子著名的知人论世、以意逆志说。“知人论

---

* 赵炎秋，湖南师范大学文学院教授，研究方向：文艺学、世界文学与比较文学。

① 张江：《“意图”在不在场》，《社会科学战线》2016年第9期。

② 《孟子·万章下》，载焦循撰、沈文倬点校《孟子正义》，中华书局1987年版，第726页。

③ 同上书，第638页。

世”就是要了解作者、了解其生活的时代。因为只有这样，才能了解他的创作，准确把握他的作品；“以意逆志”则指在阅读文学作品的时候，不能拘于文字而误解词句，也不能拘于词句而误解诗人的本意。要通过自己读作品的感受去推测诗人的本意，这样才能正确把握文学作品。刘勰认为：“夫缀文者情动而辞发，观文者披文以入情，沿波讨源，虽幽必显。”[①] 意思与孟子的以意逆志相似，同样是强调把握作者意图对于阅读文学作品的重要性。西方的情况也大致如此。柏拉图的理式说虽然将文学贬为影子的影子，但仍然承认文学是作者的创造，也就间接肯定了作者意图对文学作品的决定性作用。朗吉努斯肯定崇高来自伟大的心灵。华兹华斯肯定作品和作者的关系，认为“诗是强烈情感的自然流露，它起源于在平静中回忆起来的情感。诗人沉思这种情感直到一种反应使平静逐渐消失，就有一种与诗人所沉思的情感相似的情感逐渐发生，确实存在于诗人的心中”[②]。泰纳、圣勃夫、勃兰兑斯等人强调传记批评，通过作家的经历印证作品，寻找作品创作的动机，重现作家创作的心境，找到作品中人物与现实中作家的关系，更是将作者意图在文学活动中的重要性提到新的高度。

然而，进入20世纪之后，作者和作者意图都受到了冷遇，文学阐释和批评不再考虑作者和作者的意图，而是依据某种阐释体系，按照批评者自己的理解对作品做出各种不同的阐释。张江教授对这种现象进行了批评，并且反思了这种现象形成的原因，他指出：“回顾百年来西方文艺理论的发展过程，完全否定进而完全消解意图的存在，阻隔效果图对理解和阐释的作用及影响，理论上的缘由很多，但是，最根本、最核心的是这样几条线索：其一，是维姆萨特（W. K. Wimsatt）的‘意图谬误’（Intentional Fallacy），否定作者意图对文本阐释的影响；其二，是克莱夫·贝尔（Clive Bell）‘有意味的形式’（Significant Form），彻底切断作者与文本的生产及建构的关系；其三，是结构主义的符号学，认为一切文本都是符号的自行运作，作者只是操

① 周振甫：《文心雕龙今译》，中华书局1986年版，第432—433页。

② ［英］华兹华斯：《抒情歌谣集·序言》，汪培基等译，载王春元、钱中文主编《英国作家论文学》，生活·读书·新知三联书店1985年版，第31页。

作符号的工具，符号系统的自组织与自结构是文本生成的根本方式。”[①] 并针对“意图谬误”“有意味的形式”和罗兰·巴特的“纸上的生命”进行了有说服力的分析与批驳。

张江教授的分析与批驳从两个方面进行。一个方面是找到批驳对象自相矛盾的地方，对其观点进行解构。如在批评巴特“纸上的生命”的命题时指出：“我们应该注意，就是那位坚决反对意图的存在和意义、惊世骇俗地主张‘作者死了’的罗兰·巴特，还有一个似乎应该奉为经典的定义，尽管这个定义一直没有为人所重视：写作衍生于作家的有意义的动作（geste significatif）。我们可以从这里得到丰富的启示：其一，在巴特看来，写作是一个动作，一个物质性的动作，此动作由作家这个主体发出。其二，此动作本身必须是有意义的，这个意义与书写的内容和方式有关，起码有两个标准可以衡量：一是书写物能够被识别，不被识别的书写没有意义；二是它能够表达为自己进而为他人所理解的内容和形式，不被理解的书写同样没有意义；三是，所谓‘衍生’于动作，可以理解为动作生产文本，伴随书写的动作，文本铺展而来，你可以‘抬起头来阅读’（巴特语），但绝不能停止书写而生产文本。这意味着什么呢？意味着巴特对作者与文本关系的不同认识和概括。这个认识显然与‘作者死了’的极端提法完全矛盾和对立，证明了意图在创作中不可消解的根本性作用，也证明了意图在文本中幽灵般地无处不在。”[②] 这样，罗兰·巴特关于“作者死了”，文本中的叙述者与文本中的人物，都是“纸上的生命”，与作者的意图无关的观点，也就不攻自破了。

第二个方面，则是从发生学的角度指出，作品是作者的创造，“从文本书写开始到结束，或更确切地说，从书写者确定文本书写的第一念头起始，直至文本最后完成交付于公众，书写者的全部思考与表达方式，都将被视为作者主体自觉作用的意图（intention）”。意图贯穿作者创作的始终，渗透在作品的方方面面，即使作者去世，意图仍然在场，存在于作品之中，它的“渗透与决定力量，贯穿于文本理

① 张江：《“意图”在不在场》，《社会科学战线》2016年第9期。

② 同上。

解与阐释的全部过程之中”[①]。以此为基点，张江教授质疑了所有阻断文本与作者之间的联系、否定意图在文学阐释中的价值与作用的观点。如在批驳贝尔“有意味的形式”时，他指出：“一个显然的事实是，线条与色彩不是自动挥洒与组织的，不是什么‘看不见的手’的随意之作，更不是什么超验世界的客观理念的显现。艺术家是挥洒它们并创造作品的主体。无论这个作品辉煌还是暗淡，最终都是艺术家自身动作的结果，他人无法替代。哪怕是周身涂抹颜料在画布上自由翻滚，其‘色彩与线条’也完全是艺术家的主体动作——如果这称得上是艺术家和艺术的话。从这个意义上讲，无论怎样‘有意味的形式’，都是艺术家本体的自觉创造，形式无法阻断作者与文本的联系。”[②] 这一批驳是十分有力的，因为它植根于一个众所周知的事实：任何文本都是作者的创造，在创造的过程中，作者的主观因素（意图）不可能不渗透于文本之中。因此，在任何情况下，意图都是在场的，对文本的批评和阐释不能不考虑意图。

二

由此可见，从作家创作或者发生学的角度，意图的在场是无可置疑的，它必然要“贯穿于作品创作的全过程，展开并实现于作品的语言、结构、风格等全部筹划之中”[③]，因而也必然要影响与制约他者对于文本的理解和阐释。

但是，这样明显的事实或者说文学常识，为什么维姆萨特、克莱夫·贝尔和罗兰·巴特等文论大师没有注意到，或者虽然注意到但却无视其存在呢？南帆教授从另一个角度探讨了其中的原因。他引用伊格尔顿对于西方文学批评的三个阶段的论述，说明对作者和作者意图的关注主要是在西方文学批评的第一个阶段，即全神贯注于作者阶段（浪漫主义和19世纪），忽视作者和作者意图主要在西方文学批评的

① 张江：《“意图”在不在场》，《社会科学战线》2016年第9期。

② 同上。

③ 同上。

第二和第三阶段，即绝对关心作品阶段（新批评）和注意力显著转向读者的阶段。[①] 这一观点是有道理的。

文学是一个复杂的有机体，从不同的角度必然呈现出不同的面貌和色彩。艾布拉姆斯认为，文学活动有四个重要要素：宇宙、作者、作品、读者。从不同的要素出发，看到的问题、形成的理论框架必然有所不同。从关注作者阶段到关心作品阶段和转向读者阶段，对作者意图的看法和处理之所以不同，一个根本的原因可能在于：作者意图不能和文本内涵画等号，不能涵盖作品的所有内容。

的确，文学创作从启动到完成，作者意图自始至终都要参与其中，推动它的进程。文学作品从构思，到选材、语言、结构、风格等，作者意图也必然渗透其中，影响、制约着作品的方方面面，并通过这些方方面面或隐或显地表现出来。不过，一般地说，作者的意图并不能直接地在作品中表现出来，它只能借助作品选取的生活材料，通过作品构建的形象世界表现出来。而这些生活材料有自己的内涵，形象世界一旦构建形成，也必然会有自己的生命。这些内涵和生命是独立于作者的意图之外，不受作者意图控制的。作者按照自己的意图选进作品中的生活现象、塑造的文学形象，除了作者所意识到的内涵之外，也必然要包含作者没有意识到的内涵。这是不以作者的意志为转移的。美国作家杰克·伦敦的小说《海狼》出版之后，不少人认为他在小说中宣扬了尼采的超人哲学。杰克·伦敦感到委屈，说他写这部小说的目的之一就是要批判尼采的超人哲学，而且他最后也的确写了小说主人公拉森的失败，怎么能说他是宣扬了超人哲学呢？但是他最后还是承认批评家的看法有道理。这里的关键在于，他虽然描写了拉森的失败，但拉森这一形象本身有自己的生命力，他在各个方面都是巨人似的人物，无论是智力、体力还是意志力，都远远地超过了“魔鬼号”船上的其他人，包括那个被他救上船的文学评论家卫登和那个叫莫德的女作家。拉森信奉“大吞小，强凌弱”的生存法则，以暴力统治着他的猎海豹船上的每一个人，并成功地维持了自己的统治。他最后是失败了，但他的失败不是由于外部因素，而是因为他的

---

① 南帆：《作者、读者与阐释的边界》，《社会科学战线》2017 年第 2 期。

脑部长了一个瘤，这个瘤造成了他的迅速衰弱甚至失明和偏瘫，并最终造成他的死亡。作者将他写得太强大了，因而无法从逻辑上找到一个能够打败他的外部力量，只好寄希望于从内部攻破“堡垒”。这样的形象自然是一个超人的形象。批评家们说《海狼》宣扬了超人哲学，其实并没有冤枉伦敦。

生活有自己的内涵，形象有自己的生命。作家不可能穷尽生活的内涵，也不可能掌控形象的生命。作者所掌握的，永远只可能是其中的某一个部分。文学理论中所说的“形象大于思想”，就是这个意思。很多情况下，作者创作时，可能只有一个大致的构思，一些大致的想法和某个写作的方向，至于具体的形式和内容，则是在写作的过程中临时想象出来甚至是自动涌现出来的。当然，这种临时想象或者自动涌现也与作者平时的生活积累、艺术素养、文化传承等有关，但的确不是作者意图所能完全控制和了解的。很多作家意识到了这一点。歌德的《浮士德》博大精深、内涵丰富，歌德在世时批评家们就已争论不休。有的批评家找到歌德，希望他能谈谈他在《浮士德》中究竟表达了什么思想。歌德对爱克曼抱怨说：“人们还来问我在《浮士德》里要体现的是什么观念，仿佛以为我自己懂得这是什么而且说得出来！……倘若我在《浮士德》里所描绘的那丰富多彩、变化多端的生活能够用贯串始终的观念这样一条细绳串在一起，那倒是一件绝妙的玩意儿呢！”“作为诗人，我的方式并不是企图要体现某种抽象的东西。我把一些印象接受到内心里，而这些印象是感性的、生动的、可喜爱的、丰富多彩的，正如我的活跃的想象力所提供给我的那样。作为诗人，我所要做的事不过是用艺术方式把这些观照和印象融会贯通起来，加以润色，然后用生动的描绘把它们提供给听众或观众，使他们接受的印象和我自己原先接受的相同。”① 歌德的话不仅说明了作者创作时不一定把握到或不一定全部把握到了自己作品的意义，而且说明了其中的原因，即作者创造时把握的是印象，至于这印象所内含的思想，则不一定要把握。换句话说，作者并不能把握自己

① ［德］爱克曼辑录：《歌德谈话录》，朱光潜译，人民文学出版社1978年版，第147页。

作品的全部内涵。乔伊斯在世时，有人曾问他《尤利西斯》表现了什么思想，乔伊斯告诉他说，他如果知道的话，早就说出来了。有人说乔伊斯是在故弄玄虚，但笔者觉得乔伊斯说的是实话。因为无论是创作前、创作中还是创作后，作者的确不一定能够把握他的作品的全部甚至大部分内涵，作者的意图与作品的思想无法画等号。

当然，这不是说作家不可以有意识地对生活素材进行加工，对艺术形象进行限制，使它们顺着自己希望的方向成型、发展。不过，文学作品必须以形象的方式表现生活，因此，它所描写的生活、塑造的形象必然是具体的、形象的。而具体、形象的东西，其内涵必然是丰富多样的。无论怎样修改、限制，都无法完全固定它的内涵。生活与形象的内涵永远要大于作家意识到的范围。另一方面，如果作者尽其所能地按照自己的意识对生活素材和文学形象进行限制、修正，使其内涵限制在自己意识到的范围之内（姑且不论他能否做到），那就必然造成马克思、恩格斯所批评的现象：将文学作品变成时代精神的单纯传声筒。这必然毁灭文学作品的生命。因为文学作品的生命就在它那鲜活的形象与取之不尽、挖之不竭的内涵之中。将其形象固化、内涵简化，文学作品的生命也就萎缩甚至消失了。

作者意图虽然渗入到文学创作的整个过程，进入到文学作品的各个方面，但它只是一种总体的、方向性的推动、引导和组织，不可能像建筑物的设计蓝图一样，方方面面都落实下来。意图是创作的动力、规划和引导，但并不是也不应该是创作本身。有的时候，作者意图并没有形成一种清晰、成型或者系统的思想，而只是一种情绪、一种感受，但这并不影响作者根据这种情绪、感受进行构思、选取生活材料，构思材料，写出作品。《雷雨》写成后不久，曹禺曾撰文谈到自己的构思：“写《雷雨》是一种情感的迫切的需要。我念起人类是怎样可怜的动物，带着踌躇满志的心情，仿佛自己来主宰自己的运命，而时常不是自己来主宰着。受着自己——情感的或理解的——捉弄，一种不可知的力量的——机遇的，或者环境的——的捉弄；生活在狭的笼里而洋洋地骄傲着，以为是徜徉在自由的天地里，称为万物之灵的人物不是做着最愚蠢的事么?”他坦承自己“除了心里永远感着乱云似的匆促、切迫，我从不能在我的生活里找出个头绪。所以当着要我来解释自己的作品，我反而是茫然的”。“我对《雷雨》的了解只是有如母亲抚慰自己的婴儿那样单纯的喜悦，感到的是一团原始的生命之感。”他承认批评家们“了解我的作品比我自己要明切得多。他们能一针一线地寻出个原因，指出究竟，而我只有普遍地觉得不满不成熟”。[①] 这恐怕不能说是曹禺的自谦，应该是他在写《雷雨》时，的确对于《雷雨》要表达的思想或者说写作目的，并没有清楚的认识。他只是感到有一种情绪要表达，推动着他去创作。然而，作者意图的含混并没有影响《雷雨》的成功，直到今天，它仍是曹禺最成功的一部戏剧作品。相反，他后期创作的《王昭君》则是一部失败之作。原因之一，就在于它的意图过于清晰、明显。作者以“歌颂民族团结”为唯一标准，对作品中的生活材料与戏剧形象进行随意的剪裁、调整和删削，严重地破坏了生活的自足性和形象内涵的丰富性，作品形式上虽然优美，但内在生命却受到了严重的伤害。

三

再从批评论的角度看。作者意图决定权在文学批评中的失落，也不是毫无因由的。作者的意图，从理论上肯定其在场容易，但要在批评实践中真正地把握它则是一件困难的事。

当然，有些作者特别是现代作者在创作完成之后，常以创作谈、序、跋、回忆录、访谈录等形式阐述自己的创作动机与创作时的想法，这为读者把握他的创作意图提供了方便。但是，作者自己的讲述并不一定完全可靠。因为时过境迁，作者的记忆可能出现误差；另一方面，他也可能将创作完成之后，他对作品的一些新认识融合到自己的创作意图中去，而这些新的认识，在他创作时还没有产生，因此也就不可能对他的创作产生影响，也不可能贯串到作品中去。如解放后，曹禺对《雷雨》的创作意图又作了一些说明，但他后来自己也承认，这些思想是后来产生的，并不是他创作时的思想。而且，作者

① 曹禺：《雷雨·序》，载《曹禺论创作》，上海文艺出版社 1986 年版，第 9、6、7 页。

因为某种原因还可能撒谎，对其真正的创作意图进行修正、隐瞒，甚至编造出一个虚假的创作意图。英国作家狄更斯小时候家里贫穷，为了生存曾去一家皮鞋油厂打工。老板为了招徕顾客，将他安排在橱窗里工作。经常有一些与他年龄相仿的男女孩子一面吃着果酱，一面把鼻子挤在玻璃橱窗上欣赏他熟练的动作。这给了他极大的刺激，并促使他关注贫困儿童。他小说中的男主人公很多都是孤儿，如《雾都孤儿》中的奥立弗、《远大前程》中的匹普。他还将他的这段经历写进了他的半自传体小说《大卫·科波菲尔》。主人公大卫在母亲死后也被狠心的继父摩德斯通送到工厂去做童工。但狄更斯对自己小时候的这段经历讳莫如深，对自己的妻子、子女都没透露。如果不是批评家们的深入发掘，人们根本不可能知道他对儿童问题的关注、他创作《大卫·科波菲尔》会与他的童年经历有关。

而更重要的是，由于种种原因，很多作者并没有讲述或者没有完整讲述自己的创作意图。莎士比亚一生创作了37个剧本，还写了许多十四行诗，但关于他的生平，我们知之甚少，更遑论他的创作意图。巴尔扎克在《人间喜剧·前言》中讲述了他的创作观念，从某种意义上说也是他的创作意图。但这些意图过于笼统，无法据此勾画出具体作品的创作意图。托尔斯泰倒是留下了许多材料，包括他的理论著作《艺术论》，但如果根据这些材料去寻找他的每部作品的创作意图，我们便会发现，也是远远地不够用。

有学者认为，在文学诠释活动中，我们无法毫无偏差地在理解过程中重建作者的意图，无法超越时间和历史从文学艺术作品中获得某种恒定的客观意义。“像所有人文科学领域的对象的理解和解释一样，文学的诠释活动同样具有此在性和有限性。”① 作者的意图常常需要他者也即读者与批评家的挖掘、补充、确证与修正。这样得出来的意图也就很难是作者真正的“原始”的意图，而只能是渗入了他者色彩的意图。而不同的他者对于作者意图的理解是不同的，这样，本来理应是统一的作者意图也就发生了分裂，甚至形成不同的作者意图。

① 李建盛:《诠释学意识与文学理解事件的辩证法》，《中国文学研究》2015年第3期。

这样，作者意图对于批评实践的重要性也就大大降低了。

此外，在批评实践中，除了作者意图，还存在读者阐释的问题。

艾布拉姆斯提出的文学活动四要素说中，读者是重要一环。在此基础上，接受美学、读者反应批评进一步提出，文学作品的意义既不来自作者，也不来自文本，而是来自读者。在未经读者阅读之前，文学作品只是潜文本，经过读者阅读之后，才能成为现实的文本，其意义也才能彰显出来。这种说法有一定的道理，但也有偏颇之处。因为读者不是随心所欲，而是以文本为基础、以文本为依据来进行阐释的。不然，读者阐释就会变成毫无希望的“无政府主义”和“公说公有理婆说婆有理”的相对主义。这作为基础和依据的文本自然也包括作者的意图。

不过，也应该承认，除了文本与作者的意图，读者在阐释的时候还有其他依据。任何心智正常的读者，在接受文学作品时，其心理都不可能是白板一块，必然基于个人与社会的复杂原因，在心理上形成一种既成的思维指向与观念结构。这种据以阅读文本的既定心理图式，接受美学称为“期待视野”，阐释学叫做“前见”。而更为复杂专业的批评还需要更加专业的知识，需要依靠一定的文化思想和阐释体系。我们可以依照作者意图，将这些称为读者意图。

当然，问题的关键不在论述读者意图的存在，而在于阐明读者意图是否阐释与批评实践中必需的因素。由于文本的意义本身不会自动显现，作者意图也大都无法把握，即使作者提供了意图，也还需要他者也即读者的挖掘、补充、确证与修正，因此文学阐释和文学批评离不开读者的参与，读者意图也就成为阐释与批评必不可少的要素。

这样，作者、作品、读者便构成文学阐释的三个主要因素。在实际的文学批评中，三个因素缺一不可，只是在侧重点上有所不同。南帆认为：“对于文学阐释来说，‘读者’所赢得的空间是‘作者’腾出来的，读者阐释权的增加意味着压缩作者的文本控制权。如果说，作者曾经热衷于抛出自己的写作意图反驳批评家的某种解释，那么，这种策略的效力现在已经大打折扣。读者占据了中心位置的标志是，

“他们——当然包括批评家——的文本解读不再企求作者的审核与批准”①。由于文本本身是不言的，因此文学阐释权的争夺，实际是作者与读者之间的博弈。在 19 世纪，作者占据主导方面，作者意图有着举足轻重的地位，而到了 20 世纪，大多数情况下读者占据了主导地位，读者的意图便起了决定性的作用。

四

雷纳·韦勒克认为：“有些永久性的问题直到今天仍然存在，亚里士多德、康德、柯尔律治、弗里德里希·施莱格尔、托·斯·艾略特和其他人提出的问题我们要回答，而这些问题往往是相同的，虽然表达方式常常有别，是用新的词语。批评史的作用之一就是向读者表明，那些一向被吹捧为新发现的东西以前早就讲过许多遍了。现代批评可以说是老问题不断被重新发现的过程。”② 作者意图实际上就是这种永久性存在的老问题。在不同的时代以不同的方式反复地被人提起。在作者与作者意图不断被边缘化的今天，张江教授再次对其进行讨论，笔者以为，不仅具有重要的理论意义，而且也具有重要的实际意义。它是构建中国本土文艺理论体系的重要一环，也是使文学批评重回“本体批评”的努力之一。

不过，与任何“老问题”一样，“作者意图”也不是一个简单的是与非的问题，有着其多维的复杂性。从发生论的角度，作者意图的在场是毋庸置疑的，它不仅自始至终存在于整个艺术创作过程之中，也渗透在艺术作品的各个方面。从这个角度看，宣称“作者死了”，排斥作者意图的任何做法都是不应该，也是不正确的。但是，从作品论和批评实践的角度看，作者意图又不是文学阐释的唯一重要因素，有时甚至是可以忽略的因素（如在无法获知作者意图的情况下，或者有确凿的证据证明作者提供的意图是虚假的情况下）。因此，我们既

① 南帆：《作者、读者与阐释的边界》，《社会科学战线》2017 年第 2 期。

② ［美］雷纳·韦勒克：《现代文学批评史》第 5 卷，章安琪、杨恒达译，中国人民大学出版社 1991 年版，第 14 页。

要有意图论，又不能唯意图论。在尊重作者意图的同时，也要考虑文本实际和读者意图。只有这样，我们才能对文学作品进行正确的阐释。

“意图”怎样存在

李啸闻*

一部文学作品的阐释可能是无限的，并不存在一个终极意义，但作品的诞生却必然存在一个原点，并以该原点处的局限和规定作为阐释的底线。张江先生《“意图”在不在场》一文把“意图”这个阐释的原点性、底线性问题再次提出，将这一在西方当代文论中长期处于被遮蔽、被否定状态的文学、美学、阐释学问题做进一步探讨和澄清。张文认为：“深入研究生产作者意图进而生产文本的历史传统和语境，这是正确理解和阐释文本的基本前提。”① 对此观点，袁渊发表题为《试论作者意图与阐释标准》的文章予以回应，认为恢复“意图”这个被现代西方文论逐步消解的概念，以为文本阐释的合理性设定边界的做法有待商榷。其依据是对“意图”的界定，保留了西方传统理性主义哲学的特点，似乎是置近现代哲学对传统理性主体批判的成果于不顾，因此亦不能对结构主义思想的核心理念构成有效反驳。且对新批评的“意图谬误”也存有误解，忽视其在批评实践层面的意义。② 事实上，在当代中国文论语境里重新提出的“意图”，与西方20世纪以来讳莫如深的作者及其意图相比，其内涵和价值都发生了根本变化。且“意图”这个概念的所指究竟为何——是一种属于作者的实体性存在，还是一种

---

* 李啸闻，山东大学基础医学院讲师，博士，研究方向：文学批评理论、马克思主义文艺学。

① 张江：《“意图”在不在场》，《社会科学战线》2016年第9期。

② 袁渊：《试论作者意图与阐释标准》，《社会科学战线》2017年第2期。

联结着作者、文本和读者的关系性存在，抑或是贯穿于从创作到阐释整个文学活动中的过程性存在？都是值得深入辨析的。

将作者及其意图视为阐释自由的对立物，实质是文学要素思维的产物。传统文论将文学本体分解为“作者”“文本”“读者”等几个要素，如果以某一要素为阐释的依据乃至中心，其他几个要素就必将处于被忽略的地位。文学的本体，不是要素的分析，而是一切文学活动的总和。从文学活动的视角出发可知，将“意图”还原回文学现场，实际是倡导开展以文本为出发点、尊重作者意图，在此基础上与读者平等对话、校正批评的文学活动。这正是力主改变文学理论的“要素”模式思维，从文学要素思维走向文学过程思维，并把意义划分为核心、衍生和延伸几个层次，有着阐释由浅入深的次序性。[①] 如果我们把读者在开始具体的阅读行动前，自身具有的文化准备、素质特征、心理预期等元素，对应着“作者意图”的提法，称之为“读者意图”，那么重提意图理论，以及近年来颇受注目的、呼吁重视作者和文本的强制阐释论，并不反对读者意图在文学阐释中的创造性作用，而是批判为证明某个理论的正确和有效，以该理论的预设为前置立场的阐释，这样的阐释不是文学阐释活动，而是理论论证过程，满足的是理论意图。

一　被误解的“意图”

对“意图”的讨论容易走入几个误区。

第一，在逻辑上把“作者”的存在状态放置在非此即彼的偏执极端上。一来，《“意图”在不在场》问的是“意图”对文本阐释有效性的作用是“有”还是“无”，这是个“从 0 到 1”的过程，但一些学者担心，一旦承认意图存在，它对文本阐释的影响就是“从 1 到 10”的过程。比如袁渊对作者意图存在必要性的第一个质疑就是：作品创作的过程是否“全都”处在作者主体的意识筹划之下。这是以

① 张江：《当代文论重建路径：由“强制阐释”到“本体阐释”》，《中国社会科学报》2014 年 6 月 16 日。

指称性的判断代替存在性判断，表现为承认文本中"有"作者意图的存在，就等于文本的全部就"是"作者的意图。再者，以包含性关系代替建构性、影响性、互动性关系。袁文认为《"意图"在不在场》一文将作者意图与文本含义的关系设定为：或者作者意图等同于文本含义（作者成功地执行了自己的创作意图）；或者作者意图大于文本含义（作者没能成功执行自己的创作意图）。其实作者意图是导致文本产生的原初因素，是文本阐释的重要依据，并不等于作者意图必然容纳、完全包含文本意义。在文学活动中的"作者"，只有非此即彼的两种存在方式。要么是服从"作者之死"的宣判，把文学阐释的权力完全让渡出来；要么是以某种中心、权威的方式把控文本意义。

第二，用西方文学理论传统中的"意图"来评价中国文学实践，而且选择以何种西方理论评判的态度是进化论式的——当代理论要优于早期的、传统的文学理论，更具有学习和参照的价值。袁渊评价作者意图是一种"具有浓重的西方传统理性主义意味"的理论，"现今西方哲学大体趋势是从对理性的质疑进入到了理性重建的过程，从对主体的解构过渡到对主体间性（inter－subjectivity）的重视，张江先生试图重归传统主体性以给予其作者'意向'概念以支撑的论证方向选择略让人费解"。[①] 西方当代文论已经以"主体间性"解决了作者作为"主体"应该如何在文学活动中自出的问题，似乎再提作者就意味着开历史倒车。时间先后绝不是评价理论的尺度。若按理论出现的先后顺序，来认定理论的长短优劣，那么西方自20世纪60年代美国著名文学理论家赫施和80年代的朱尔（P. D. Juhl）打出作者意图的旗号，积极为作者寻回在文学活动中旁落已久的地位，同样是发生在结构主义之后，与"读者中心"的文学理论形成不同和声，更应当获得文学理论界的尊重和认同了。中国学者依据中国的文学实际，不以西方理论马首是瞻，呼吁重视作者在文学作品中留下的思想遗产，为何就似乎成了过时理论？

第三，对意图获取方式和途径的怀疑，与意图的存在性本身混为

① 袁渊：《试论作者意图与阐释标准》，《社会科学战线》2017年第2期。

一谈。传统的探取作者意图的渠道是通过对作家传记、写作笔谈等进行分析，从而探究作品生成时的某些重要条件。一般我们相信，作者的原初意图与作品的阐释意义之间应该存在联系，至少在大多数作品中，得知作者意图对把握文本意义十分有利，这也是由人类本能的认知方式和思维规律决定的。在我们每个人的认知经验里，理解和记忆一个事物，最有效率的方法就是将其与某种场景、图像、感受刺激相联系。要理解一个文本，我们需要将语言、符号等内容，还原为具体的图景，并唤起情感体验，这种图像和情感往往是理解和记忆最好的辅助。而勾勒这个图景的依据和来源，就需要借助作者的创作缘起。确实，如果将理解作品意义等同于勘探作者意图，等同于将作品还原为作者的主观体验和生活经历，对作者意图和生平的追索兴趣超过了对作品本身的体悟，那就混淆了文学批评和历史研究的边界。

第四，将“作者”和“意图”混淆为含义相等的概念，进行论证的互换，以“作者”的主体性特征分析代替对“意图”特征的认识。事实上，“作者”和“意图”都不应只作为一个理论问题来辨析，它们必须是实践的、感性的存在。对“作者”存在性的质疑，部分是来源于无法找到一个确当的定义、一个内涵明确的概念，来辐射到历史上所有“作者”的外延。然而“作者”的存在不只是一个理论问题，也必然是一个实践问题。一部作品诞生后，在历史流传过程中的某个时间节点上，既有真实存在的书写主体创造它的文本客体，又有真实存在的阅读主体增加它的阐释意义。一部经典的传世，除了作者的天才，还需要学术机构和权威决定其文学史地位，专业批评家决定其学术价值，广大读者决定其流传价值，可以说创作文本和成就文本的，是不同层面上的“作者”。因此“作者”的概念无法在抽象意义上有效，唯有在面对具体的文学作品时才真实有效，《诗经》的作者们和《离骚》的作者有着文学本质上的差异，吴承恩和电视剧《西游记》的作者也不可同日而语。那种纠结于匿名作者、集体作者等情况的担忧，[①] 其实是把具体的、历史的作者实践，与抽

① 参见袁渊《试论作者意图与阐释标准》，《社会科学战线》2017 年第 2 期。

象的、逻辑的作者理论混为一谈。

二 意图的存在方式

希利斯·米勒说："小说的作者是文本中所有语言的来源和保障，它是无所不包的意识。"[①] 霍布斯对文学作为一种语言活动的见解是："使别人知道我们的意愿和目的。"[②] "意图" 的关键问题，不是存在与否，而是以何种方式存在。

1. 意图不是一种要素式的存在，而是一种过程性的存在

艾布拉姆斯在《镜与灯》中提出文学四要素，与之相对的四种理论是：模仿论、表现论、实用论、客观论。现代西方艺术理论从四要素出发，比较明确地将文学世界分为作家（writer）、作品（work）、读者（reader）三个部分，并称之为"三 R 理论"，理论家在这三者互动所构成的文学场域中系统地研究文艺现象、评价文学作品、梳理构造理论体系、探索理论流变、划定思潮派系。在 20 世纪末之前的文学研究中，文学四要素范式基本没有遗漏所应该涉及的问题。但 20 世纪末以来，文学进入批评的时代、理论的时代，很多问题是文学四要素无法解释的。问题就在于：以文学四要素为研究对象的文学理论，已经无法解决以理论为中心的文学研究缺陷问题。

实践活动需要理论，理论思维是人类的本质能力，文学理论是文学活动过程和发展过程中必然的产物。但文学理论必定要来源于并回归到文学实践，一旦形成理论中心，文学为证明理论而存在，作品批评为满足理论意图而存在，就改变了文学的本体和本质。我们发现，强制阐释论根本要批判的就是以理论为中心的思维方式，要找回文学活动中失落的文学需要在文学活动过程范式下，从文学研究的出发点和动机、过程和路径、落脚点和结论等方面去考察整个西方文论。文

---

① ［美］J. 希利斯·米勒：《解读叙事》，申丹译，北京大学出版社 2002 年版，第 21 页。

② ［英］霍布斯：《利维坦》，黎思复等译，商务印书馆 1985 年版，第 19 页。

学活动的过程可以表述为：

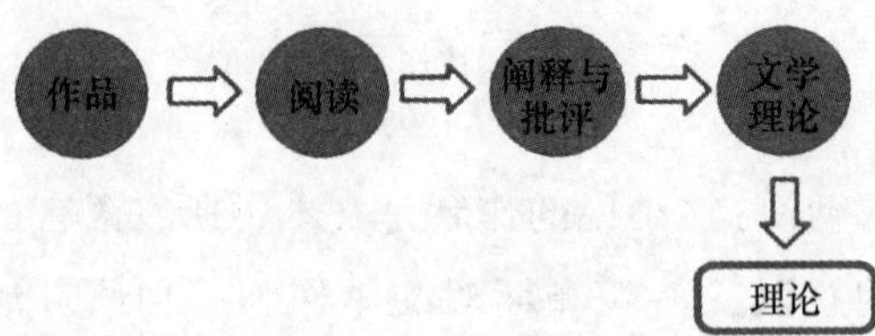

注：具体的文学活动过程以圆圈表示，从“作品”出发，经过读者“阅读”，由专业批评家“阐释”，提炼而来的“文学理论”，才是真正的“文学”的理论。而从“文学理论”的圆圈，直接通过理论自我证明而来的“理论”，只能是失去了文学的理论。

这个过程图示要说明的是：文学作品是文学阅读的对象，文学阅读是作品意义呈现的实践条件；文学阅读是文学阐释的行为基础，文学阐释是阅读的目的；文学阐释到文学批评是人理性追求的结果；文学批评本身就蕴有文学理论的种子，好的文学批评就是文学理论的丰碑……从文学到文学理论，这是一系列紧密咬合的实践活动，是人类想象和创造本能的体现。文学理论是文学的宿命，是文学发展过程中的一种结果。但是文学的理论既具有文学想象的特殊性基因，又具有理论抽象的普遍性特征，理论本身有超越感性的要求，但谈到超越感性对文学而言又是危险的，因为这意味着理论脱离文本，抽离成逻辑框架，这种失去了文学的理论就彻底违背了文学的性质。理论当面对文学的时候，就必须承认和警惕理性的局限，凌驾于文学作品、文学阐释、文学批评之上的文学理论，只能是空洞的理论，不能增加文学批评的理趣，不能提升文学阐释的智趣，不能提高文学阅读的情趣，不能揭示文学作品的真趣；破坏了文学与理论的关系，加剧了文学特殊性与理论普遍性之间的对立紧张。

那种取消“意图”存在的观点，其根本目的是追求建立一种不唯作者、不唯任何一种文学要素的崭新理论：“我们需要一种理解范式让我们不再把文本的创作和接收割裂，将作者、文本和读者孤立……让我们意识到读者的前见和构成他主体身份的各种社会、文化、认知、情感结构不是我们要克服的对象，反而是意义产生的动力之一，作者和读者的视域差异、作者和读者的个性恰好是促成了文学实践活动的动因……”① 可见在具体的文学活动中，作者与读者平等对话、互为动力，建立良性发展的文学的理论，是当代中国文论界的共识。强制阐释论对阐释伦理的叙述是：从作品的起点出发，尊重作者和文本；在阅读的过程中，注意读者的专业分工和批评伦理；在阐释和批评的层面，批评家要与作者和文本平等对话并校正结论；在具体的文学活动中达成的理论，才是文学理论。

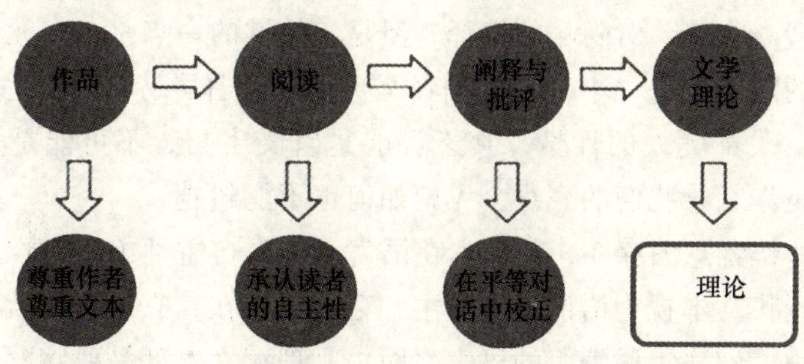

上图要指出的是：文学不是以作者、文本、读者等某一要素为本体存在的，也不是几个要素结合的共同体。包括文学在内的许多理论研究，之所以得不到终极答案，原因在于“这不是一个理论的问题，而是一个实践的问题”②。文学必须在具体的创作、传播、接受过程中才能进行阐释研究，唯有如此，文学理论才能避免以某个要素为中心的思维方式，而专注在实践中解决具体的问题，在实践中升华为抽象的理论。

2. “意图”不是阐释的边界性存在，而是一种底线性存在

张江先生认为对一个文本来说，必须有阐释的边界，这个边界是具体的，也是历史的；批评家的作用也是有限的。朱立元提出，文本的意义包括自在意蕴和阐释者生成意义，应该追求两者的有机结合。③白居易在写给刘禹锡的信中有两句诗“携将小蛮去，招得老刘来”，作者自作注释云：“小蛮，酒榼也。”但是许多批评家并不理会作者

① 袁渊：《试论作者意图与阐释标准》，《社会科学战线》2017 年第 2 期。
② 《马克思恩格斯选集》第 1 卷，人民出版社 1995 年版，第 54 页。
③ 参见张江《阐释的边界》，《学术界》2015 年第 9 期。

本人的意图，认定“小蛮”是白居易纳下的小妾，并不是一种盛酒的器皿。“小蛮”究竟是指什么，一定有一个确定的解释，作者是知道的，刘禹锡也是知道的。作者即便亲自确定了隐喻中本体和喻体之间的关系，读者还是乐于从种种不同的角度来阐释，这就是语言系统自身的强大力量：喻旨的美感产生于本体和喻体之间的张力，这是作者唯一确定的意图所不能左右的。读者有权利在一系列选择性的阐释中，相信自己最感兴趣的，批评家这一层次的读者更有义务发挥自主性和创造力来完善对隐喻的解释。但是，关键的一点是，多元的阐释有基本的限度——“小蛮”的阐释至少要符合白居易在日常生活中诗酒琴乐、歌舞美人的性情，它不可能是官文奏折，不可能是丹书铁券，这是作者给我们的底线，无论如何也不能超越。

承认作者意图存在，与文本在语言系统中自主性绝不对立。结构主义文论将文本视为语词序列自主、自足的存在，它的含义就在整个语义知识、句法结构编织的语言之网中，理解文本就是要将它放入这张语言之网，参照它在整个语言系统中的位置。语言之网是一个抽象的语词语法体系，无论是乔姆斯基的释义传统，还是比尔兹利所说的语言传统，都只是为具体的文本阐释提供一个宽泛的、语言学上的限定，反倒是作者意图代表了对特定历史文化传统的具体运用，能更准确地将文本意义导向相对确切的理解。作者意图是文本阐释的重要依据，可确保某种阐释在思维逻辑、历史常识、文学共识上不偏离轨道。与其说作者及其意图的存在是为文本阐释划定某种“界限”，不如说是为防止天马行空的理解设定了一条“底线”。阐释一定是多种多样且无所谓对错的，但一部作品总有解释的下线，这条下线就是由作者意图参与划定的。

3. “意图”本质上是一种实践性的存在

作者意图在实现和存在方式上包括三个阶段，第一是作者的意图贯注于文字的创作阶段，体现为作者的主观意愿对作品意义的导向作用。第二是作品意义传承作者意图的传播阶段，体现为语言和文学符号对作者意图的客体化过程。第三是读者的阅读和体验对作者意图的复现阶段，以及批评家将作者意图提升为文学意蕴的构造，表现为读者在接受过程中对作者意图的唤醒、生发和转换。作者意图在不同的实现和存在阶段，具有不同的价值和属性，在创作阶段具有对作品面貌的决定性意义；在以文本为载体的传承阶段具有服从于语言本质的可变性、多义性、模糊性；在读者接受阶段它的价值在于为阐释者提供可观察和实证的现实依据，为阐释的可能性划出合理底线。作者意图是存在的，是在文学活动的过程中实现的，无法一概而论作者意图是什么，只有还原到具体的文学活动中，意图的考察才有实际意义。意图是否存在和怎样存在的问题，最终要回归到文本，要在具体的文学作品和阅读活动中体会和确认意图所在。

三　在作品中把握意图

“意图”一般被认为是具有主体性、主观性的。意图不等同于主体的思维活动，但“意图”的特征部分来源于主体认识。文学理论的自觉是从作者主体意识的觉醒开始的，在19世纪前漫长的文学史历程中，文学的意义来源于作者是不曾动摇的信念，文学批评理论和阐释理论都默认作者的写作意图是客观存在的，强调文学意义的阐释相当程度上就是对作者原意的追索。这种观念符合人们对世界的一般认识过程。在理念上文学活动的顺序是先有作者，再有文本，然后出现读者，构成“作者—文本—读者”这样一个次序链条，并建立了人们对文学活动因果关系的认识：因为作者的创作，诞下了作品，决定其品貌；因为有了作品这一凝固的形式，作者的思想得以留存和流传；由于有了意义的流传，读者和作者才能穿越时空互动对话，文明和文化的积累才有价值。当代读者理论是将文学发生的次序进行了逆转式调向，把“作者—文本—读者”的线性逻辑转变为传播逻辑：

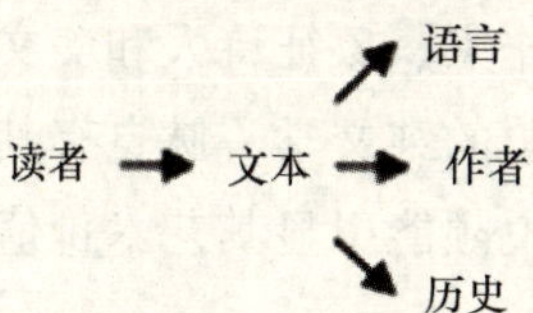

文学生产与传播的逻辑差异，一定程度上造成文学研究重心的转

移。当一个理论或流派宣称以某个文学要素为研究重点，一般不是把一个要素视为文学的唯一本体，而是为了反拨之前过于极端单一的、狭隘的文学要素关注中心（比如形式主义和新批评是针对作者中心主义的研究方法提出的）。本质上，文学要素研究重心的转移，是努力从一种偏重失衡状态，纠正回一种平衡状态。换句话说，是以一种研究能量的不平衡性为动力，促动文学理论的发展。因此无所谓以哪一种要素研究为重心更合理，而要看文学理论发展的阶段和问题域。然而，20 世纪末期，文学理论要素研究之间的平衡或说制衡状态被打破了。文学理论不再以各文学要素为活动区域，理论自身产生了运动和发展的循环。重提“作者意图”，它的论敌不是文本意图，不是读者意图，而是理论者的阐释意图。

作者不能直接干预读者，作者只有在灌注以意图的文本中对读者诉说。法国作家瓦莱里有一个观点：一个文本发表了，就像一台机器那样，每个人都可以按照自己的能力和意愿来运用它，机器制造者的操作并不一定就比其他人强。[①] 这个观点把文学分为“创作”和“阅读”两个截然不同的阶段，作者和读者各司其职，读者没有干预创作的能力，作者也没有评价阅读的资格。但是作者和读者之间的相互影响确实存在，作者意图和读者意图的冲突和融合确实发生，其中间环节就是作品。作为主体的作者和读者，其意图都必然依附于作品来实现。把握意图是评价作品的重要维度。在特定的历史时期，文学之于社会需要主动的、显性的参与，将纯粹的文学审美作为次要追求，文学价值的评价不应只有审美一个维度，有时意图直接对应作家的人格。在文学的艺术造诣上，田间的诗与周作人的散文难以比肩，在和平年代“美文”也确实更有把玩的韵味。但是在民族存亡的时刻，主题和内容的倾向性比文学艺术的无功利性重要得多，这并不是否认新文化运动时期新月派作家、象征诗人和美文作者的艺术成就，他们对保存和传承中国文学史的纯文学一脉自有其贡献，在今天广为流传的志摩诗集、张恨水小说颇能彰显其艺术价值。问题是不能因为历史

---

① 姚基：《向文学本体论批评挑战——现代意图主义理论述评》，《外国文学评论》1991 年第 3 期。

情境的切换，而否定这些作品在创作时也淡漠于彼时的社会需求，更不能以今日的考评维度将这些作品视为中国现当代文学最重要的经典。后现代主义写作最标榜写作的无意图、无态度、无立场，以绝对客观的精神状态进入创作。然而这些秉持“客观真实主义”的后现代作家们，依然是一群有理想、有思想的人，因此作品中还是显示出其思想倾向。在我国被命名为“新写实主义”的作家群，如刘震云、方方、池莉等人，写作遵循两个原则：一是现实生活的原生态，二是作家情感的零度介入。以零度情感，无立场或绝对中立地展现生活的原本状态，号称放逐理想、解构崇高，但从实际创作来看，与其说是零态度，不如说是真诚直面真实的人生；与其说是无理想，不如说是注重对凡俗生活的表现；与其说是反崇高，不如说是将平淡琐碎的生活与庸碌无名的小人物引入文学的中心。池莉的《烦恼人生》，真实展现了一个工人无聊、平庸、烦琐的生活，但仍是对真实人生意义的追寻，让读者体会到生活于平淡中的光辉。可见，作者意图虽然无法直接决定文字艺术水平的高低，但是作为写作动机的意图，乃是作品精神、思想、价值属性评价的重要维度。

风浪也会在沙滩上留下种种符号或印记，但人们站在这些面貌酷似文字的图印面前，绝不会把它们当成文学来阅读。因为我们清醒地知道文本阅读和阐释的特殊使命：在文字的背后，追索言语的书写者意欲传达的意蕴。

高保真、低保真、无保真与无线保真阐释

——与张江教授关于文本意图问题的讨论

[意] 马西莫·里奥尼*

忠诚的撒拉弗天使亚必迭说罢，
发现在众背信者中间只有他忠信。
在无数的虚伪者中间，只他不移本心，
不动摇，不受诱惑，不怕威胁……

（约翰·弥尔顿：《失乐园》，1667，5. 896－9）

一 远距离视野

8 世纪的中国著名诗人杜甫有一首名作，生动表达了当时年轻的诗人希望能对世界进行全方位视角观察的愿望。这首诗的诗句含义精妙，难以进行意译转述，我们需要采用戴维·霍克思（David Hawkes，英国汉学家——译者注）2016 年对这首诗的英文翻译版本。诗的题目是《望岳》，"望"为"注视"之意，通常指注视远处的物体；"岳"具体指中国的五岳之一 —— 位于中国山东省的泰山。下面是这首诗的全文：

* 马西莫·里奥尼，都灵大学哲学系教授，研究方向：符号学。

岱宗夫如何？齐鲁青未了。
造化钟神秀，阴阳割昏晓。
荡胸生层云，决眦入归鸟。
会当凌绝顶，一览众山小。

长期以来，关于这首诗的意义，虽有过众多解读，但所有这些解读都不能让我们否认一点，那就是这首诗本质上揭示了人类的一种至关重要的愿景，即希望在自己的生命过程中，通过精神层面的锻炼与活动，获得一种高屋建瓴的观察世界的视角。对于年轻的人文学科学者来说，他们还处于科研生涯的初期，常常因为复杂纷繁、相互矛盾的观点与立场感到困惑。能够掌握一种宏大的观察视角，也是他们的愿望。

2015 年 6 月，都灵大学授予安伯托·艾柯荣誉学位。学术界崇敬像艾柯这样的知名学者，是因为他们通过在学术事业上持之以恒的探索、精益求精的追求，已经到达了很高的层次，有能力对各种思想观点做出清晰透彻的分析。在拜读张江教授的几篇文章后，读者得到的就是这种感受。在长达几个世纪的时间里，各种学术流派都在致力于回答文学意义的问题。所有这些理论都被呈现在一张精彩的图表里，这张图表不但指明了各种理论及其演变历程，更令人印象深刻的是，它指出了我们将来应该选择的发展方向。对于“西方”文学理论如此全面的审视，出自一位文化上根植于东方的学者，这丝毫不使我感到惊讶；在地理与文化意义上进行远距离观察，优势之一就是在判断中可以保持客观与冷静。

但是，除了全身心投入到其思考中去，还有什么能给一个学者带来更大的荣耀呢？从当前欧洲符号学家的观点来看，与张江教授开展对话，几乎是件很自然的事情，不仅仅由于张江教授经常提到并批评符号学，更重要的是因为张江教授的批评直指符号学发展历史中的错误。承认并改正这些错误，符号学本身经历了长期的挣扎。

二　审视之下的符号学

在张江教授几篇著名的文章中，他经常以批评的态度来论述符号学。其中，《强制阐释论》通过内容丰富翔实的论证，分析了获取文学意义的各种途径与方法。[①] 这篇文章批评了为支持理论而将文学当作工具、将其任意变形的做法，仔细衡量了各种批评视角的优势和劣势，为合理的、丰富的且尊重文学的批评范式设定了标准。《强制阐释论》以生态批评和地理批评方法分析文学意义为例，指出符号学消解了文学本身的尊严，将其限制在符号学元语篇的桎梏之内。文中还提到符号学家格雷马斯，指出他发明了一种叫做“符号矩阵”的图形。通过这个图形，文学叙事被分析为不同逻辑关系的序列与转化。

我们必须同意张江教授的批评意见，尤其是考虑到，首先，格雷马斯本人几乎没有分析过什么文学文本，他的主要精力还是集中在理论阐述上。文学在他的理论阐述中经常只是充当范例来源（格雷马斯在文本分析领域，发表的最成功的文章是《莫泊桑》。该文实际上是通过演练，来展示如何将他的文本分析方法加以实际应用）[②]；其次，格雷马斯的很多追随者机械地模仿他们的老师，复制生产出无数的分析。在这些分析中，文学及其他文本在格雷马斯的分析方法机器中被碾压成碎片，仅仅是为了证明这一流派的功效，显示自己在格雷马斯理论实践者中的精英身份。

诚然，在对格雷马斯限定性文学分析理论进行批判的话语框架内，张江教授的批评性评价是完全可以理解的。然而，我们还需看到一个事实，那就是格雷马斯的追随者中有不少人，比如文学批评领域的学者雅克·热尼纳斯卡[③]或是德尼斯·伯特兰[④]以及视觉符号学领

---

① Zhang Jiang, “The Dogmatic Character of Imposed Interpretation”, *Social Sciences in China*, Vol. 37, July 2016, pp. 132 – 147.

② Greimas Algirdas Julien, *Maupassant: La sémiotique du texte: Exercices pratiques*, Paris: Éditions du Seuil, 1976; English trans. by Paul Perron, *Maupassant: The Semiotics of Text: Practical Exercises*, Amsterdam, Philadelphia: J. Benjamins Pub. Co., 1988.

③ Geninasca Jacques, *La parole littéraire*, Paris: Presses universitaires de France, 1997.

④ Bertrand Denis, *Précis de sémiotique littéraire*, Paris: Nathan, 2000.

域的学者让·玛丽·弗洛克[①]或是社会分析领域的学者埃里克·兰多斯基[②]，虽然他们表面上都是格雷马斯的崇拜者，但在继承格雷马斯的分析方法时，并没有抱着一种完全接受的态度。这些学者的注意力集中在各自分析对象的具体特征上，积极与其他学科开展有意义的对话交流。如果自己的分析方法不能有效捕捉所研究对象的意义，他们就会对原有的方法论进行修正。同样值得注意的是，格雷马斯本人也曾不断地进行理论构建。在他学术生涯的最后阶段，格雷马斯发表了一篇名为《论不完美》的文章，在文章中他的符号矩阵理论仅仅处于背景位置，成为一副不显眼但是又必须存在的脚手架。文章的中心位置则是对图尼耶、卡尔维诺、科塔萨尔、里尔克与谷崎润一郎5位作家5篇文本的精彩分析。这5个分析无疑能够符合张江教授关于理智的文学批评所提出的要求。[③]

在张江教授的其他文章中，他批评了符号学不加批判地借用数学和物理学概念，作为自己的分析工具，将公式强加于文学文本。我们再次看到，张江教授的这个批评，不但切中符号学的要害问题，而且从更宏观的层面讲，也指出了存在于1980年代人文学科与其他学科交织融合趋势中的问题。这种趋势，又经过1990年代人文科学对认知科学的拥抱、21世纪初人文科学对镜像神经元的迷恋以及2010年至今人文科学对于行为学的狂热等运动，进一步得到强化。在学术界，通过不加批判地追逐最新思潮来赢得一席之地，是一种难以抗拒的诱惑。然而，我们或许应该对不同情况区别对待，把真正有价值的交叉学科成果，比如勒内·托姆（法国数学家，突变论创始人——译者注）关于符号学与突变论的结合，[④] 与那些对文学文本进行荒唐的数学分析，或是由为数不多的跟风者所吹捧的“视觉文本”相区别。做这样的区分，其目的与张江教授提出的文学批评最高价值的目的是

① Floch Jean - Marie, *Identités visuelles*, Paris: Presses Universitaires de France; English trans. by Pierre van Osselaer and Alec McHoul, *Visual Identities*, New York: Continuum, 2000.

② Landowski, Eric, *La société réfléchie*, Paris: Editions du Seuil, 1989.

③ Greimas Algirdas J., *De l'Imperfection*, Périgueux: Pierre Fanlac, 1987.

④ Thom René, *Esquisse d'une sémiophysique: Physique aristotélienne et théorie des catastrophes*, Paris: InterEditions, 1988; English trans. by Vendla Meyer, *Semio Physics: A Sketch*, Redwood City, Calif.: Addison - Wesley Pub. Co., Advanced Book Program, 1990.

一致的。

张江教授对于符号学提出的第三个完全合理的批评观点，是针对符号学的发展倾向。结构主义流派的追随者们都表现出这种发展倾向，那就是无视甚至剥夺文本的独特性，以便实现全面掌握文本结构统一性的理论目的。结构主义认为，文本的结构统一性是隐藏在丰富多彩的文学想象外表下的基础。的确，极端正统派生成符号学始终试图将整个文化理解为只是由若干基本构成要素组成的结合体，这种思路导致了阐释过度简化，其简化程度到了令人难以接受的地步。然而，从结构符号学向张力符号学转变的过程，以及在这个过程中离散的语义对立被连续的语义张力所取代，不正是为了让深不可测的人类文学创造的复杂性与符号学元语篇图式化的表述更好地对应吗?①

同样，张江教授在《强制阐释论》中提出的第四点批评意见也非常合理，特别是关于罗兰·巴特对文本非指称特征的后结构主义态度，以及从更宏观的意义上讲，关于结构主义对于作者之死的看法。对于这一问题，张江教授在他的另一篇出色文章《作者能不能死》②中有精彩论述。原教旨主义符号学一心想要把文本以外的因素，比如作者的思想与生活经历、读者的思想与生活经历，或者文本自身产生的条件逐一剔除出去。这样做经常导致荒唐的自我删改。有时，格雷马斯的名言“文本之外无救赎”受到如此盲目的追捧，以至于为了保持其理论的纯粹性，文学自身的尊严与存在价值遭到蔑视。在此处，内部批评也与外部审视相适应。比如在现象符号学最新的发展动向中，重新将符号与其实体物相联系；③ 还有在对于生命形态的分析中④，以及在本维尼斯特对于“讲述”问题的最新研究成果中，研究更加关注那些通过具体语用场景获得意义的语言结构。⑤

究竟是坚持使用图表化的程式分析，还是更加审慎地对待这种分

① Zilberberg Claude, *Eléments de grammaire tensive*, Limoges: PULIM, 2006.

② 张江：《作者能不能死》，《哲学研究》2016 年第 5 期。

③ Fontanille Jacques, *Corps et sens*, Paris: Presses universitaires de France, 2011.

④ Fontanille Jacques, *Formes de vie*, Liège: Presses universitaires de Liège, 2015.

⑤ Coquet Jean - Claude, *Phusis et logos: une phénoménologie du langage*, Saint - Denis: Presses universitaires de Vincennes, 2007.

析方法；是狂热地采用数学公式，还是谨慎地融合人文科学与自然科学思想；是执着追求理论统一，还是谦虚地接受文学的独特表征；是宣称文本自治，还是认真思考文本与语境之间明显的关系——符号学常常陷于上述和其他各种选择困境之中。而当受到像张江教授提出的这样中肯批评的启发时，符号学又可以找到解决困境的创造性思路。

三　深入分析

作为继续拓展与张江教授对话内容的粗浅尝试，本文将对符号学提出进一步的完善建议。以下以一篇中国小说为论述起点，这篇小说最近首次被翻译成英文，获得了国际关注。小说的题目为《隐身衣》(2016)，作者是格非。小说的故事情节比较简单。故事主人公是一个经济收入微薄的男人，他爱上了一个姑娘，并娶她为妻。一段时间后，这个姑娘变心，弃主人公而去。自此往后的内容充满了痛苦的回忆，是主人公与已故的、曾警告其与姑娘婚姻不合适的母亲在想象中的对话。在主要情节之外，最为突出的是小说对于音响系统——这个主人公为谋生而组装和出售的物品——花费笔墨展开的细致描写。

在小说中，作者格非把对情感变幻莫测的思考与对音乐再现技术的细腻叙述交织在一起，无论是读者还是文学批评家，都对此感到惊叹。作为例子，下面引用小说原文中的一个段落，表现的是主人公为一个神秘的富豪客户安装高品质高保真音响时，对于音响安装的理想空间环境所做的详细阐述：

> 我曾经在电话中向丁采臣打听过客厅的大致格局。连日来，我对那面朝南的玻璃墙比较忧虑。因为你知道，光溜溜的玻璃根本拢不住声音。玻璃造成的反射，会使音乐在房间里到处乱撞，结像效果一定会很糟糕。按照我的建议，丁采臣在客厅的南窗新装了一个厚厚的布帘。单从这一点，你大概也可以判断出，丁采臣这个人，通情达理，凡事都好商量。这间客厅，虽说足够高大宽敞，但对于欣赏音乐来说，并不是一个适宜的环境。一般来说，扬声器总是要在短墙摆放。可问题是，这个客厅的短墙在东

> 西两侧。西墙边的柜式空调不能随便移动。旁边还有一个巨大的玻璃鱼缸，水草柔软地披拂摇摆，两尾带鱼状的动物……来回巡游。①

在本段以及小说其他一些段落中，主人公不厌其烦地讲述着欣赏音乐的声学条件，在读者面前堆叠起一长串的技术名词和细节。乍一看，主人公在不懈地追求组装一套完美的音响系统，这个系统内所有的零部件，从光盘播放器到扬声器，再到电线，都应摆放在理想的空间位置上，以达到对音乐完美无瑕的忠实再现，排除一切干扰、一切扭曲和一切噪音。主人公所追求的乌托邦，他希望向客户灌输的激情，就是营造一个没有噪音的音乐环境，目的就是保证声音再现的绝对纯粹性。

然而，随着故事逐步展开，细心的读者会意识到，主人公对于音乐再现忠实度的痴迷——格非通过一个又一个的技术细节描写生动地体现出来——实际上是对另一种忠实的隐喻，或者可以更清晰地说，是对“忠实”这一小说主题的隐喻。忠实的问题，在小说中的各个语义层面都得到精妙的体现。其中最明显的，自然是情感的忠实问题，它是小说主要情节的焦点，即主人公妻子的不忠实。这使得主人公一度陷入孤独与绝望的境地。但是，对于读者的理解来说，这种情感方面的不忠实也同样是另一种不忠实的叙述外壳，一种更加深刻的、令人忧虑的不忠实。格非本人作为大学教授，在小说中自嘲般地描写了一个教授，主人公在这个教授家中工作时，无意中听到了他关于“世界问题”的闲聊。作为例子，下面这段表现了作者对于教授夸夸其谈带有讽刺意味的看法：

> 我把机器给他送过去的时候，这位教授又在向他的妻子，那个体育大学的排球老师，抱怨世道的混乱和肮脏无序了。什么道

---

① Ge Fei, *The Invisibility Cloak*, English trans. from Chinese by Canaan Morse, New York: New York Review of Books, 2016, p. 334. 亦可参见格非《隐身衣》，人民文学出版社2012年版，第187页。

> 德沦丧啦，什么礼崩乐坏啦，什么道术将为天下裂啦，全是扯淡。他进而断言：没有任何一个中国人，能在目前这个社会过上好日子。很明显，他的妻子不爱搭理他，表情冷漠，在餐桌边低着头，飞快地发着手机短信。他似乎有点恼羞成怒，并再次使用了那个让我十分厌恶的反问句式："不是吗？"①

这位教授自我膨胀，装腔作势，还显得理直气壮；对着一个处于劳工阶层、为了生活而挣扎、正在给自己安装昂贵的音响设备的人大发议论，尽显其虚伪本质；傲慢地把自己的固有成见说成普遍现象。所有这些都让主人公感到，在这个世界上，人们不但对自己的配偶不忠实，而且连思想本身，由于对现实的不忠实，都失去了自己的尊严，变成了一种自我陶醉式的扭曲话语，一遍又一遍地重复。在不向各位读者提供小说结尾剧透、破坏阅读乐趣的情况下，我可以透露一点，那就是这篇小说结尾十分突然，主人公在听完教授的"长篇演说"之后，显示出反抗姿态。他随后回敬的一番话可以认为是这篇小说的主要寓意。这个寓意，是主人公经历了煎熬后得到的，是在他对自己关于人际关系的忠实与完美乌托邦进行痛苦反思后得到的。

四　文学的目的是什么？

为"文学的目的"做出一个一劳永逸的定义，是难以实现的。很多充满智慧的学者都曾尝试回答"文学的目的"是什么，但在给出一个答案的同时，都没办法排除其他同等合理的答案。最终，这个概念本身，在经历了数千年人类历史发展、跨越了各种文化、以多种截然不同的形式出现后，只能是根据其产生、传播和接受的不同语境，来确定自己所要实现的多种不同的目的。然而，同样无法否认的是，大多数人喜欢文学，因为文学为人类提供了一个虚构的再现世界，也

---

① Ge Fei, *The Invisibility Cloak*, English trans. from Chinese by Canaan Morse, New York: New York Review of Books, 2016, p. 463；亦可参见格非《隐身衣》，人民文学出版社 2012 年版，第 187 页。

可能为人们生命中的困惑提供答案，无论是爱的神秘、死的绝望，还是友谊与背叛之间激烈的思辨。这正是我们要思索阐释文学文本最佳途径的根本原因，正如张江教授在他的文章中所深刻指出的一样，那就是懂得如何用尊重文学的方式分析文学，是我们学习如何用尊重的方式解释人类的重要手段。

正如于戈·沃利教授（于戈·沃利，都灵大学符号学教授——译者注）和其他几位学者所指出的，在那些不尊重文本本身、对文本强加前置阐释的理论，和那些在20世纪历史上以种族主义对人进行侮辱的理论之间，存在着恶性联系。对于一件艺术作品的独特性的钟爱，以及对它向人们传递思想的独特方式的钟爱，是与对一个人的独特性的钟爱、对其存在的独特方式的钟爱分不开的。艺术作品，包括文学文本，不同的理论可以对它们进行多种方式的分类，但如此分类只是为了提供一个框架，目的在于凸显那些理论无法捕捉的东西，那些在理论范围之外的东西，即每件人类想象力所创造的作品的珍贵独特性。① 同样，人类也可以用语言、民族，或者社会经济等标准被分类，但如果这种分类最后变成了一种对人的桎梏，忘记了这样分类的目的在于更好地凸显每个人类个体的独特性，那岂不是很危险！②

格非的《隐身衣》让读者对忠实问题进行多层次的思考，分别是音乐再现的忠实问题、情感关系中人性再现的忠实问题以及作为思想和其话语载体的文化再现的忠实问题。正如本文标题所示，这些再现过程可以划分为四种不同的形式，每种形式都对应一种不同的阐释哲学。第一种形式是“高保真阐释”（hi - fi interpretation），这是小说主人公的理想境界。“高保真阐释”追求对声音完美的再现，排除任何噪音和干扰。这种完美的声音再现，如果不是为了尊重每一个音符的独特性，尊重每个音符与其他音符协奏的独特性，以及整个乐曲的艺

---

① Leone Massimo, “The Jealousy of Rembrandt: Transparency and Opacity in the History of Visual Media”, Forthcoming, In Leone Massimo et al. , eds. , *Technologies of Law and Religion: Representation*, *Objects and Agency* [*I Saggi di Lexia*], Rome: Aracne.

② Leone Massimo, “Cultural Semiotics as Fluxorum Scientia”, online. In Bankov, Kristian, eds. , *New Semiotics Between Tradition and Innovation: Proceedings of the 12th World Congress of Semiotics*, IASS Publications & NBU Publishing House (ISSN 2414 - 6862); available at http://www. iass - ais. org/proceedings2014/view_ lesson. php? id = 55 (last accessed 7 December 2016).

术独特性，那又是为什么呢？正是为了确保音乐再现的忠实度，确保声音与音乐内涵的一致性，符合作曲人构思和表达的思想内容，《隐身衣》的主人公才认真地组装复杂的音响系统。

从比喻意义出发，与这种听觉忠实度相对应的，是人与人之间关系的忠实度。这种忠实度的基础，是一个人调整自己的特性，而与另一个人的特性相适应的道德要求。在这个努力调整的过程中，人对人的固有观念，甚至是偏见，会成为一种简单粗暴的解读方法（里奥尼即将出版《符号学》）。① 对他人独特性的忠实，是法国哲学家伊曼努尔·列维纳斯在反思 20 世纪悲剧过程中，关于最高道德给我们上的一课。在他看来，20 世纪的大多数悲剧，源于对这种忠实责任的摈弃。② 然而，忠实不仅应该存在于对艺术与人的态度上，也存在于如何看待将两者联系到一起的内容，亦即在社会中传播的语篇、文本，包括精心加工的艺术创作。

五　高保真阐释

在文学批评中，高保真阐释，正如张江教授在他的文章中所准确指出的，是一种对文本不进行强制阐释的批评方法。像安伯托·艾柯在区分文本阐释与文本使用时所述，③ 高保真阐释不利用文本来实现文本自身未曾创造的目标；相反，高保真阐释采用一个可对文本进行分析的框架，认为文本不是分析框架本身，而只是框架中的分析对象，正如美术作品中画框和画作的关系。这种阐释，承认对于理论所指出的相似性的接受，如语义框架、叙述结构、语篇组织等等，但最终要进行超越。正是这种超越，揭示出文本对于人性的体现。文本的

---

① Leone Massimo, “Socio – sémiotique des *livresàvisages*”, online. Nouveaux Actes Sémiotiques, Forthcoming.

② Lévinas Emmanuel, *Totalité et infini*: *essai sur l'extériorité*, The Hague: M. Nijhoff, 1961; English trans. by Alphonso Lingis, *Totality and Infinity*: *An Essay on Exteriority*, Pittsburgh: Duquesne University Press, 1969.

③ Eco Umberto, *Interpretation and Overinterpretation*, *with Richard Rorty*, *Jonathan Culler*, *and Christine Brooke – Rose*, edited by Stefan Collini, Cambridge, UK; New York: Cambridge University Press, 1992.

独特性隐含在这种超越之中，是文本最为珍贵的内容。如果我们不把文本从理论的条框中解放出来，便不能得到这种超越。

六　低保真阐释

那么低保真阐释又该如何解释呢？低保真阐释就是阐释者对于文本的爱以及对于文本所包含的独特性的爱，被阐释者对其他因素的迷恋所取代，比如既定作者应有的思想活动、文本产生的社会文化环境、在文本所产生的时代对于文本的接受情况，或者是用于阐释文本的“理论”。所有这些因素都很有价值，并衍生出不少很有见地的文学分析方法（文学的精神分析、文学社会学、文学接受研究、解构主义阐释——女权主义理论和酷儿理论），但是这些分析方法都没有达到对于理论的“超越”，这种“超越”是文本的独特内涵，是只有最为忠实的读者才能发现的东西。如果每次都把一个文本仅仅视为存在于一个类型中的另外一个例子，比如文类、叙述结构、意识形态等，那么文本的独特性就失去了，对于文本的阐述就夹杂了个人的、历史因素的噪音，或者是理论的偏见和曲解，正如同音响系统中脆弱的、无法正常工作的线路一样。

七　无保真阐释

“无保真阐释”是指在音乐再现过程中，由于使用了质量低劣的技术设备，从而故意产生了噪音和声音扭曲，并将这种听觉混乱变成颠覆美学的元素，将经典作品以及再现诗学的既定标准进行重新洗牌。这些做法的游戏性质，及其对于主流美学的依赖，是不可否认的。艺术家只有在一个有序的声音世界里，才能演奏噪音。同样的游戏性也能在阐释领域得到应用。结构主义就是与文本的游戏，它狂热地将理论用于文本，并享受由理论分析所产生的不和谐的声音，以至于常常毁掉了结构主义自己意欲建立的和谐。在社会关系与行为领域，对传统角色与规范图式的颠覆，也是结构主义乐此不疲的事情，被视为是快乐与解放的源泉。然而，在上述例子中，噪音的美学只能建立在对文本的理性阅读基础之上，无保真阐释在对文本反抗的过程中逐渐展开。这些带有讽刺意味的过度解读游戏，无论是在文本层面还是社会层面，都没有什么错误之处；不承认这类解读，或者更有甚者，禁止这类解读，将意味着把某一种阐释推上独裁的位置，让其他个体的解释，或者创造性的变革，失去了自己的空间。当然，如果无保真阐释以高保真阐释的面目出现，不但装作要在考虑主流认知，而且还要在实际中对其加以取代，那么问题就来了。如果理论不仅对文本任意解构，还要宣称把自己的游戏性的解释升华为一套分析机制，那最终的结果就是理论与文本同归于尽。只要低保真阐释不要荒谬地将自己当作是高保真阐释，那么其存在是没有问题的，有时还能给人耳目一新的感觉。

八　无线保真阐释

最后要对本文标题中的第四个概念——无线保真阐释，进行说明。众所周知，无线保真是一种不通过有线连接，就能实现人与机器相互沟通的技术。无线保真这个说法，原本并非指语义的忠实，但经常被这样解释。在本文的象征含义中，无线保真阐释是指一种文本解读模式，在这个模式里，由“真实群体”提供的、用以集体确定文本语义价值的语境，被“数字群体”所取代，这个“数字群体”的基本特征与“真实群体”愈行愈远，直至“数字群体”这一表述最终成为一个矛盾修辞法，因为这样的群体在事实上无法再提供连贯的、稳定的语境，来对文本进行合理的阐释。在这种技术与社会文化发展潮流下，“无线保真阐释”也变成了一种矛盾修辞法。在一个“无线”的世界里，即一个真实的社会关系被虚拟网络关系所取代的世界里，是否可能做到阐释？

在艾柯的学术生涯中，他坚持可以对阐释过程设定某种界限的观点。[①] 这种界限来自于被阐释的文本自身的结构，前提是这个文本包

① Eco Umberto, *The Limits of Interpretation*, Bloomington, IN: Indiana University Press, 1990.

含着合作性阐释所要塑造的独特性。这种阐释理论，来自对于皮尔士符号哲学的深刻理解，但也不是完全没有问题的。究竟由谁来决定一篇文本的结构呢？如果根据艾柯所说，对文本正确的阐释（或者可接受阐释的范围）所追求的是文本的本身意图（intentio operis，即文本本身所计划被解读的意图），而不是作者意图（intentio auctoris，即作者希望或认为他通过文本可以表达的意图）或者读者意图（intentio lectoris，即读者在阐释文本时能够发现的意图），那么是谁，或者是什么，来最终确定某种符号语言结构与他们被阐释的习惯方式之间的规范关系，仍然是一个问题。很重要的一点是，艾柯从未声称提取文本本身意图的过程是理性的（rational）；他所指出的是，这个过程是合理的（reasonable）①。二者的区别具体体现在这样一个客观事实上，即在符号语言结构与其所表达的意义之间，没有永远固定不变的关系，而是随着社会文化的运动而不断演变。这是另一位著名符号学家洛特曼（Jurij M. Lotman）试图描述的。因此，最终确定某种意义与特定的符号语言结构相联系的，既不是国王也不是法律，亦非语言必然性。一些阐释方式的相对合理性，与另外一些阐释方式的不合理性，都在具有共同符号域的阐释者群体中形成。在漫长的时间中，为了给自己的语义环境建立边界——或者至少是门槛——合理性与非合理性进行系统性互动。这些边界，是长时间延续的复杂协商的结果。这也意味着，那些现在已经确定的边界，经过较长的一段时间后，会被不同的阐释合理性边界所取代。艾柯对于解构主义的批判，并非针对合理性阐释的形式会发生变化这一观点，而是针对合理性阐释的形式会被个人意见所推翻颠覆这一观点，比如某个批评家决定把《哈姆雷特》当作女权主义宣言来解读。如果仅作为“无保真阐释”，仅作为一种独特的、游戏性质的阐释与已确定的阐释者群体产生联系，那么对这类反抗性的阐释我们是可以接受的，甚至是持欢迎态度的。但是，如果此类或相似的过度阐释，甚至利用文本的行为，被当作“高保真阐释”，并在学校作为标准的阐释理论向学生讲授，那么情况就

① Leone Massimo, “The Clash of Semiotic Civilizations”, in *Sign Systems Studies*, special issue on Algirdas J. Greimas, Forthcoming.

令人担忧了。关于不忠实阐释机制化所带来的问题，最令人感到不安的是没有任何标准能够决定哪种特色的阐释方法是规范的标准方法。被一个阐释者群体认为最合理而被接受的阐释，是经历了漫长而复杂的语义与阐释协商——其过程与结果超越了个体的阐释意图——之后，才获得了自己的地位。我们不能随意地解读文本，原因很简单，那就是文本不只属于我们。文本属于一个群体，属于一种文化语境，属于一段历史——这些都是塑造文本独特性的基本因素。如果解读文本时，特别是文学文本，不考虑文本的具体语言、阐释者群体、阐释的历史等因素，这样的解读必然导致对文本强加暴力，忽视文本本身意图，最终就产生了安伯托·艾柯所论述的阐释滥用问题，以及张江教授在文章中所提到的强制阐释问题。

但是，如果现实中没有对阐释边界进行协商和再协商的真实群体呢？对于不具备固定形态的语言、地理环境和历史的电子网络群体，我们是否可以说这个群体也可以表达复杂的、确定的辩证法，正如参加研讨会的学者、图书俱乐部里的读者或课堂中的学生所表达的那样？一方面，人们也许会认为“无线保真”群体甚至是集中了非虚拟群体建立阐释标准所需的互动活动。例如维基百科，以及学者群体通过相互合作、日积月累地撰写维基百科词条的方式，可能就代表了社群主义的阐释方法，通过这种方法确立起“最终符号阐释者”与阐释习惯（再次协商只有在新的信息出现后需要时才进行）。另一方面，当艾柯在讨论确定阐释边界的可能性，以及阐释边界获取文本本身意义的能力时，他所指的并不是阐释者群体对一个具体文本的实际内容进行协商，而是共享与塑造一个话语框架，在这个框架下，可以提出对一个文本内容的多种阐释。包括维基百科和其他虚拟社区的问题在于，阐释者获得了相互协商他们阐释内容的自由，却没有相互协商阐释话语框架的自由。恰恰相反，阐释话语框架是由虚拟的精英集团制定的，通常不接受协商。换言之，我们可以很容易地影响维基百科所包含的内容，但基本上很难影响维基百科包含这些内容的方式。不幸的是，这种包含方式，正是艾柯在其符号学理论核心提出“阐释者群体”概念时所强调的。

电子虚拟群体也许看上去比非虚拟群体更加自由。民粹主义就经常这样认为，但其实并非如此。一个民主国家的议会既会讨论该国法律，也会讨论制定该法律的框架规则。而电子虚拟议会，则让所有人——而非他们的代表——讨论任何事情，但是并不讨论用以开展讨论的电子网络框架本身。电子网络框架的内在运行规则，对大多数人来讲是摸不着、看不到的。也许在未来，电子虚拟群体也会展现出合适的符号交流平台。到那时，不但作为内容的意义会被讨论，作为框架的意义也会被讨论。但坦诚地说，从目前电子虚拟群体的协商进程发展实际情况来看，并不令人乐观。电子虚拟群体让不合理性通过各种传播形式大幅增长，协商在其中发挥不到任何作用①。传统群体与如今的电子虚拟群体最为显著的差异，就是后者似乎对于任何类型的群体记忆都漠不关心。这与传统群体很不一样。电子虚拟群体永远生活在当下，也时不时地蹿到未来。但如果电子虚拟群体没有在某台遥远的、不为人知的服务器上，或者在产生不了任何集体话语的“时间机器”上留下任何痕迹，那么它就没有任何记忆可言。

总之，在电子虚拟群体中，形式化的记忆是不存在的，可以将过去经验转变为未来协商原则的固定模式也是不存在的。一个群体如果缺少结构性的记忆，则很难产生合理阐释的稳定框架。其原因正是稳定的框架需要超越个体的意图，并从一个符号域的整体功能中显现出来。我们遵守自然语言的语法规则，不是因为某人决定要求这么做，而是由于千千万万次微观层面的互动（包括我们的前人在内）储存并提炼出一套构造，尽管存在各种微观变异、变化以及文字游戏的可能性，但作为群体整体来讲，最终都接受了这套构造的标准。遗憾的是，电子虚拟群体经常被“当下”的事物“刷屏”，至少到目前为止，文化记忆形成的整体性机制还未在电子虚拟群体中产生。

九 歌颂相会

在未来的电子虚拟群体中，有可能产生一种新的忠实性，以及合

---

① Leone Massimo, *Complotto / Conspiracy*, *special issue of Lexia*, Rome: Aracne, 2016, pp. 23 – 24.

理的阐释吗？现在看来，我们只能珍惜现实中人们相互结识的机会；珍惜在阅读文学文本时，读者不仅仅能见到文本作者，还能见到产生文本本身意义的整个群体、整个地理环境及整个历史的机会。同样，为了纪念意大利与中国符号学家的相遇相知，以及安伯托·艾柯和张江教授思想的相遇，我谨借此机会再引用杜甫的另外一首诗《赠卫八处士》中的部分诗句。这些精妙的诗句，描述了两位20年的朋友再次相会时的情景。这两位朋友把酒言欢，沉浸在对于肝胆相照的感受之中：

> 主称会面难，一举累十觞。
> 十觞亦不醉，感子故意长。
> 明日隔山岳，世事两茫茫。①

这种对认知忠实性的珍视——在茫茫世事之中，对于一篇文本、一位朋友、一片土地的独特性的珍视，也许就是阐释中所强调的最高忠实。

（译者：权达，中国社会科学院国际合作局翻译，研究方向：英语语言文学。）

① Tu Fu, *A Little Primer of Tu Fu* (1967; revised edition), English trans. by David Hawkes, Hong Kong: The Chinese University of Hong Kong; New York: New York Review Books, p. 341.

过度想象与意义的困顿

陆 扬*

一 过度阐释抑或过度想象

1990年剑桥大学的“丹诺讲座”的主角是安贝托·艾柯。艾柯提交了《诠释与历史》《过度诠释文本》和《在作者与文本之间》3个报告，然后分别由美国哲学家理查·罗蒂和批评家乔纳森·卡勒，以及英国小说家和批评家克里斯蒂娜·罗斯给予回应，并最后由艾柯一并作答。7篇文献由剑桥大学英国文学教授斯特凡·柯里尼编为文集《诠释与过度诠释》，1992年出版。艾柯力挺适度阐释、反对过度阐释的立场是众所周知的。在第一篇讲演稿《诠释与历史》中，艾柯开门见山宣称他1962年一举成名的《开放的作品》是给人误读了。他说：

> 我发现读者们在阅读这本书时，注意力主要集中在作品所具有的开放性这一方面，而忽视了下面这个事实：我所提倡的开放性阅读必须从作品文本出发（其目的是对作品进行诠释），因此它会受到文本的制约。换言之，我所研究的实际上是文本的权利与诠释者的权利之间的辩证关系。①

* 陆扬，复旦大学中文系教授，研究方向：文艺学和文化研究。

① ［意］安贝托·艾柯等著、［英］斯特凡·柯里尼编：《诠释与过度诠释》，王宇根译，生活·读书·新知三联书店1994年版，第24页。

所以不奇怪，回顾过去数十年间文学批评的发展进程，艾柯感慨道，诠释者即读者的权利，是被强调得有点过火了。是以殊有必要限制阐释，回归文本，从鼓吹作品无限开放的神秘主义路线，或者说当代的“文本诺斯替主义”，回到长久被弃之如敝屣的作者意图和写作的具体语境中来。

当其时，艾柯这位一流的后现代主义小说家，正志满意得，沉浸在围绕10年前《玫瑰之名》激发的阐释大战成就感里。《玫瑰之名》布满隐喻、十面埋伏，其背景是作者得心应手、早有许多著述在先的中世纪神学，而且顺理成章脉络直追亚里士多德据信佚失不闻的《诗学》第二卷。这样一部本身神秘主义无以复加的学院派经典小说，艾柯期望有人帮他正本清源，不复云里雾里不着边际，应该是在情理之中。事实上，讲座的第三讲《在作者与文本之间》，艾柯就在反复念叨《玫瑰之名》远超越原初修道院凶杀案情节里面的名实辩证。比如他说到小说俄文版的译者写过一篇文章，提到法国小说家埃米尔·昂里奥（Emile Henriot）1946年出版的《布拉迪斯拉发的玫瑰》里也有追寻神秘手稿和图书馆失火的类似情节，故事发生在布拉格。而《玫瑰之名》开头也提到过布拉格。更有甚者，《玫瑰之名》里有个图书馆员名叫贝伦加（Berengar），昂里奥小说中也有个图书馆员，名叫贝恩加（Berngard Marre）。这里面是有借鉴还是纯属巧合？艾柯说，即便他坦言自已压根就没读过，甚至没听说过昂里奥这部小说，也无济于事。不过他倒是高兴批评家不断在他的作品中读出自以为他刻意隐藏，可是实际上他本人根本就是一头雾水的新材料。这样一种狡猾的读者和貌似狡猾、实际天真的作者之间的较量，委实是其乐无穷。

但是哪位小说家能有艾柯的学识才情呢？哪位批评家又能像艾柯本人那样，以自己的畅销小说为后盾，游刃有余，在文本的开放与约束间左右逢源呢？或许美国60后作家丹·布朗（Dan Brown）的《达·芬奇密码》（2003）该是后来居上。布朗是音乐人出身，以高科技来追踪中世纪诺斯替神秘主义中的一种另类宗教史，正可以比肩当年艾柯《玫瑰之名》中设置的重重机关悬念。郇山隐修会、斐波那契数列、圣殿骑士团、墨洛温王朝的直系基督血缘，甚至卢浮宫馆长垂死之际留下遗言“哦，恶龙魔鬼！噢，瘸腿圣徒！”（O，Draconian devil！Oh，Lame Saint！）来供人打乱字母，重新拼成“列奥纳多·达·芬奇！蒙娜丽莎！”（Leonardo da Vinci！The Mona Lisa！）……所有这些匪夷所思的情节线索，远超过一切自命不凡批评家的想象力。阐释再过度，我们发现，比较小说家自己的异想天开，也还是显得苍白。

更令人瞠目的是，据信耶稣最后的晚餐上使用的圣杯，被《达·芬奇密码》破解为女人的子宫。盖因它们都是容器，形状相似也。子宫与微言大义又有何干系？干系是子宫喻指女人。具体来说，它指的就是同耶稣有过交集的抹大拉的马利亚。《马可福音》中有三处提到过抹大拉的马利亚，其一是耶稣给钉在十字架上，极度痛苦中气断之时，当时除了目睹惨状的百夫长，“还有些妇女远远地观看，内中有抹大拉的马利亚”（15：41）。其二是“过了安息日，抹大拉的马利亚和雅各的母亲玛利亚并撒罗米，买了香膏，要去膏耶稣的身体”（16：1）。这是言抹大拉的马利亚即最早得闻天使报知基督升天的三位女性之一。其三是“在七日的第一日清早，耶稣复活了，就先向抹大拉的马利亚显现，耶稣从她身上曾赶出七个鬼”（16：9）。这是说，耶稣曾经作法，给马利亚治过病。而据丹·布朗言之凿凿的交代，这位抹大拉的马利亚不是别人，她就是耶稣的妻子，两人不但成婚，而且留下了子嗣。这类连诺斯替教经卷都未敢染指的奇谭，作家是不是可以随心所欲设置为作品的情节线索？这个线索比较艾柯《玫瑰之名》中的亚里士多德《诗学》第二卷的假设，其或然性又当几何？质言之，小说家叙写历史事件，是不是同样需要接受一个史学真实的限制，抑或凭借虚构的名分可以无所不至？特别是当作品宣示虚构就是真实之时？

布朗这部在神学界引起轩然大波的《达·芬奇密码》，销量直逼《哈利·波特》丛书，远超当年《玫瑰之名》。假如说《哈利·波特》是魔幻小说，其真实性自有虚构自身的逻辑来予以圆说，那么像《达·芬奇密码》和《玫瑰之名》这类以符号学和另类历史读解等专门知识为背景的扑朔迷离惊悚小说，其作品的意义恐怕最终得从历史自身的必然性与或然性中考究。我们有理由相信普通读者并不是文化白痴。我们只能说，作品本身天马行空，想象力高涨，或者说，文本自身的过度想象，远超过读者阐释之异想天开。

二 意义与语境

《诠释与过度诠释》中美国批评家乔纳森·卡勒的《为“过度阐释”一辩》或许是一篇更值得重视的文献。卡勒坚持了一以贯之的批评立场：文学作品的阐释不应被视为文学研究的最高目的，更不能视其为唯一的目的；如果批评家执意如此，那也不妨尽量多思考其他问题，将思维触角尽可能往远方延伸。是以大量被误以为是“过度阐释”或者说轻一点，过度理解的东西，究其目的正是力图将作品文本与叙事、修辞、意识形态等机制联系起来，而且艾柯本人就是这方面的杰出代表。所以我们是在社会生活的不同领域去发现意义得以生成的系统和机制。这个系统和机制，毋宁说也就是一种语境。诚如卡勒所言：

> 解构主义虽然认为意义是在语境中——文本之中或文本之间的一种关系功能——生成的，但却认为语境本身是无限的：永远存在着引进新的语境的可能性，因为我们唯一不能做的事就是设立界限。①

这还是在重申他1982年的《论解构》中文本的意义阐释取决于语境，然语境无际无涯的解构主义观点。故任何把语境代码化的企图，总是能被植入它意欲描绘的语境之内，产生一个遁出原初模式的新语境来。一如他再次举譬维特根斯坦的例子：维特根斯坦暗示人们不能说“布布布”来意指“如果天不下雨我要出去散个步”，反倒似非而是地使这样做成了可能。卡勒《论解构》中谈意义取决于语境，其语境是读德里达《签名事件语境》一文中对英国分析哲学家约翰·奥

---

① ［美］乔纳森·卡勒：《为“过度阐释”一辩》，载艾柯等著、柯里尼编《诠释与过度诠释》，王宇根译，生活·读书·新知三联书店1997年版，第148页。

斯丁的质疑。《签名事件语境》讨论的也是意义的生产和传达问题。德里达开篇就说：

> 是不是确凿无疑相对于“交流”（communication）这个语词，存在一个独特的、单一的概念，一个可以被严格把握和传达的概念，一个可以进行交流的概念？根据某种奇怪的话语形态，我们首先必须问一问“交流”这个语词或者说能指，交流或者说传达了某个确定的意义、某个可予辨明的意义、某种可予描述的价值。①

对于这个问题德里达本人的回答是，当我提出这个问题，我实际上已经是在期待“交流”这个语词的意义了：我预先认定了交流就是意义的载体和传达工具，而且是单一的一种意义。而假如“交流”有数种意义，并且这些头绪纷繁的多重意义无以归并简化的话，那么交流从一开始便也无从谈起，而且同它相关的意义、传达这些语词，一并将堕入五里雾中。要之，交流作为一个语词，作为一个不至于叫人不知所云的清晰语词，它就是打开了语义新天地。它不复拘泥于传统语义学、符号学，甚至语言学，而是伸展到形形色色的非语义运动。它最终将在语境中得到说明。

但是德里达实际上并不支持语境无限延伸的貌似解构主义的立场。固然，不言而喻，“交流”这个词的多种背景可以最终还原到“语境”这个限制里来，但语境也是一种“事件”结构，它还带有一系列先决条件需要具体分析。故最为关键的问题是，语境的先决条件是不是终究可以清晰测定？要之，是不是存在一个严谨的、科学的“语境”概念？以及语境这个概念难道不是含混难辨，涉及一系列确凿无疑的哲学假设吗？对此德里达的解答是：

> 现在，用最简明的方式来说，我愿意阐明为什么语境从来就

① Jacques Derrida, “Signature Event Context”, in Peggy Kamuf, *A Derrida Reader: Between the Blinds*, Edited by Peggy Kamuf, New York: Columbia University Press, 1991, p. 82.

没有能够绝对确定过，或者毋宁说，它的确定方式从来就没有明确或饱和过。这一结构上的非饱和性，将会导致两个结果：

1. 标志着（语言学或非语言学意义上的）语境这个日常概念理论上远谈不上充分，诸如它被用于许多研究领域，以及由此系统联想到的所有其他概念，一样是模糊不清。

2. 势必涉及一种概括，以及文字这个概念的一种位移。后者因此不复能被归结为交流的范畴，至少被狭义理解为意义传输的交流。①

很显然，在德里达看来，即便以语境来界说意义，也最终将牵涉到云谲波诡的文字领域，就像言语/文字这个二元对立的解构撼动了西方形而上学的根基，语言表情达意的困顿，说到底也还是一个哲学问题。

三　贝兰特读《红字》

本着卡勒所说的大量所谓的“过度阐释”，究其目的正是力图将作品文本与叙事、修辞、意识形态等机制联系起来，以及意义是在语境之中，然语境本身是无限的，永远存在着引进新的语境的可能性，我们可以来读美国芝加哥大学性别研究中心主任劳伦·贝兰特（Lauren Berlant）在她公认是近年情感理论（affect theory）作品分析扛鼎之作的《国家幻想的解剖》一书中，对霍桑著名小说《红字》的解读。

《红字》开篇写两个世纪之前，清教小城波士顿某夏日早上的一个场景：年轻牧师丁梅斯代尔教区里，高挑美貌的海斯特·白兰怀抱婴儿，胸挂代表通奸（adulteress）的红色 A 字，在古老的绞刑台上罚站 3 小时示众。海斯特举目望去，人群中看到了她多年渺无音讯的残疾丈夫。海斯特回监狱后，在狱卒带来的罗杰·齐林沃斯医生面

① Jacques Derrida, “Signature Event Context”, in *A Derrida Reader: Between the Blinds*, Edited by Peggy Kamuf, New York: Columbia University Press, 1991, p. 84.

前，一如既往拒绝说出谁是女儿的父亲。拘留期满后，海斯特带着女儿珠儿栖居城郊一处荒弃茅屋，靠一手好针线活度日。我们知道丁梅斯代尔牧师就是孩子的父亲。久受罪责折磨却无以吐露，加上一旁齐林沃斯步步紧逼，牧师的健康每况愈下。待狼狗般追踪牧师的齐林沃斯终于确认丁梅斯代尔就是珠儿父亲后，海斯特与丁梅斯代尔树林相会，提议两人私奔欧洲，丁梅斯代尔也一时心动。到选举日，牧师汹涌澎湃布道完毕，随游行队伍来到绞刑台上，当众忏悔罪业，随即咽气，倒在海斯特怀里。多日后，在场人众传闻他们亲眼看到牧师胸口有个清晰的红字烙印。同年，失却复仇对象的齐林沃斯，弥留之际留下遗嘱，留给珠儿大笔遗产。海斯特则回到茅屋，胸前又挂上红字。海斯特死后葬在丁梅斯代尔近旁。两座坟墓合用一块墓碑，上有铭文："郁黑的土地上，红字 A"。

以上轶事假如薄伽丘来写，那是牧师巧言令色诱骗良家妇女的故事；假如福楼拜写，那又是一个清教主义名义下的包法利夫人；假如司汤达来写，恐怕是红颜祸水害了两条男人性命；换了托尔斯泰，估计会是安娜忏悔重生的故事。但是霍桑把这则当地流传的"古老"逸闻写得如此悲怆肃穆、回肠荡气。《红字》之所以成为近年"情感理论"情有独钟的经典对象文本，可见自有它的缘由。除了贝兰特以"国家幻想"的批评展开叙述，即就情感本身的鞭辟入里解析，小说中也多有神来之笔。如"尾声"部分霍桑写到丁梅斯代尔死去后，齐林沃斯惘然若失。霍桑说，一旦复仇取得全面胜利，这个没有人性的人本身突然变成了可怜虫。由此引出一个新的问题：爱与恨从根本上说是不是同一种东西？霍桑的解答是：

> 这两种情感发展到极点，每一种都变得亲密无间、心心相通；每一种都会让一个个体依赖另一个个体来获求情感和精神生活的食粮；每一种都会让那个激情澎湃的情人，或者那个同样充满激情的仇人，一旦情感对象消失之后，倍感失落、孤单凄凉。因而从哲学角度来看，这两种激情本质上似乎是同为一物，只是其一碰巧是在圣洁的光辉里为人所见，其二偏偏是在昏暗阴森的光线里被人目睹。在精神世界里，老医生和牧师——两人都成了

对方的牺牲品——也许不知不觉之间，会发现他们的世俗和憎恶心结，已经转化成了金色的爱。①

霍桑以“爱”作为一切情感的本原，似乎是过于乐观了一些。是以齐林沃斯没有被写成大奸巨恶，即便他被赐予又老又丑的相貌。他最后留给珠儿巨额遗产，使这小姑娘一夜成为新大陆最富有的继承人，可见他心底里终而是存有温情。但丁的《神曲》中，叙事人也是在遍历地狱、净界、天堂三界后，最终体悟到世界本是由“爱”编织而成，这可见伟大作家其实热衷用“爱”来归纳作品的终极意义，即便多少显得言不由衷。

贝兰特《国家幻想的解剖》解读《红字》，却是劈头援引了马克思《路易·波拿巴的雾月十八日》中的一段话以为题记：“一个民族和一个妇女一样，即使有片刻疏忽而让随便一个冒险者能加以奸污，也是不可宽恕的。这样的言谈并没有揭开这个谜，而只是把它换了一个说法罢了。”② 她的解释是，当马克思将民族和国家同妇女的意象结合起来，由此揭示国家羸弱谜底时，并非意在通过妇女的脆弱性来表达民族国家的无意识问题，亦并非意在通过妇女比喻来“解决”国家问题，而是换个形式再次提出问题。是以贝兰特开宗明义，声明她是意在通过分析国家认同得以形成的特殊条件，来重申和拓展马克思所关心的语言与主体之间的复杂互动关系。故此，她提出“国家符号”这个概念，指的便是国家空间制造的话语实践，以及将特定地理/政治疆域内的个体同集体历史绑定在一起的“法律”。在贝兰特看来，这个国家符号的传统徽记、它的英雄、它的仪式以及它的叙事，是提供了国家主体或者说集体意识的入门台阶，它们最终将顺理成章地改写自然法，以使国家符号不仅给公民主体性和政治权力打上深刻印记，而且波及他们的情感生活。

这样来看，海斯特在众目睽睽之下，胸挂红字出现在绞刑台上，

① Nathaniel Hawthorne, *The Scarlet Letter*, Columbus: Ohio State University Press, 1962, p. 260.

② ［德］马克思：《路易·波拿巴的雾月十八日》，载《马克思恩格斯文集》第2卷，人民出版社2009年版，第475—476页。

贝兰特的感受是，在这个巨大的清教主义惩罚机器里，国家真是不遗余力，连懵懵懂懂一无所知的学童，都给放了半天假，来观看海斯特的3个钟头惩罚示众。这正显示了其公共权力领域的自身特点。贝兰特认为霍桑写海斯特的出场也用意深远。假如说第一章《监狱门口》，叙事人是出于历史学家和道德家视角，根据天地良心的自然法逻辑来做出判断，那么第二章《市场》则回到惩罚场景：波士顿的居民目不转睛，全都紧盯着那扇满是大头铁钉的橡木门。这里的公众凝视行为，贝兰特言，是展示了一种集体主体性，即是说，从众人观看海斯特示众到最后丁梅斯代尔众目睽睽之下死在海斯特怀里，足以说明《红字》中的主体性不是一种个人功能，而是属于历史、属于社会。

至于海斯特本人，贝兰特感觉她是在清醒和迷糊之间左支右绌，其主体性极不可靠。不光是红字A的意义游移不定，海斯特的精神和道德信念也风雨飘摇而疑云密布。而这一切诚如小说交代，最终是让她“几近疯狂”——在叙事人看来，她精神失常了。对此贝兰特说：

> 简言之，海斯特在挣扎。但是殊有必要记住，她挣扎在两个领域的双重法律之下：清教主义的法律和叙事人的法律。首先，她为清教法律的清洗活动给出了自己的身体，以支持“良心”的开发，对于“大众”的心灵和身体而言，它就是法律义务的觉悟。在市场示众蒙羞三年之后，她“官方的”身体便成为许多互不关联的事物，诸如罪过、法律、良心、集体认同、社会等级的鲜活化身。如此定位下来，海斯特实质上便与她的同胞、她的姐妹公民们别无二致。①

这是说，海斯特的形象是代表了广大妇女的主体性及身体纠结。不光是海斯特，广大妇女们同样是苦苦徘徊在公共领域的主导话语和国家之外的地方知识之间。在贝兰特看来，这最终也反映了霍桑的态

① Lauren Berlant, *The Anatomy of National Fantasy*: *Hawthorne*, *Utopia*, *and Everyday Life*, Chicago: The University of Chicago Press, 1991, p. 114.

度：霍桑的公民观念和性别观念，就这样在官方和大众、国家和地方、集体和个人以及乌托邦和历史的交集中，呼之欲出。

结　语

从安贝托·艾柯挟《玫瑰之名》余威，以反对过度阐释之名行鼓励过度阐释之实，到丹·布朗《达·芬奇密码》演绎小说家阐释历史诡谲离奇之远超过批评家阐释小说，再到乔纳森·卡勒重申意义出自语境，然语境无际无涯，我们可以见证作品文本的意义之源如何神出鬼没，游移在读者、作者和语境之间。而语境的代代更新，令经典作品的意义得以与时俱进，常新不败，贝兰特读霍桑《红字》，即为鲜明一例。卡勒在其《论解构》2007 年再版之际，新撰了一篇该书 25 周年纪念版序言。序言中谈到了解构主义的宗教和神学影响以及“否定神学”的缘来。卡勒说：

> 解构作为形而上学的批判，特别是作为在场的形而上学以及西方文化逻各斯中心主义的批判，似乎注定是反神学事业的，是为依然在支撑我们思维的神学母题和结构的一种批判。但是，这一揭示西方世俗文化，特别是哲学之隐秘神学结构的心志，也导致了此种观念的兴起，那就是解构乃是否定神学的一个版式。①

卡勒指出，一些学者如约翰·卡普托，在德里达思想中高扬弥赛亚概念，试求发掘一种德里达式的神学概念，将延宕的母题同等待弥赛亚降临联系起来，进而论证一种“没有宗教的宗教”和“没有弥赛亚的弥赛亚式”。在这里，解构展示的不是宗教的不可能性，反之是一种具有否定性的宗教，一种没有真实宗教种种缺陷的宗教。这样一种解构主义神学辨，听起来就像是另外一种乌托邦故事，不知道是在恭维呢，还是在讥嘲正统神学。

---

① Jonathan Culler, *On Deconstruction*: *Theory and Criticism after Structuralism*, 25th Anniversary Edition, Ithaca: Cornell University Press, 2017.

大凡伟大的作品，必有神秘内涵。一如纳博科夫《好读者与好作者》中所言，作家是说书人、教育家、魔法师，而三者中尤以魔法师为要。是以好读者必得具备艺术家的热情和科学家的韧劲，非此不足以欣赏伟大作品。而按照从伪狄奥尼修、库萨的尼古拉、埃克哈特大师，到海德格尔和德里达的“否定神学”的理路，我们梳理意义的脉络，说它是什么，常常反不如说它不是什么来得更要清楚。是以尼采以降的口头禅“上帝死了”，在德里达看来毋宁说即是上帝不复能够在语言中充分展示自身。但是，上帝什么时候又何曾在语言中如鱼得水，充分展示过自身？要之，人类期望用语言来言说上帝，抑或逻各斯，抑或哪一种终极意义，他所面临的困顿，势将一如既往。

作者意图与文本意义的众声喧哗

段建军*

文学文本出于作者之手，表达作者之意图，这几乎是几千年来中西方文学界的共识。中国古代《诗·大序》说："诗者，志之所之也。在心为志，发言为诗，情动于中而形于言。"在中国古人看来，诗（亦即广义而言的文学），是作者表达思想、传达情志的一种重要方式，它凝聚外化为具体的文学样式，经由文学阅读而为读者所理解。因此，文学文本绝非一种单纯的物理存在，它是作者抒情达意、读者感发会通的重要实践活动。这种实践活动，在曾子的"以文会友"与孟子的"以文尚友"学说中得到了形象化诠释。曾子曰："君子以文会友，以友辅仁。"（《论语·颜渊》）。孟子说："以友天下之善士为未足，又尚论古之人。颂其诗，读其书，不知其人，可乎？是以论其世也，是尚友也。"（《孟子·万章下》）"以文会友"与"以文尚友"，首先是"文"的书写者和阅读者，都把"文"当作对话交流的一种媒介；其次是双方都把对方视为能够且值得平等对话交流的朋友；再次是双方坚信"文"能表作者之意，读"文"可以领会作者的意图，感受作者情感，进而影响读者情志，德化天下。西方从朗吉弩斯开始，就把文章风格与作者心灵联系在一起，认为"风格即人"，作品的风格就是作家的人格；反之亦然。到了 19 世纪的浪漫主义者，更是强调人格与风格的密切联系，认为创作过程就是修改、合

---

* 段建军，西北大学文学院教授，研究方向：文艺学。

成诗人意象、思想和感情的想象过程。艾布拉姆斯在总结19世纪浪漫主义文学时就曾指出，在这一时期，“诗歌是诗人思想感情的流露、倾吐或表现”，因此，“艺术家本身变成了创造艺术品并制定其判断标准的主要因素”。[①] 可见，将文本创作与作者意图关联起来，是古今中外文学创作与文学批评的惯例。

然而，20世纪以来，西方各种理论都在极力排斥和遮蔽作者意图，试图扯断作者与文本的关系，以强调和凸显文本的独立性为手段，抬高读者与评论的地位，极力夸大读者—评论者在文本建构和文本赋义方面的作用和意义。这种做法，用张江教授的话说，是一种典型的“强制阐释”[②]。对此必须予以澄清。

一　两种意图观

文本的意义与作者的意图之间关系的争论，主要源于两种不同的意图观。20世纪以来，西方各种文学理论，从形式主义、结构主义到接受美学与后现代主义，认为文本是一个独立的存在体，其意义或者源于文本结构，或者源于读者—评论者的赋予，或者源于文本外在的非文本因素，但跟作者的意图没有关系。在这些理论视阈中，作者的意图仅仅是作者在创作之前内心的构思，是作者将要付诸实践的创作计划，一俟构思与计划完成，作者即已死去。即使是作者有一种强烈的写作意图，预定其创作计划要依循创作意图而行进，但是，写作实践中遇到的实际问题，会阻碍其按原计划与原意图来写作，为了文本自身逻辑的完整，为了写作自身内在的要求，作者不得不改变原初构思，按照新的方案进行创作。所以，最终形成的文本及其意义，并不是作者原初意图的表达，而是根据写作实际需要，调整之后新意图的实现。持这种看法的西方学者，其典型代表是新批评的主将维姆萨特。他在《意图谬见》一文中指出：“所谓意图就是作者内心的构思

① ［美］艾布拉姆斯：《镜与灯：浪漫主义文论及批评传统》，郦稚牛等译、王宁校，北京大学出版社1989年版，第25页。

② 张江：《强制阐释论》，《文学评论》2014年第6期。

或计划。意图同作者对自己作品的态度，他的看法，他动笔的起因等有着显著的关联。”① 维姆萨特承认，作者写作文本之前或之初，是有构思有计划的，初始构思和计划作为创作蓝图，指挥作家动笔写作，确实体现了作者的创作意图。但开始写作之后，作家会面临他所描写的生活本身逻辑、他要表现的情感逻辑、他要运用的艺术本身形式结构等的制约，不得不对最初的构思进行调整或改变。维姆萨特认为，经过调整的构思，改变了最初的创作蓝图，违背了作者的原初意图，因此，不能等同于作者的意图。由此推论，用改变了的计划写成的文本，就和作者的意图没有关系，这个文本的意义，也不是作者计划中的意义，跟作者的计划也没有关系。

维姆萨特的上述言论并非孤例，文学批评史上现实主义战胜作家主观意图一说，也与此论调形成呼应关系。一些批评论家热捧这一说法，他们举例说，托尔斯泰最初构思《复活》时，把马斯洛娃构思成一个堕落且丑陋的女人，写作过程中，他改变了自己的原初构想，把她写成了一个善良美丽的女人，这是现实生活战胜作家主观意图的典型案例。这种把作者的构思看成静止不变的一次性活动，把作者在创作过程中对原初构思所做的修正与完善，排除在作者的构思之外，强制规定作者的原初构思等于作者的全部意图，并把一切在创作过程中根据实际需要进行的再构思，排除在作者的意图之外的文学批评观念，在中外理论界风靡了几十年，至今仍然在文学批评界有着很大的市场，极易混淆人们的视听。

事实上，在现实的文学写作与文学阅读活动中，我们很难把进行初始构思的作者，与根据写作需要，对自己创作计划进行调整的同一个作者，截然二分。我们也很难把同一作者的原初构思，与他在同一创作实践中对原初构思所做的调整改变，割裂成为两个不同创作主体的不同意图；我们很难说前一个构思体现了作者意图，后一个构思与作者的意图无关。因此，对于那种只认可作者与原初构思的关系，而故意遮蔽乃至割裂作者与写作实践中的再构思的联系的说法，必须根据文本创作、阅读与批评实践，作出有力回应。在具体的文学创作、

① 参见赵毅衡《“新批评”文集》，中国社会科学出版社 1988 年版，第 209 页。

阅读与批评实践中，我们很难说，最初设计玛斯洛娃形象和命运的蓝图，是托尔斯泰的意图，而改变之后对玛斯洛娃命运的设计，不是托尔斯泰的意图。事实上，文本意图，是参与文学活动的众多要素合力建构的产物，它是作者意图、文本意图、读者意图与批评家意图所共同组成的完整、动态意图模式。其中，作者意图起决定性作用，并贯串创作实践始终。如同张江教授所指出，创作意图是为指导创作实践而设计的蓝图，必须与创作实践相始终，一方面指导创作实践，另一方面接受创作实践的检验，必然要经过一个试错纠错、逐渐完善的过程。如果初始的创作意图，不能有效地指导创作实践，就必须对其进行修正和改变，使其符合创作实践的要求。也就是说，作者的初始构思是为了创作，作者创作过程中调整构思，同样是为了创作。我们谁都没有权力把同一作者为了同一个目标所进行的构思与再构思割裂开来，说一个是作者的，另一个不是作者的；我们也不能说，按照初始构思写出的文本与作者的意图有关，而改变初始构思之后所写的文本与作者的意图无关。毕竟，在创作过程中，对初始构思做出调整和改变的作者，还是最初构思的那个作者，调整改变的目的，只是为了把文本写得更加完善，让对话交流进行得更加顺畅，由此写成的文本，还是该作者意图的体现。张江教授在《“意图”在不在场》一文中对“作者意图”的判断可谓切中肯綮，他说：“从文本书写开始到结束，或更确切地说，从书写者确定文本书写的第一个念头起，直至文本最后完成交付于公众，书写者的全部思考与表达方式，都将被视为作者主体自觉作用的意图。”①

二　评论的独白

各种“强制阐释”理论，都以斩断作者意图与文本意义的关系为手段，以给读者、研究者和批评者腾出“强制阐释”空间为目的。文本的意义是人赋予的，在文本的两端，站着两个与文本交往，且通过文本进行交往的人，一个是文本的作者，一个是文本的读者—评论

① 张江：《“意图”在不在场》，《社会科学战线》2016 年第 9 期。

者。他们从不同的方面赋予文本意义，又从两端争夺文本意义的赋予权。结构主义理论家在为读者—评论者争取意义赋予权方面最为卖力。兰德尔在《作为功能结构的认同体》中指出，万物之始，只有结构，“结构是一切意思和意义的基础，所以，没有结构，任何东西都不存在，都不可设想”①。这句话表层的意思，是把结构看成万物的本质，当然也是文本的本质，认为文本的意思就在形式结构、功能结构之中，深层的含义则是，文本结构的意思是隐蔽的，等待读者和评论者去发现，与作者的意图没有关系。这一说法看似有理，实则简单粗暴。他无视创作实际，即创作是作者为了与他人进行对话交流所做的一种努力，文本结构是作者有意识有目的进行的一种有意义的建构，因此，谈论文本的结构及其意义，不能离开其创作者。杜威就曾指出：“艺术并不创造形式，它是对形式的选择和组合。”② 这段话的意思很清楚，艺术的形式是作家选择与组合的结晶，是作家意图的一种表现。他还进一步指出，当代艺术家刻意地经营艺术形式和结构，但是，“它是以教育为目的进行的试验的一种方式，人们用他来训练新的认识方式”③。也就是说，这种方式，不是文本自律性的存在方式，也不是作者意图在实践中简单的施用，它是作者创作的文本外在的功用性诉求。由此看来，艺术的形式与结构，不是自然天然的产物，不是任由阐释者强制阐释的独立存在，文本的意义也不是由读者—评论者单方面赋予的。文本的形式与结构，首先是艺术家有意识地选择与组合，文本的意义首先是艺术家意图的表达。

另一位结构主义大师罗兰·巴特，他比兰德尔的强制阐释，显得更加严密与精致。他在《结构主义活动》中指出：“应该把分析家和创作者均置于可称为结构的人的共同符号之下，这种人不由其观念或言语活动来确定，而是取决于他的想象力，或者确切地讲，取决于他的想象活动，即他内心感受结构的方式。”④ 这些“结构的人”每一

---

① ［美］李普曼编：《当代美学》，邓鹏译，光明日报出版社 1986 年版，第 146 页。

② 同上书，第 78 页。

③ 同上。

④ ［法］罗兰·巴特：《罗兰·巴特随笔选》，怀宇译，百花文艺出版社 1995 年版，第 292 页。

次活动都在重新建构一个对象，他们建构的这个对象，不同于他们眼中所看到的对象，“结构的人”在建构新对象的同时，又把自己加进去，为结构对象赋予了新的意义，通过为新对象赋予意义的活动，“结构的人”又给自己增加了一个新身份——“意义之人”。“结构的人抓住现实，分解现实，然后又重新组合现实；因为在结构主义活动的两种对象或两种时间之间，出现了新东西，这种新东西完全不是一般可理解的东西：幻象，便是补加到对象上的理解力，而这种增加具有一种人类学价值，从这个意义上讲，这种增加部分就是人本身，就是他的历史、他的处境、他的自由和自然对人的精神的抵抗本身。”①“结构的人”在制造对象结构的活动中，把自己加了进去，因此，他所结构出来的这个文本结构，与之前所看到的对象的结构已大不相同。举例来说，面对两个英国青年男女的恋爱素材，莎士比亚把它结构成为《罗密欧与朱丽叶》，并在这个文本中加进了莎士比亚的历史处境及精神追求等，这个文本已经与它的素材大不相同。以《罗密欧与朱丽叶》为蓝本，分别用汉语在北京的剧院演出，用俄语在彼得堡演出，用法语在巴黎演出，也会加进这些不同国度的演员及导演的历史处境和精神追求等，造成三种与莎翁文本大不相同的版本。假如再由中、俄、法三国的评论者去分析评论，又会加进他们各自的历史处境和精神追求等，进而结构出与演出版本大不相同的批评版本。以罗兰·巴特的逻辑来推论，作者开始结构活动，他所看到的素材及其背景中的文化、历史等全都死了；文本已经形成，作者及其创作背景也就死了；批评一旦开始，文本及其以前的惯例也就死了。人们不禁要问，读者—评论者最终建构出来的被他赋予意义的文本，还是作者创作的那个文本吗？读者—评论者是想把阅读—评论活动当作对话交流的场域，还是想把它变成表演独白话语的舞台？

巴特为了剥夺作者的地位，强行剥离作者意图与文本意义的联系。其论据有三：首先，作者结构的文本经过批评家再结构，已经不是原初的文本结构了，作者赋予的意义经过批评家的再赋予，已经不

① ［法］罗兰·巴特：《罗兰·巴特随笔选》，怀宇译，百花文艺出版社 1995 年版，第 293 页。

是原来的意义了。因此，经过批评家结构并赋予意义的文本，它的意思已经与作者的意图没关系，而是读者和批评家意图的表达。其次，作者建构文本结构时并不想清楚地表达某种意思，他往往一边表达某些意思，一边又遮蔽自己的意思。《作者的死亡》就做如是判言："写作不停地提出意思，但却一直是为了使其消失：写作所进行的，是有步骤地排除意思。"① 再次，文本本身是圆整的、多向度的，作者与文本的关系是单向度的，因此，作者对文本的解读往往是有缺陷的。巴特对作者与文本的关系进行三重阻隔之后，最后得出结论，只有读者和评论家最适合赋予文本意义："文本是由具有双重意思的词构成的。每个人物都可以从一个方面去理解（这种经常的误解恰恰正是悲剧性）；然而却有人可以从两方面去理解一个词，甚至——如果可以这样说的话，去理解在其面前说话的所有人物的哑语：这个人便是读者。"②

就这样，巴特首先消解作者的原创意义，强化读者—评论者再创造的价值。其次，遮蔽作者的对话意图，文本的对话功能，凸显读者—评论者的意义赋予作用。再次，强行减缩作者与文本的关系维度，任意扩张读者—评论者与文本的关系维度。一步步剥夺了作者赋予文本意义的权力，为读者—评论者争取了文本意义的赋予权，抬高了读者—评论者的地位与存在价值。其高明之处，在于用文本的建构作障眼法，提出建构是多次的，不是一次的；作者只是最初的建构者，经过多次建构之后，作者的建构痕迹已经消失，最终留下的只能是读者—评论者的建构。同样，赋予文本意义也不是一次性的，而是多次的。作者即使赋予意义，也是最初的意义，经过多次意义赋予之后，最终留下的只有读者—评论者赋予的意义。这是因为，读者—评论者是整个建构活动的终点，也是意义赋予活动的终点，他之前的结构者及意义赋予者——作者死了，但他活着；他之前作者灌注到文本中的意图消失了，他赋予文本的意思还存在着。因此，只有读者—评

① ［法］罗兰·巴特：《罗兰·巴特随笔选》，怀宇译，百花文艺出版社1995年版，第306页。

② 同上书，第307页。

论者赋予文本的意义，才是文本真正的意义。换言之，阅读批评至上。

谈论任何问题，目的都是解决问题。我们都必须首先面对事实本身，只有这样，我们才能真正地解决问题。如果回避事实空谈道理，即使妙语连珠，滔滔不绝，这种道理既经不起事实检验又不能解决现实问题。文学活动是作者与读者—评论者通过文本进行的一项对话交流活动。作者运用文本说话在先，读者—评论者面对文本对话在后。是作者建构了文本中人物间的特定关系，画出了人物生存成长过程的起点、中途和终点，是作者决定选用戏剧或者小说体裁来表现这些人物的生命历程，也是作者赋予文本中人物以悲剧、喜剧或正剧色彩。阅读和评论，只能是在作者首创的贯穿着作家意图的文本上进行再创造，这种再创造即使高明到巴特那样的程度，也要以作者写作的文本为基点，受作家创作的文本的导引，总不能把《哈姆雷特》想象创造成中国的《西厢记》，想象创造成俄国的《钦差大臣》，想象创造成法国的《安德洛玛克》。说到底，阅读尽管重要，但阅读只是“引导下的创作”[①]，读者尽管有再创造的自由，但必须首先紧跟作者创作的文本的导引，“每篇先看主意，以识一篇之纲领；次看其叙述、抑扬、轻重、运意、转换、演证、开合、关键、首腹、结末、详略、浅深、次序；既于大段中看篇法，又于大段中分小段看章法，又于章法中看句法，句法中看字法，则作者之心，不能逃矣！[②]”读者—评论者只有面对作者创作的文本，面对文本中作者写下的字句、作者设置的人物关系等等，在作者创作的文本的导引下，在文本预留的空白中，进行想象与创造，才能走上阅读和批评的正道。脱离具体的阅读和评论对象，无视文本的实际状况，进行天马行空的评说，手法越高明，距离文学评论的本意就会越远。

当然，一切旨在对话交流的文本，都是为读者—评论者写的，凡是能和读者—评论者进行良好对话交流的文本，都是有意义的对话结

① ［法］让－保罗·萨特：《萨特文学论文集》，施康强等译，安徽文艺出版社1998年版，第100页。

② 程端礼：《读书分年日程》卷2，转引自杜松柏《国学治学方法》，中国人民大学出版社2006年版，第81页。

构，这种结构，萨特称之为“召唤结构”，它作为评判一个文本是否为经典文本的重要标志，本质上是一种复调的召唤结构而非独白结构。这种复调的召唤结构，召唤读者—评论者与作者进行对话，召唤读者—评论者协同作者一起进行文本的创作，因此，它也为读者—评论者预留了许多需要填补的空白，预留了许多需要想象和补充的省略点，目的在于召唤读者—评论者对文本进行想象与创造。换句话说，读者—评论者正常的想象和创造，是针对具体文本中这些空白和省略点的，他不应也不可能超出文本结构中作者所发出的召唤而任意虚构。用萨特的话来说，不论读者—评论者的想象和创造走的有多远，作者总是走在他们的前面。① 而20世纪以来西方文学批评的强制阐释论者，无视文学活动的对话现实，无视作者在这一活动中的先在性，把后来的读者—评论者对文本进行的再结构与意义再赋予，当成唯一的结构文本及赋予文本意义的活动，这就遮蔽了作者的意图，剥夺了作者赋予意义的权力，把作者与读者的对话活动，变成了读者—评论者的独白甚至霸权活动，这种做法使文学理论与文学批评远离了文学实践本身，成为一种没有对象的空头理论，最终会被文学创作和广大读者所抛弃。理论本是为指导实践形成的，最终因为脱离实践而变成理论家的自言自语，这无疑是理论自身的一种悲哀。

三　文本意义的众声喧哗

现代社会以来，随着现代性的消长与后现代主义思潮的泛滥，个体及其多元主体性，受到空前的重视。在这样一个时代背景下，文学界出现了有关作者意图与文本意义有没有关系，到底文本意义是作者意图的表现，还是评论家的理论独白的争论。争论的结果是形成了三种文本意义观：第一种意义观认为，作者是文本创作者，也是文本意义的第一个赋予者，没有作者，就没有文本，更谈不上文本的意义。第二种意义观认为，如果读者—评论者不阅读和评论文本，文本就是

① ［法］让-保罗·萨特：《萨特文学论文集》，施康强等译，安徽文艺出版社1998年版，第106—107页。

一堆废纸，没有任何意义，读者—评论者让文本复活，赋予文本以新的生命。因此，文本的意义是读者—评论者赋予的。第三种意义观认为，文本是作者与读者—评论者对话交流的媒介，双方在对话交流中，都对文本的结构和意义有贡献，因此，文本的意义由作者和读者—评论者共同创造。

以上三种观点都有道理，但都有失偏颇。上述观点的共同之处在于其都认为，意义是人专属的权力，因此只有人能创造意义，而文本作为后天的存在，其意义肯定与那些跟文本发生关系的人相关联。但这些观念的持有者或多或少都犯了机械唯物主义的错误。在他们眼里，唯独人是创造的主体，可以不顾外在客观存在而提出属己性的要求；而其他事物，只是一种中性存在，缺乏任何存在的意图性，不具有实现自身的内在要求。事实上，万物都有其自身的存在属性与内在性要求，其存在的完满需要人类去敞开、照亮、倾听甚至遵循。考夫卡在《艺术与要求性》中指出："既然在自我中可以找到要求性，那么就完全有理由在其他事物中同样找到这种性质；而由于我们不断在事物中发现这种性质，就不该怀疑我们的直接的、朴素的经验。"① 人类的生存发展史表明，人必得生存于一定的环境之中，在环境中进行奋斗与创造，让环境更适合自己的生存发展与成长要求。但同时，环境也对具体的生存者提出要求，它要求生存者朝某个方向奋斗，又阻止生存者进行某些方面的活动。以此推论，当作者准备用艺术文本与读者—评论者交流某种人生认识或生命体验时，他除了需要懂得自己的对话对象有什么样的对话意愿，需要认识特定时代对某一话题的普遍看法，以及这一话题的深层意蕴，还需要选择适当的艺术样式，需要知道特定艺术样式对创作者的形式要求。这是因为，"艺术创造的特点：某种客观的东西需要艺术家来创造，而艺术家也必须服从这一要求。这样，艺术家的工作就受到这一需要被创造的东西的要求的指导"②。当某位作者计划创作一个小说文本，他想用这个文本与当代青年交流爱情话题时，他的这一创作意图就同时要受到至少三个方

① ［美］李普曼编：《当代美学》，邓鹏译，光明日报出版社1986年版，第411页。

② 同上书，第412页。

面要求的制约：一是当代青年男女婚恋现实的要求性的制约，二是长期形成的爱情小说惯例的要求性的制约，三是当代人的爱情理想的要求性的制约。他不能无视自身之外的这三种要求性，不能把文本变成自己意图的传声筒，把他人当成没有嘴巴只会听话的耳朵。只有尊重他者的说话权利，用恰当的方式把这几种他者的要求有机地融入自己的话语体系，形成一个具有良好对话效能即召唤他人说话、容纳他人话语的文本，才能达到预期的对话交流目的。

作者之外的这三个要求性，出自三个不同的主体，从三个不同方面，纠正着作者意图的片面性，增加着文本意义的丰富性。他们要求作者打破自我中心主义的藩篱，关注他者的存在，倾听他者的呼声，要求作者扩展自己的创作意图，增加自己所建构的文本的容量与厚度。善于进行对话交流的作者，在实现自身意图时，一定会对自己提出要求，他对自己的要求越高，就会对自身之外他者的各种要求理解得更加充分，就会在自己结构的文本中较好地融入他者的合理要求。作者对自身之外各种他者的要求融合得越充分越完美，他的创作意图在文本中表现得也就更加合理，更容易被他人理解和接受，更容易通过文本与他人进行对话交流。同理，读者—评论者在阅读—评论某种样式的文本时，他也必须懂得这种艺术形式的惯例，必须知道这个文本中渗透着作者的意图，必须理解文本所建构的生活世界，这是对读者的要求。更准确地说，在阅读—批评活动中，必须清楚作者通过文本指引读者—评论者的对话交流过程，规约读者—评论者的阅读—评论活动。如果读者—评论者脱离甚至对抗这些要求和规约，偏离文本指引的对话交流方向，就会进入与文本无关的理论独白的死胡同。虽然我们承认，读者—评论者有权利把自己的历史处境、阅读经验及人生体验，融入到自己当下进行的阅读—评论活动之中，对现有的文本进行再结构，对现有文本的意义再认识、再发现、再创造，从而在一定程度上丰富了文本的意义；但是，读者—评论者赋予文本的意义，也像作者意图、形式惯例赋予文本的意义一样，它只是文本意义的一个方面。文本意义，是上述诸方面意义众声喧哗的结果，是多种文学主体相互争吵、相互制约、相互融合的统一体。任何一种意义的独白和霸权，都是对文本意义的简单粗暴处理，最终会导致对文本意义的曲解。

再论文学作品意义的形成及演变

王　宁*

文学作品的意义如何生成，始终是文学理论与文学批评界关注的重要问题。关于此，西方学者和批评家已有大量著述，并对中国学界产生了深刻影响。但从文学批评实践来看，中国的文学批评并没有走上完全否定作者意图的道路，而是如陈晓明教授所言："中国的理论批评还是比较重视作者，也就是说，中国的文学批评还是以传记式和印象式为主体，不关注作者的纯粹文本批评少之又少。"① 而在理论研究的层面上，中国学界则表现出一定程度的封闭性，在过去很长一段时间内鲜有人参与这个问题的讨论。2013 年，张江教授提出"强制阐释论"，随后国内学者连续发表了 10 多篇论文讨论这个问题，②并与国内外学者进行了一系列的讨论和对话，从而使得中国文学批评走出了封闭的一隅，在国内外学界引起了强烈的反响。③ 我本人也有

---

* 王宁，上海交通大学人文艺术研究院致远讲席教授，研究方向：比较文学与英美文学、文化，西方文论，翻译研究。

① 陈晓明：《"意图"之殇与作者之"向死而生"》，《社会科学战线》2017 年第 4 期。

② 作者应广大读者的要求，已将这些散见于各学术期刊上的文章结集出版，参阅张江主编《阐释的张力：强制阐释论的"对话"》，中国社会科学出版社 2017 年版。

③ 这方面尤其可参阅中国学者张江和美国学者米勒就文学意义及其理论阐释问题的一组对话："Exchange of Letters About Literary Theory Between Zhang Jiang and J. Hillis Miller"，in *Comparative Literature Studies*，Vol. 53，No. 3，2016，pp. 567 – 610；以及王宁撰写的导言："Introduction：Toward a Substantial Chinese – Western Theoretical Dialogue"，in *Comparative Literature Studies*，Vol. 53，No. 3，2016，pp. 562 – 567。

幸参加了这场讨论，并发表了多篇回应性的文章。[1] 本文可算作是我对自己过去的文章中所提出观点的进一步发挥和深化。

一

我们首先要面临的一个问题就是，文学作品的意义究竟是如何形成的？一般人也许会想当然地认为，既然文学作品是作者创作出来的，那么其蕴含的意义就理应掌握在作者手中，作者也就自然而然地拥有对自己作品的使用权和解释权，批评家的解释只有得到原作者的认可才算是正确的。更有人将其推向极端，认为只有作者才是文学作品意义的唯一掌握者，也只有作者才有权对自己的作品进行有效的阐释，批评家的作用只是围着作者转，或者说是为了还原作者的原意而进行辅助性的阐释。对持这种观点的人当然无可厚非，但是他们往往只看到一些表面的现象，而未能深入到作品的深层去理解并发掘隐于作品字里行间甚至文本之外的意义，因而很容易为这种作者中心主义所迷惑。随着现代阐释学和接受美学理论的崛起，这种以作者为中心的思想受到了严峻的挑战，作为一个直接的结果，读者的作用则被大力弘扬，并走向了另外一个极端——认为在文学批评家—读者面前，作者已经死了，也即他已经无法对自己创作出的作品有任何发言权，只能听凭批评家—读者的阐释甚至过度阐释。当然这一观点的风行对反拨作者中心主义有一定意义，但是过分否定作者的存在显然也是不对的，不要说写出当代文学作品的作者尚健在，因而这样无端地诅咒作者的做法无疑违反了基本的阅读和批评伦理；即使作者真的死了（确实，经典作品的作者大多已不健在），作品已经成为了经典，我们也不能以此来诅咒他并认为作者对自己的作品没有任何发言权和影响力，至少，他们留下的文字仍是批评家—读者进行分析和阐释的依据和出发点。因此就这个意义而言，作者并没有死，他无时无刻不在

---

① 这方面可参阅王宁《关于强制阐释与过度阐释——答张江先生》，《文艺研究》2015 年第 1 期；王宁《关于强制阐释现象的辨析》，《北京师范大学学报》2015 年第 4 期；王宁《批评的公正性和阐释的多元性》，《中国文学批评》2015 年第 2 期；《阐释的边界与经典的形成》，《学术界》2015 年第 9 期。

暗中制约并操控着我们的批评阐释，并时常提醒批评家，“这不是我本来的意思，你的阐释与我的本意大相径庭”。当然，有着强烈的批评主体意识的批评家是不会理会这种提醒的。他们也会以现代阐释学的理论为自己的批评和阐释进行辩护：我是以作者写在纸上的文本为依据和出发点的，我的阐释有着自己的独特视角，因此我只相信你写下的东西，而不相信你事后的解释。此外，我作为读者，我应该有自己对文本的看法，至于这种看法是否符合作者的原意并没有什么关系，因为作品一经发表就标志着其作者已经死了，因为作者已经无法再改变自己写下的文字了。

执着于作者或读者，是关于文本意义之源问题惯有的观点，但只见其一，不见其二，就难免偏颇，站在批评家的立场上，我们可以提出如下问题：既然作品的意义只有作者才知道并掌握，那么还要批评家干什么？难道批评家的任务就只能是围着作者转，替作者将隐含在其作品中的意义发掘并阐释出来吗？除此之外，批评家还能对作者产生何种影响并给予何种指导吗？如果情况果真如此简单的话，那么批评家充其量不过是作者的一个注脚，或者说是一个智商和审美修养略高于普通人的读者，根本无法与作者相比。既然其智商和分析判断的能力不能与作者相比，批评家又有何权威性来阐释作品呢？他所发掘和阐释出的意义又有何可靠性和可信度呢？当然，持这种看法者所提及的批评家并非活跃在我们今天的文学理论批评界的那些有着广博的文学知识、独立的主体意识和深厚理论造诣的学院派批评家。我在此所说的批评家与那些热衷于在报纸副刊和流行杂志上发表一孔之见或仅仅满足于对文学作品的第一印象就进行褒贬式的浅层次评论的“寄生的”批评家决不可同日而语，专指那些对已经发表的任何作品都可以进行批评性分析和理论性阐释甚至价值判断的学术型批评家。他们的作用并非只是发掘或阐释隐于作品中的意义，而更在于通过对一部作品的成败得失之个案分析对文学创作规律进行理论总结和价值判断，有时这种价值判断并非表现在其字面的褒贬上，而更是体现于对作品的阐释本身。也即批评家之所以选中一部作品作为自己分析和阐释的对象，这本身就说明，这部作品已经具有了一定的批评价值，或者说已经进入了批评家的批评视野，值得他们去深入分析、研究和阐释。由此可见，批评家与作者的关系就不是人们以为的那种“寄主”与“寄生”的关系，也不是绝对平等的关系，他们是各司其职、各有所长的文学意义的创造者，共同创造了一部作品的人物和意义，通过他们的合作和努力，一部作品才能成为经典而载入文学史，或获得各种文学奖项。由此可见，单凭作者个人是难以穷尽一部杰出的文学作品之意义的；没有批评家的分析、阐释和研究，一部文学作品也很难成为经典或载入文学史册。不看到这一点，就不能确立批评家的权威性。

关于作者意图与文本意义之关系，吴晓明教授认为：“书写者的主观意图之进入到文本内部构成之中，与我们前述关于历史事物之客观阐释中主观意图的地位乃是大体一致的：尽管我们必须意识到，文本是一种独特类型的历史事物，而书写者的主观意图不仅在总体上区别于较为通常的意图类型，而且总是依文本本身的题材和内容特性使有差别的意图得以被动用起来并贯彻下去。”① 也即从哲学阐释学的角度来看，作者也没有消失，他的主观意图仍在一定程度上制约着批评家和阐释者的理解和阐释。但是，我在本文中首先要指出的是，作者的主观意图绝不是作品意义的全部。在现当代文学发展史上，随着文学创作的日益复杂，作家的创作技巧和手法也变化多端，有时一位作家只知道从前辈大师那里借鉴创作技巧，但是却说不出什么所以然来，也有些作家仅凭着自己丰富的经验或阅历，就可以从自己的生活经历中提取具有文学创作意义的事件进行艺术加工，或者从已有的文学作品中发掘出新的创作可能性，甚至有时对已有的经典文学作品进行戏仿，以显示自己的独创性，如此等等。有时一位有着远大审美理想的作家为了不违反文学创作的客观规律，他会就一些基本的创作方法和创作规律问题求教于批评家，而批评家则至少可以向作家提供前辈文学大师或外国同行已经取得的文学成就作为参考，并为作家在某一层次上达到的独创性作出判断，因此，批评家之于作家的作用就会变得越来越重要和复杂。那些声称自己从来不在乎批评家的意见或从

---

① 吴晓明：《历史事物中的主观意图及其客观阐释》，《社会科学战线》2016 年第 9 期。

来不看批评家的评论的作家至少在文学创作方面是幼稚的，他们是不大可能成为杰出作家的。除此之外，一位伟大的批评家也不能仅仅满足于对单部作品作出理论阐释和价值判断，他还须对未来的文学创作和理论批评的发展走向作出总体的把握并提出自己的预测，从而起到引领文学批评潮流的作用。由此可见，如果不说批评家高于作家的话，至少说这二者应该是相对平等的。只有这二者的通力合作才能将一部作品的意义完整而准确地发掘、阐释并建构出来。我们都知道，早已成为经典的莎士比亚的伟大之处在很大程度上就得益于历代文学批评家和研究者对其作品的研究和阐释，而与他齐名或比他更有名的一些他的同时代作家却由于没有受到批评家的批评性干预和阐释而被历史所淘汰，并且最终为后来的读者所遗忘。当然，具有深刻理论洞见和文学鉴赏力的批评大家在评论一部当代作家的作品时，一般都能令其作者信服。这应该是批评家的作用和功能。

二

在对文学作品的意义之来源、生成和演变作出进一步阐述之前，让我们先重读一下美国文论家艾布拉姆斯讨论浪漫主义诗学的经典理论著作《镜与灯：浪漫主义文论及批评传统》（以下简称《镜与灯》），也许会从中获得一些有益的启示。虽然这部专著主要讨论的是欧洲的浪漫主义文论，但我认为，它对我们今天的文学理论批评家所具有的普遍指导意义和价值远远超出了对浪漫主义文论本身的讨论，这种意义在更大的程度上就体现在他所提出的文学批评四要素，也即世界、作品、艺术家和欣赏者上。[①] 这四大要素放在一起几乎可以涵盖西方文论史上各理论流派的批评特征和倾向。在这四大要素中，始终占据中心地位的无疑是作品，这反映出艾布拉姆斯一贯对阅读文学作品非常重视，同时也反映出他所坚持的注重文学形式的批评立场。艾布拉姆斯始终将文学作品意义的来源与阅读文学作品相关

① ［美］艾布拉姆斯：《镜与灯：浪漫主义文论及批评传统》，郦稚牛等译、王宁校，北京大学出版社 2015 年版，第 5 页。

联，这一主张与解构主义的元批评方法大相径庭。但是，在今天，不谈作品、不涉及具体的文本而空发议论或从强制阐释的目的出发对文学作品的意义滥加阐释甚至过度阐释的文学批评已经成为一种时髦，甚至有些人认为观点越激进越好，文学批评界以外的学者若持这种观点，我们对其固然无可厚非，但是造成的后果却是作家和广大读者对批评家倍感失望。此类文学批评著作成为脱离文学作品的理论先行和强制阐释的“典范”。这确实是目前存在于中国和西方文学批评理论界的一个突出现象。对此，张江教授作了有力的反拨，并得到了国内外同行的回应。① 不可否认，批评家有权根据自己的阅读和理解对文学作品的意义进行阐释，但脱离文本的任意阐释必将失去读者，同时也会失去其公信力。因此在这一语境下重温艾布拉姆斯对文学作品的强调，大概至少会使批评家对“何为批评”有更清醒的认识，同时也对批评家本身的有限权力有所意识。

毫无疑问，崇尚现实主义批评原则的批评家们尤其重视作品所反映和描写的客观世界，也即作品所赖以产生的社会文化语境。而实际上，无论是现实主义作品，还是浪漫主义作品，甚至现代主义作品或者后现代主义作品，都无法脱离对世界的自然主义式的或突出典型意义的或反讽的或荒诞的或夸张的反映和再现，只是分别具有这些创作倾向的作家对世界的真实性的强调有所不同罢了，有人侧重的是作家头脑中设计出的真实，有人则强调折射在作品中的客观的贴近自然本来面目的真实，更有人干脆就宣称，文学作品所创造的实际上就是一种“第二自然”，也即源于真实事件但又高于真实事件的一种艺术的真实——逼真性。艾布拉姆斯在《镜与灯》中所讨论的浪漫主义文论所侧重的就是这后一种美学倾向。甚至唯美主义的反真实观（即王尔德所谓的“一切小说都是谎言”说）也从某个侧面反映了作家本人对作品何以反映客观世界所持的态度。

在上述这四大要素中，作品与艺术家（也即其作者）的关系也是艾布拉姆斯讨论的重点。浪漫主义作家的创作特色是在作品中凸显自

---

① 这方面尤其可参阅张江《作者能不能死——当代西方文论考辨》，中国社会科学出版社 2017 年版。

身的主体性，因此崇尚浪漫主义批评原则的批评家很容易在浪漫主义的作品中窥见其作者的身影、性格、文风和气质，也即中国古典文学批评中常说的“文如其人”。可以说，这时作者本人的意图得到最为充分的表达，但是即使是这样的一种对自己真实经历的再现也不可能是绝对真实的，这其中难免不带有作者对自己的美化式和夸张式描写，而且，特别是那些隐于作者的无意识中的非常私密的，甚至见不得人的想法和一些只有作者本人才知道的所作所为，他是绝不会和盘托出的。这样看来，即使是来自作者本人的亲身经历的“自叙传”也不可全信，它可以供批评家和研究者全面研究一位作家时参考，但绝不能将其作为真实性的重要依据。当然，现代文学批评注重作者个人经历及其在作品中的表现本来无可厚非，但对此过分强调就会抹杀文学作品的艺术创造性。在20世纪的文学批评理论和实践中，由于深受浪漫主义美学原则及其作品的影响，传统的弗洛伊德精神分析学派批评家就特别强调作家创作的无意识动机，甚至公然声称创造性作家就如同一个“白日梦者”，所有艺术“都具有精神病的性质”，这恐怕与他们十分看重文学作品与作者的密切联系不无关系。我们在进行中西文学理论的比较研究时不难发现，中国古典文论中的不少美学原则都很接近这一对关系，因此艾布拉姆斯的这四大要素后来经过比较文学学者刘若愚和叶维廉的修正和发展后又广泛运用于中西比较文学和文论中，影响了不少从事中西比较文学研究的学者。这些都是艾布拉姆斯本人所始料不及的，这就说明，一部作品，包括一部理论著作，无论其原作者本来的意愿如何，它在客观上产生出的衍生意义往往可以超出作者本来的期待，有时甚至与作者本来的期待截然相反，这在中外文学史上有许多例子。

当然，作家与作品本身的关系也许正是那些摆脱大的社会文化语境、致力于表现纯粹个人情感和美学理想的抒情诗类作品所侧重的方面，在那些作品的作者那里，文学作品往往被当成自满自足的封闭的客体，似乎与外部世界没有任何关系，作家的创作几乎是本着“为艺术而艺术”的目的，这些作品常常被那些曾在批评界风行一时的英美新批评派批评家当作反复细读的“文本”。当然，这种文本中心主义的批评模式后来被结构主义批评推到了一个不恰当的极致而受到各种后结构主义/后现代主义文论的反拨。这其中的一个致命性弱点就在于他们全然否认作者的作用，为后来的“作者之死”的说法奠定了文学文本的基础。

作品与欣赏者/读者的关系，在早期的实用主义批评那里颇受重视，但强调批评过程中读者的作用并将其推向极致则是20世纪后半叶阐释学、接受美学和读者—反应批评的一大建树。在这些后现代主义文论中，读者本人有着对文本的能动的甚至创造性的解释权，而一部未经批评家—读者阅读欣赏的作品只能算是一个由语言符号编织起来的“文本”，只有经过读者的阅读和解释，它的意义才能得到建构并完成，因此批评家—读者的参与实际上是对作品的“二次创作”。虽然艾布拉姆斯提出这一关系时接受美学尚未在理论界崛起，但他的理论前瞻性却为后来文学理论的发展所证实。

文学作品的意义问题关涉文学创作、文学批评和文学理论的方方面面。越是写得含蓄的作品，阐释的空间就越大，批评家就越是可以大显身手。杰出的作品必将经过批评家的阐释而得以流芳百世，反之，那些平庸的作品很快就会成为过眼云烟，或在批评家的阐释面前漏洞百出。当然，对文学作品的任何过度阐释都有可能远离作者的初衷，这其中并不乏确实具有理论洞见并能挑起理论争鸣的“过度阐释”，但即使是这样的过度阐释也必须从阅读作品出发。我们在提到文学阐释和过度阐释时，常常会想起多年前剑桥大学的那场关于过度阐释的大辩论。在这场辩论中，美国文论家乔纳森·卡勒的观点尤为令人印象深刻。虽然他是一位过度阐释的倡导者，但是，在他看来，被人们认为是“过度阐释”的那些能够引起争议的阐释的力量就在于这样几个方面：

> 如果阐释是对文本的意图进行重新建构的话，那么这些就成了不会导致这种重构的问题了；它们会问这个文本有何意图，它是如何带有这种意图的，它又是如何与其他文本以及其他实践相关联的；它隐藏或压抑了什么；它推进了什么，或是与什么相关联。现代批评理论中的许多最有意义的形式会问的恰恰不是作品考虑了什么，而倒是它忘记了什么，不是它说了什么，而是它认

为什么是理所当然的。①

显然，卡勒的“过度阐释”也没有远离文学文本，特别是他强调批评家要还原作者所“忘记”说的东西，也就是说，批评家心目中仍有原作者的位置和他的意图，但是作为批评家，仅仅还原作者的意图还不够，他还必须阐发出作者应当说的话和应当写出的东西。我想，这就是能够流传下来的阐释所必须具备的东西。

三

文学作品的意义究竟是如何形成的？它只是由作者的意图形成的吗？从前面的辨析来看，显然不完全是；那么它是由读者主观阐释和发掘出来的吗？更不完全是，如果是这样一种情形的话，意义的来源就被全然颠倒了；那么它是隐于文本中的客观存在吗？这倒是更为接近作品意义的来源及形成，因为作者创作出了文学文本，而读者又从文本出发通过细读发掘出它的意义，因此文本居于意义的中心地位就是毋庸置疑的了。但即使如此也还是不完全的，确切地说，文学作品的意义是由作者、读者通过文本这个核心合力共同创造或建构出来的。具体说来，意义的形成及发展经历了这样三个阶段。首先，作者在头脑里构思出了作品的线索，并将其所要表达的意图写成文字。在这一阶段，作者所构思的文学内容和所要达到的目的基本上可以在作品中得到表达，但有时由于某种原因作者表达得并非十分清晰，有时甚至有可能由于表达方面的局限而给读者以误导。这样，文学作品的意义就自然而然地进入到第二个阶段，即批评家的批评性分析和阐释。在这一阶段，批评家作为一种特殊的读者，将作者原本想表达的但由于某种原因而未能清晰表达的意思揭示并阐发出来，从而对更为广大的读者群体起到某种“导读”甚至“启蒙”的作用。因为我们

---

① Jonathan Culler, “In Defence of Overinterpretation”, in Umberto Eco, *Interpretation and Overinterpretation*, *with Richard Rorty*, *Jonathan Culler and Christine Brooke – Rose*, edited by Stefan Collini, Cambridge: Cambridge University Press, 1992, p. 115.

都知道，训练有素并有着深厚理论功底的批评家完全有能力通过仔细阅读文本并结合作者写作的社会和文化语境将作者所要表达的意思大致表达出来，有时批评家结合自己的亲身经历和阅历有可能将文本中隐含的衍生意义揭示出来，但只要他细读文本不做过分远离文本的过度阐释，所揭示出的文本的意义应该大致与作者本来想表达的意思相接近。因此这第二个阶段是作品意义形成的关键，作家和广大读者都对批评家寄予厚望：作家希望批评家能够发掘出自己在创作时未曾预料到的一些东西，而广大读者则希望批评家为自己的阅读起到一个导引的作用。接下来的第三个阶段便是作品意义的发展演变阶段。原作品发表后在批评家的帮助下很快进入更为广大的读者的视野，读者在细读文本的同时可能会参考批评家的阐释，然后再根据自己的期待视野对作品的意义进行再创造，再创造的意义有时甚至与作者的本来意愿大相径庭。这样，一部作品的意义就进入了其发展演变的阶段。

在此需要强调指出的是，并非每一部文学作品都会经历这第三个阶段，相当一部分作品也许在发表之后很快就被淹没在无数作品的汪洋大海之中；而另有一部分较好的作品则首先引起批评家的关注和批评而产生一些反响，进而很快被广大读者阅读和关注；但最终只有少数优秀的作品在经过第三个阶段的筛选后得以流传进而载入文学史册或成为经典。它们的意义也会在每一代批评家—读者和研究者的阐释过程中得到发展演变。优秀的作品就像一座意义的宝库，不同的读者和批评家可以从中发掘出取之不尽用之不竭的创作、批评和理论资源，研究者也可以从中取得学术资源。

最后要指出的是，在中文的语境中，我们经常将“意思”和“意义”混同，而在英语中，尤其是在读者反应批评家那里，这二者则有着清晰的区别：“意思”（meaning）指作者本来想表达的东西，又叫作“原意”，而“意义”（significance）则是批评家和读者对原文仔细阅读后发掘出的由原文衍生出来的意义，也即“衍生义”。文学作品的完整意义应该由这二者相加而成，任何一方，无论是作者还是批评家都不是原作品意义的唯一创造者和拥有者。文学作品的意义一旦形成，原作者就确实无法对之产生影响了，它会在不同的时代经过不同的批评家的阐释和读者的接受不断地产生出衍生的意义。伟大作品的意义必将经历这三个阶段的发展，而平庸的作品只需一位批评家的评点就能够穷尽其意义。对于学院派批评家而言，其任务不仅仅是要通过仔细阅读文学作品，发掘出作者隐含在作品中的原意以及该作品所可能产生出的衍生义，还要通过批评性和学术性阐释，使得一部优秀的作品得以跻身经典的行列。这应该是每一位严肃的批评家应尽的使命。

文学文本的意义之源：作者创作、读者阅读与评者评论

张政文*

当代西方文论精神危机的重要症候之一是断然否决作者与读者、评者的内在联系，声称“作者死了”，从文学生产—消费世界的作者中心到作品中心再到读者中心至今天的理论中心，让理论独自成为文学世界的唯一主角，使文学生产—消费活动成为一场理论的独角戏。对此，张江教授明确指出：“20世纪中期以来，当代西方文艺理论的总体倾向是否定作者及其意图的存在，否定意图对阐释的意义，对文本作符合论者目的的强制阐释，推动当代阐释学研究走上了相对主义、虚无主义的道路。”① 文学活动的文化场域是作者意图、读者意趣和评者意义构成的文本在场状态。评者自2000多年前在文学世界中出场以来，为公众提供文本理解的阐释路径、理性方法和价值领悟，使读者能在文本中确认自我、享受人生、关怀人类并走上启迪社会发展的自由之路，已是不争的事实与信念。因而，当下论述作者创作、读者阅读、评者评论的内在关系，目的在于重申作者文本意图的实在性和读者、评者文本意图的公共性始终在场，作者、读者和评者共同建起的文学经验是文学文本的意义之源。

---

* 张政文，中国社会科学院研究生院教授，研究方向：马克思主义文艺学、德国古典哲学。

① 张江：《“意图”在不在场》，《社会科学战线》2016年第9期。

一　作者创作与对文本的知识解说

作者是文本的初始创造者，作者的社会洞察、生活理解、喜怒哀乐、梦境幻思在创作冲动驱使下，由作者驾驭某种语言，富有个性地按文字规则和审美要求书写成能被公众阅读、欣赏、评论的语符系统便是文学作品。在语符系统中作者对外在世界的理解、对自我生活的经验皆被对象化在文学作品之中并被作品显现，这就是作者的文本意图。

在马克思主义阐释图景中，文学作品是作家创作实践活动的结果，是对作家主观意识的确证。作家创作活动是一种生产，产品即是文学作品。文学作品是文学文本的基础和载体，它在文学阅读、欣赏、评论中成为文学文本。而作为文学本文基础和载体的文学作品也就独立于作者，它在对象化作家的主观世界的同时，成为客观独立的文本，不再为作者所控制和改变。在理论物理学中，低于每秒 30 万公里运动速度的大尺度宇宙的一切事物都处于惯性物理系统中，封闭性、均匀分布性是惯性物理系统的基本规定性，这种规定性中所有的运动都是单向度、不可逆的。在这一点上，宇宙星空、社会历史、文学文本都是耗散过程，总要出现又逝去，不会按原有的内容和形式停止不动。不过，爱因斯坦相对论告诉我们，在同一坐标系统中，具体存在的时间与空间不可分离。当有一个确定的空间点时，必有确定的时间点与之对应，反之亦然。现实的文学作品在创作过程中拥有的作者意图进入文学文本后不再能够回到作者的创作时间过程中，却留存在文学文本的符号空间里。所以作者意图在，是个不容置疑的事实，显然，问题不是作者的文本意图在不在，而是读者如何发现作者的文本意图怎样在、评者如何昭示作者的文本意图为何在。这是读者阅读文本意义的基础，也是评者的评论能够被公众普遍接受的前提。所以张江教授才说："意图的渗透与决定力量，贯穿于文本理解与阐释的全部过程之中，无论你承认还是不承认，接受还是不接受，它始终发生作用，让人无法逃避。"①

---

① 张江：《"意图"在不在场》，《社会科学战线》2016 年第 9 期。

明白作者的生活背景、写作情境、书写目的、语言含义是阅读与评论的前提，也是在阐释中将作品转换为拥有超越作者和作品意义的文学文本的基础。在这个意义上，阅读、评论都要找寻、确定作者的文本意图，而文本意图的丰满也是实现正确而有效理解、诠释文学文本的重要途径。康德指出，存在被主体感知建构为认识对象后，主体逻辑能力通过对认识对象的知性判断构成了关于对象的普遍认知，产生了知识。读者对作者文本意图的体会、领悟产生了关于文本的阅读经验，评者对作者文本意图的理性揭示、知性认知形成了关于具体文学作品的知识，而文学史知识体系和文学理论体系正是以这些具体文学作品的知识为基础构成和主要资源的。如此，有理由将读者、评者对作者文本意图的理解视为一种辨认文化事实的特殊认识活动，一种形成文学知识的具体过程。而这也要求读者、评者在理解作者文本意图时，尽可能实现准确性、客观性和独立性。

中国文学鉴赏与批评的重要传统就在于聚焦作者的文本意图。先秦的“知人论事说”“言不尽意说”，汉代的“言志说”“发愤著书说”，魏晋的“文气说”“缘情说”，唐代的“寄兴说”“意境说”，宋代的“有为而作说”“妙悟说”，明代的“童心说”“性灵说”，清代的“神韵说”“灵性说”，直至近代王国维的“境界说”，可以说孕育于先秦、成形于两汉、发展于唐宋、全盛于明清的中国古代文学阅读与批评的核心标准和主流观念都是关乎作者文本意图之在与如何在的理解。也正是在这种重视作者文本意图之在与如何在的文学阅读与批评的核心标准和主流观念引领下，中国传统文学的鉴赏、批评重在作者、作品人物事迹、行迹、思迹、文迹的考据钩稽，为求证文本意图呕心沥血、竭尽全力，积累了大量的眉批、点评、案牍、典籍、年谱、文物等，在阅读、评论中长期湮没于文本沉默之中的许多文学作品的作者文本意图获得了揭示，为承传中国审美文化，延续中华文明根脉做出重大贡献，并成为最令世人尊重的显学。

不过，读者发现作者的文本意图之在与怎样在只是阅读的基础。评者昭示作者的文本意图之在与怎样在也只是评论能够被公众接受并被认同为文本意义的前提。文本意图只形成了具体文学作品的知识形态，却不是文学文本意义的全部。在《文化科学和自然科学》[①] 一书中，李凯尔特强调人类有文化活动与科学活动两种基本的精神活动。这两种精神活动必须有所区别，否则就会使文化活动与科学活动各自丧失其独立的真理性。本质上说，文学阅读与文学评论是人类的精神文化活动。文学文本不是客观规律所统摄的自然现象，而是由活生生的作者创作的审美文本。与纯客观的自然现象不同，文学文本完全由作者主观审美活动所产生，虽潜具着社会生活的客观性，但归根结底是作者的主观认识的对象化、文字化。就主客体认识关系而言，科学认知的主体与客体都是独立的，主体与客体只在认知层面上构成思维的同一性。认识主体在这种思维的同一性中认知客体，将认知结果织造成自然科学。在科学认识活动中，认识主体虽具有主观意识和能力，但在认知过程中越能避免主观性对认知过程的干涉与影响，就越能达到认知的真理性、准确性，这是人类科学认识活动中主体性的特殊属性。文学文本是作者主观审美意识的对象化、文字化，与作者无法分离，而文学阅读、文学评论又必经读者、评者的认识、体悟、领会、理解，形成对文学文本的阐释。换句话说，文学文本只有被读者感受领悟、评者思考判断，才可能被真实可信地理解、言说，才能被公众普遍认知并融进公众的社会生活中，文学文本也才能在作者文本意图上生出更丰富、更公共化、更具普遍性的文本意义。文学阅读、文学评论与科学认识的对象都是相对独立的、都具有客观性，但在路径与方法层面上，科学认识的基本路径和主要方法是假设、观察、实验、计算，而文学阅读、文学评论则以感受、理解、领悟和文字写作为基本路径和主要方法，在阐释中实现对文学文本的认识。因而读者、评者对文学文本的阐释不可能是不在场、零度化的陈言。可以说，读者、评者对作者意图的解说、阐释必然伴随着对文本意义的表达，表意功能是文学阅读和文学评论的内在规定性。由此看来，读者、评者在昭示文学文本的作者意图之在和怎样在时，还要表达更为丰富多元、宽阔广泛的文本意义。不过，在“作者已死”“理论中心”“强制阐释”的后现代阅读与批评时代，需要更加强调文学阅

① ［德］李凯尔特：《文化科学和自然科学》，涂纪亮译，商务印书馆1986年版。

读、论评对作者意图的发现与昭示，以凸显文学阅读与评论的知识性、公共性和普遍有效性，同时更好地发扬中华民族阅读、评论的传统。相信这一传统一旦进入当下的文学场域中，一定会成为文化的主流。

二 读者阅读与对文本的个体理解

文学作品是作者生产的产品，作品只有与作者分离，进入消费过程，成为公共间性对象，在读者阅读中获得被他者理解的性质时，它才真正成为文学文本。就文学文本不同于文学作品的这一本质特性的意义说，文学文本以文学作品为基础和载体，最终完成于读者阅读中。文学文本积淀了作者的文本意图，更发育、成长、延续在读者的阅读中。因而文学文本意图绝不仅仅是作者的文本意图，读者的阅读意图与评者的评论意图可能是作为公共文化消费品的文学文本意图的主要构成方面。

阅读是极为复杂的精神意识和语言使用活动。在创作生产中，作品与作者是一对一的关系，尽管这一对一的关系也极其复合杂多。而在阅读中，作品与读者则是一与多的关系，对其描述只有统计学意义。所以一个作者只有一个哈姆雷特，一千个读者就有一千个哈姆雷特。就阅读而言，读者精神意识多元开放、运动变化，精神意识的方向、趋势、方式和结构不完全受刺激反应因果必然律的掌控。个体的感受领悟、知识经验、立场价值、能力技巧以其个性方式自由地建构着与文本的理解关系而不同于认识自然世界，也不同于把握社会生活。阅读具有个体心灵选择与心灵赋予的主观自由性。读者的这种主观自由性也使对一个文学作品的每一次阅读都具有独一无二性和不可重复性，甚至可以说同一部文学作品在读者的不同阅读中可能生成多种阐释文本。与现实物理空间不同，读者精神意识的空间是非欧空间，它非均匀、可变化、多向度。精神意识的时间非匀速、可回逆。海德格尔就将时间分为“量的、客观的、可科学度量的时钟时间与质的、人的、忧心的主观时间”两种。“量的时间被理解成一种无尽的、流逝的、不可逆的抽象客观化了的‘现在’的流……质的时间或者说存在的时间把时间理解成一种入迷的统一体”。[①] 当代著名阐释学思想家伽达默尔将人类对时间的经验也分为正常、实用的时间和艺术、节日的时间两类。前者是一种日常的时间感，而后者则是非工具性、与个体生命体验与群体存在认同相联系的时间感。[②] 可见读者精神意识的时空是自由的，先秦两汉的散文可以在唐代读者的阅读中成为现实的文学范本。而在德国启蒙思想家的阅读中，古希腊的文化生活则被解说为现代性的社会理想。一句话，当读者未与作品相遇时，作品是自在的、封闭的、沉默的。而当读者阅读作品时，其与作品构成了阐释的主体间性关系。作品在读者阅读的主体间性过程中成为灌注了读者意图的文学文本。也就是说，作品经过读者的阅读才能从自在中自觉、从封闭中敞开、才能由沉默转为言说。在阅读中，作者成为与读者同在并相遇的活者，而作品在阅读中由历史的文字变为现实中活生生的文学文本。阅读是读者走进文学文本世界的唯一路径。在文本的语境中，读者对文本进行理解，也将自己的内心生活投进文本，理解与投射的间性融汇产生了关于文本的解说。可见，阅读作品、解说文本的过程充满着读者的主观心灵性。读者的价值立场、思想动机、观念情操、知识经验直接操控着对文学作品的内容理解和意义选择，文学从作者的作品转换为公众的文本，关键就在读者对作品读不读、读什么、怎么读。读者的阅读决定了作者的作品是否能够成为文学文本。在读者那里，被阅读的作品是作者书写的曾经发生的生活，而阅读就是将作者书写的曾经发生的生活阐释为读者现在可以理解的意识。与只和作者相关的作品不同，文本中的一切均通过阅读在读者的心灵意识中以当下形态复活，就像海德格尔讲的那样，文本属于存在者。只有理解存在者的存在方式才可能理解属于存在者的文本。文学阅读所以是一种文本阐释活动而不是一般的认识活动，就在于读者在阅读文本时，作者曾在的生活经历可以被理解为读者当下的生活意义。读者通过对文本的阅读与作者和作者创作的生活之间不仅

① ［德］海德格尔：《存在与时间》，载麦吉尔主编《世界哲学宝库》，中国广播电视出版社 1991 年版，第 963 页。

② ［德］伽达默尔：《真理与方法》，洪汉鼎译，上海译文出版社 1999 年版，第 156—162 页。

达成一种认知的交往，而且实现了一种意义的确认。对文本的阅读也就成为对读者自己的意义发现，对文本的阐释也就变为对读者所居生活的评说。如此，在阅读中，文本是读者经历到的作者生存经验，也是读者感受到的读者自己的生活体验。通过阅读，读者与作者、作品形成了一种文本的对话关系。在这种对话关系中，读者通过阅读，将自己投进文本世界中，发现作者的意图，同时又在对作者意图的阐释中将文本递送到读者当下的文化场域里，使作者在当下的文化场域中复活并发出意义之声，文本也就成为当下文化之现实。这一切都意味着在阅读中，读者使原本有始有终的作者和作品成为当下文化无始无终的展开。

阅读不是六经注我、任意胡为。康德告诫人们，人的认识受到认识对象、认识能力和认识条件的统摄。读者的阅读是受前见控制的。在阅读之前，读者的思想观念、文化知识、感觉经验、语言能力已经存在，它们就是阅读的前见。在阅读文本时，这些前见直接决定了读者读什么、怎么读、读出了什么、读懂了什么。海德格尔说理解受制于前见而不可能绝对主观；伽达默尔也说阐释文本不可能主观任意、独断而为。文本自身规定了读者不能摆脱文本的客观性去解释文本，阐释只能在文本中阐释。一旦读者的阅读任意而为，读者的阐释离开文本，就造成文本的消解、阐释的强制、意义的迷失，我国 20 世纪全民读《红楼梦》、全民评《水浒传》的现象便是例证。当然误读作者文本意图的现象也经常出现，施莱尔马赫说："哪里有误解，哪里就有解释学。"① 其实，读者的前见总与作者意图不同，读者不可能客观地掌握作者的全部意图，误读作者的意图应是必然。换个视角理解误读可以发现，读者的阅读视阈由读者的文化前见和生活语境所决定。同样，作品由作者的文化前见和生活语境所创作。这样，在读者的阐释中，作家与读者发生了对话，作品成为文本，作者与读者在文本中相互向对方敞开，作者视阈与读者视阈相互融合，阅读的前见与文本的此见相互渗透交织。其结果是，当文本敞开被沉默的潜在意义

① F. Schleiermacher, *Hermeneutik*, Heidelberg: Heidelberg Universität Drü cken, 1959, p. 16.

时，读者的生存意义也获得了显现，文本就真正呈现为一种文化的开放状态。在这样一种文化的开放状态中，文本使曾在的作者意图成为读者阐释的当下话语，文本不再是曾经属于作者的作品而成为当下的属于读者的文本。在阅读中作者的叙述变为读者的体验，在阅读中作者与读者共同存在于当下。每一次的阅读既是作者的又一次复活，也是文本的再一次生成，还是读者的再一次超越。历史的作者、作品在现在的阅读中成为读者解说的当代史话题。

三 评者评论与对文本的“公共阐释”①

评者是一种特殊的读者。发现文本中的作者意图，判明读者意图的合理性，进而昭示评者的意图，从而释出文学文本意义在不在、怎样在、为何在，使一个具体的文学作品成为包括曾在、现在和将在全部生活意义与人生价值的文化显现，实现文学文本对现实生活的超越和审美对日常人生的解放，这些都是评者阅读文本、阐释文本的根本目的所在。阅读的引领性、阐释的公共性是对评者的内在规定性，这又使评者不再是一般意义上的读者。

马克思曾评论过许多文学文本，作为评者，他坚持：“历史的每一阶段都遇到一定的物质结果，一定的生产力总和，人对自然以及个人之间历史地形成的关系，都遇到前一代传给后一代的大量生产力、资金和环境，尽管一方面这些生产力、资金和环境为新的一代所改变，但另一方面，它们也预先规定新的一代本身的生活条件，使它得到一定的发展和具有特殊的性质。”② 所以，“历史不外是各个世代的依次交替。每一代都利用以前各代遗留下来的材料、资金和生产力；由于这个缘故，每一代一方面在完全改变了的环境下继续从事所继承的活动，另一方面又通过完全改变了的活动来变更旧的环境”③。马克思在评论文学现象时总将社会存在与社会意识的结构关系作为阐释

① “公共阐释”是张江教授提出的创新性概念，参见张江《公共阐释论纲》，《学术研究》2017 年第 6 期。

② 《马克思恩格斯选集》第 1 卷，人民出版社 2012 年版，第 172 页。

③ 同上书，第 168 页。

文学现象的基本视阈，将昭示与阐明文学现象背后的社会力量视为文学评论的宗旨。马克思相信社会存在决定着作为社会意识的文学文本。而社会存在则被社会生产力与社会生产关系的相互关系运动决定、控制。社会生产力与社会生产关系的相互关系运动有其客观规律并在历史文化发展的进程中体现为人民群众实践的客观力量，因而文学文本具有实践性、历史性、规律性，是社会活动合目的性和合规律性的统一。文学文本在哲学的高度上便是一种人类实践的社会文本、自然人化的文化文本、人的本质对象化的历史文本。正因此，马克思在具体的文学评论中总是立足文学文本的实践性，十分敏感于文学文本中的各种社会关系的现实性以及这些现实性对文学文本中的环境、人物、性格的作用与影响。在马克思的文学评论中，人不是西方启蒙思想中观念的人，而是感性现实的人，“是一切社会关系的总和”①。在马克思所处的资本主义时代，现实的人是被物化奴役的个体人，也是推动社会发展的具体人，这正是马克思高度评价 19 世纪英法现实主义小说成就的根本原因。同时马克思还基于社会生产力与社会生产关系的相互关系运动有其客观规律并在历史文化发展的进程中体现为人民群众实践的客观力量的原理，确信文学文本的存在与变化发展根源于社会实践的规律性和社会发展的具体性、多样性、现实性。

新中国成立以来，我国文学评论在马克思主义批评观念、批评方法和批评标准的指导下，注重文学文本的社会背景、历史情境和文化语境的理性考察，极为关心文学文本与所处历史文化之间的因果联系，将揭示文学文本与所处社会历史之间内在关联的普遍规律视为文学评论的最高追求，出现了一大批优秀的评论成果，中国文学批评事业呈现出繁荣景象。但与此同时，一些批评与理论实践也在一定程度上受到了黑格尔逻辑主义批评观的影响，在文学评论中有意无意地陷入“强制阐释”的泥淖。

德国古典哲学家黑格尔执着于思维中理性的作用，认为只有在理性的正反合中才能揭示观念的本质，主观的精神文本转换为思想观念的运动时才能被理性把握。在黑格尔的理论中理性既是世界存在的本

---

① 《马克思恩格斯选集》第 1 卷，人民出版社 2012 年版，第 135 页。

质又是文学文本的本源。理性在其运动的过程中设定了理性自身、实现了理性自身并确证了理性自身。理性的这种运动过程在历史中显现为从自然到社会再到精神的发展历程。也可以说，自然、社会、精神的发展就是理性自身的运动，自然、社会、精神也必然以理性的对立统一、否定之否定的要求为基本规律。从社会历史存在到文学文本内容，凡出现的一切客观事物、主观意识在对立统一、否定之否定的运动中摒弃了自身不合理性的部分，同时又将合理性的部分保留在更高级的下一阶段，所以包括文学文本在内的一切事物都有存在的必然性，这是其一；其二，黑格尔重视各种存在现象之间的内在关联，将事物相互联系既当成事物的本质规定性又视为认识理解事物本质的基本依据。在黑格尔的认识论中，对事物的本质认识就意味着在思维中找到事物自身的内在关系，发现事物与事物之间的内在关联，使抽象的逻辑再生为具体的现实。马克思说黑格尔的“辩证法不崇拜任何东西，按其本质来说，它是批判的和革命的”①。不过，黑格尔用逻辑主宰现实，用理性强暴文本的错误也十分明显，正像马克思批判的那样：“辩证法在黑格尔手中神秘化了……在他那里，辩证法是倒立着的。”② 曾几何时，我国评论界不少人将黑格尔辩证法工具理性化，认为每个文学文本中的意义都潜藏着支配一切文本意义的普遍规律，而且这种普遍规律贯穿在历史全过程中。20 世纪五六十年代文学评论界用阶级分析观念与方法评论古今中外的文学文本，认为文学是特定阶级的作家对现实生活的形象再现或表现，在本质上，阶级社会以来全部文学文本都是阶级意识文本，都不同程度真实地体现了文本所处时代的阶级斗争状况，所以阶级与阶级斗争是所有文学文本的规律，也是文学发展的动力。阶级性、民族性、人民性、真实性、时代性也因之成为文学评论的基本观念和普遍标准，在古代文学评论中就出现了“扬杜抑李”的现象。而 20 世纪与 21 世纪之交，我国评论界又盛行以审美意义取代意识形态的批评观念，认为无功利、无目的的审美才是文学艺术的本质规定性，文学的规律就是美的规律，出现了

---

① 《马克思恩格斯选集》第 2 卷，人民出版社 2012 年版，第 94 页。

② 同上。

"贬鲁迅，赞周作人"等一系列怪现象，虚无主义大行其道。当社会规律在文学文本中失去具体性并成为无条件的绝对规则时，社会规律就不能得到普遍的文学经验和知识的认同，社会规律也就丧失了对文学文本的文化合理性、社会合法性、客观真理性，这种社会规律也就取消了自己的规律性。其实人类世界中没有支配一切文学文本的规律，文学普遍规定性和意义有效性永远是相对的、有条件的。文学评论中黑格尔式的逻辑主义强势话语遮蔽了文学文本的丰富意义。在这种黑格尔式的逻辑主义强势话语中，文本评论成为社会意识形态的剥离手术。评者把文学文本的作者意图、读者意图的丰富性都剥离之后，剩下的只是评者的立场观念，文学文本意义也就消失了，文学评论就成为社会意识形态的传达和表态。针对此种文学评论现象，苏俄文论家巴赫金指出，当一种文化自我封闭起来并不理睬其他文化时，它会认为自己是绝对的、唯一的、统一的，因此它对自己也是盲目无知的。[①] 可见，评者对文学文本意义阐释时要特别警惕鲁迅先生称的"瞒"和"骗"的文化独断论，要防止张江教授所说的"背离文本话语，消解文学指征，以前在立场和模式，对文本和文学作符合论者主观意图和结论的阐释"[②]，沦为现实观念的逻辑剪刀和理论糨糊粘贴起来的强制阐释。

综上所述，文学文本的意义是作者创作、读者阅读、评者评论三者共同建构的。文学作品在三者共建中转换为文学文本，而文学文本在阐释的场域里成为当下的社会意义和文化价值。曾经作为历史的作品在当下的阐释中成为现在的文本。由此，民族文学的传承、外国文学的借鉴不仅是发现、描述、说明，而且是当下文化的增值，现代意义的深化，文学活动将真正引导着人们自主地从现在走向未来，永无终结。

---

① ［法］托多罗夫：《巴赫金、对话理论及其他》，蒋子华、张萍译，百花文艺出版社2001年版，第324—325页。

② 张江：《强制阐释论》，《文学评论》2014年第6期。

意图与阐释：作者意图回归的挑战及其理论可能

段吉方*

作者意图问题是当代文学批评理论研究的核心问题，当代西方文论自形式主义开始，经过英美新批评、结构主义、叙事学，一直到解构主义和后现代主义，对作者意图的批评始终没有停止。在这个过程中，有些是直接反对作者意图研究的，如维姆萨特等人提出的“意图谬误”说；有些是间接地批判作者意图的，如罗兰·巴特的“作者之死”和所谓的“纸上的生命”的观点；还有的是在理论逻辑和批评实践中完全取消作者意图的存在乃至合理性，自动放逐作者意图的，如解构批评。在以往的研究中，种种对作者意图的批评被视为是当代西方文论理论转折的表征，体现了当代文学理论研究的某种“向内转”和“向读者转”的理论轨迹，这种理论转折也曾是理论发展高潮的表现。这种理论论争和热潮隐藏着一种逻辑，即作者意图是值得批判的，反意图论是合理的。至于，为什么要反对作者意图？反意图论是否就能解决意图论的理论缺陷所留下的各种理论和实践问题？这方面的疑问往往被搁置了。本文认为，无论理论与批评如何发展，实际上，文本的含义是什么？作者的意图如何在文本呈现以及起到什么作用？读者们如何阐释一个作家作品？这些问题一直存在于文学理解的具体过程之中。无论是艾布拉姆斯早就提出的“文学四要素”说，还是最近法国

* 段吉方，华南师范大学文学院教授，研究方向：文艺理论、美学。

安托万·孔帕里翁提出的“文学五要素”论，以及艾柯所倡导的“开放的文本”观念，都是围绕作者意图与文学阐释的基本过程展开的，都是一种重要的关于作者意图与文本意义阐释的新的理念，这也说明了无论反意图论提出何种观点，文学作品意义阐释的具体性和问题性都不能被取消和悬置，这恰恰是种种反意图论难以解决的问题。

一 意图论与反意图论

为什么要反对作者意图？在《“意图”在不在场》中，张江教授曾概括当代西方文论三种反对作者意图的理论主张，其一是英美新批评学派代表人物维姆萨特（W. K. Wimsatt）的“意图谬误”说（Intentional Fallacy），否定作者意图对文本阐释的影响；其二是英国学者克莱夫·贝尔（Clive Bell）的“有意味的形式”说（Significant Form），切断了作者与文本生产及建构的关系；其三是法国的结构主义符号学，强调文本是符号的自行运作，作者只是操作符号的工具，符号系统的自组织与自结构遮蔽乃至取消了作者意图的展现。张江教授依次从理论源流、发展及其主要影响等多个层面对这三种理论观念进行了阐释分析，探讨作者意图在当代西方文论中是如何逐渐缺席的。对“意图谬误”说，他提出：“任何严肃的、负责任的理论家和批评家，都必须深入作者，研究生产作者意图进而生产文本的历史传统和语境，以期正确理解和阐释文本，‘意图’说又何为‘谬误’？”对“有意味的形式”说，他认为：“无论何种艺术，无论何种形式，其创造和书写的意图总是在的，这个意图贯彻于艺术创造的全过程，贯彻于文本中的每一个细节。艺术是要有理解和共鸣的，其理解和共鸣的对象也是意图，是表达意图的全部形式，是以形式裹挟的全部内容。”最后，张江教授提出，经典作家对书写的认识和判断，他们对自己的写作是否清醒，是否清楚地意识到自己的意图，并在书写中自觉地展开意图，这些问题不是仅仅反对作者意图就能解决的，他援引大量文学理论史和文学史事实和案例，说明意图是在场的。[①]《“意

① 张江：《“意图”在不在场》，《社会科学战线》2016年第9期。

图”在不在场》是张江教授近年来强制阐释论研究中的一篇有重要学术分量的文章，也是他在提出强制阐释论的观点之后对当代西方文论反思的具体问题研究，有一定的理论建构性质，更对以往的强制阐释研究具有明显的理论推动作用。

讨论作者意图在不在场，首先要说明的是，作者意图为什么是在场的？在场的合理性是什么？之所以有作者意图在场问题，首先是由于文学理论中文学创作研究的核心性和文学创造的主观功能所决定的。在以往的文学研究中，作者意图的问题都不同层面地指向作者研究，是从文学创造的主观性和社会性的角度出发的。从古希腊的模仿说，到近代表现说，以及现代的浪漫主义文论、现实主义文论、马克思主义文论和当代各种阐释学理论，作者意图问题都是文学理论研究不可回避的问题。美国批评家艾布拉姆斯提出的“文学四要素”，法国学者安托万·孔帕尼翁提出的文学研究的五种要素：“作者、作品、读者、语言、指涉”①，作者意图都不可或缺。在这些理论家看来，作者意图体现在文本阐释的系统性上。正是有了作者意图，文学文本阐释的过程和结构才能得以确立，各种“文学要素说”才得以成立。有的研究者提出，在西方文论的发展历史上，作者问题研究呈现出四种主导理论范式，分别是：“作者作为制作者（maker），作者作为创造者（creator），作者作为生产者（producer），作者作为书写者（scripter）。”② 这些主导范式也说明了作者问题在文学理论研究中处于一种理论奠基地位，“作者意图传统上是了解文学意义的学术或教学标准。复原作者意图是或者长期曾是解释文本的主要乃至唯一的要求”③。其次，作者意图的不可或缺还在于文本阐释和批评实践的需要，作者意图是作家、文本和阐释者的阐释过程的确定性和有效性之需，作者意图有意无意被当成考察文学作品意义之源的主要方式。西方阐释学理论，从作为理论滥觞和思想源头的“赫尔墨斯之学”，到

① ［法］安托万·孔帕尼翁：《理论的幽灵：文学与常识》，吴泓缈、汪捷宇译，南京大学出版社2011年版，第18页。

② 张永清：《历史进程中的作者》，《学术月刊》2015年第11期。

③ ［法］安托万·孔帕尼翁：《理论的幽灵：文学与常识》，吴泓缈、汪捷宇译，南京大学出版社2011年版，第41页。

现代阐释学理论的发展，都强调作者、文本以及文本“真理性”呈现之间有一个阐释的程序和过程，“以便把它与其初始意图相联系来探究如何去理解它”[①]。这个程序和过程如果完全排除作者意图，阐释学的理论批评也就失去了目标和方向。法国学者安托万·孔帕尼翁也提出，在文学理解中，“唯有承认作者意图存在的可能并参照之，在阐释中利用一致性和复杂性标准才有意义”[②]。在这个层面上，作者意图是阐释的过程和意义的保障，即使是作者意图被当作一种理论假设。正是由于这种理论假设的存在，批评的多元化和文本阐释的多角度才能成立。这意味着文学作品的意义阐释，特别是从研究和批判者的角度来说，还是应该有一个一般性的方向。无论是传记批评，还是形式主义；无论是阐释学，还是其他方向，都存在着作者意图和意义之源的问题。比如类似《哈姆雷特》《红楼梦》这样的作品，被阐释批评了几百年，但有一个基本的问题，那就是，无论是从事批评研究工作，还是批评教学，我们首先都认为它们是有作者意图的，这些文本是存在文学意义来源的。所以，强调文学内部研究的韦勒克和沃伦尽管反对作者意图，但也得承认：“一部文学作品的最明显的起因，就是它的创造者，即作者。”[③]

从理论的层面而言，作者意图与文学意义来源是文学研究中的一个元问题。元问题影响的是文学阐释框架的构成和阐释方向的走势。在当代西方文论中，自从有了作者意图研究，也就存在着各种反对作者意图的观点，这二者是一种悖论性的相互依存的存在，“即便那些竭力排斥作者的批评家，也会对文学文本进行一定的意图推定”[④]。孔帕尼翁提出，一谈到作者意图问题，有两种极端对立的立场——意图论与反意图论。意图论的缘由在于：（1）我们必须且只需在文本

① ［德］沃尔夫冈·伊瑟尔：《怎样做理论》，朱刚等译，南京大学出版社2008年版，第32—33页。

② ［法］安托万·孔帕尼翁：《理论的幽灵：文学与常识》，吴泓缈、汪捷宇译，南京大学出版社2011年版，第86页。

③ ［美］勒内·韦勒克、奥斯丁·沃伦：《文学理论》，刘象愚等译，凤凰出版传媒集团2006年版，第75页。

④ ［法］安托万·孔帕尼翁：《理论的幽灵：文学与常识》，吴泓缈、汪捷宇译，南京大学出版社2011年版，第71页。

中寻找作者要表达的东西；（2）作者意图是阐释成立与否的唯一标准。反意图论的原因在于：（1）我们在文本中只能找到文本所表达的东西，它独立于作者的意图；（2）作者意图解释不了文本，关于阐释是否成立的标准根本不存在。① 在文学理论研究中，特别是当代西方文论发展中，存在各种形式的反意图论，这些反意图论的观念有一个明显的理论特征，那就是各种反意图论明显是以作者意图的在场为假设和依据的。即使是反意图论最明显的代表，英美新批评学派的维姆萨特、法国结构主义者罗兰·巴特和英国批评家克莱夫·贝尔，均是如此。如强调文学内部研究的韦勒克、沃伦，他们反对文学的外部研究，但他们的理论批判首先有一个理论的标靶，就是文学的外部研究是在先的，传记批评是长期以来存在于文学批评实践过程之中的。提出反对阐释观点的美国学者苏珊·桑塔格，认为阐释不能完全解决文学文本的意义呈现问题，而倡导一种艺术色情学，其实也隐藏着对作者意图的破解的理论努力。另外，在具体的理论呈现方式上，反意图论的具体理论表现其实不是在批评阐释中取消作者这么简单，各种反意图论的理论背后其实隐藏的是反本质主义的思想动向。文学上的反本质主义观念就不仅仅是取消作者和反对作者意图这么简单，它代表的是文学阐释观念的变化。这也意味着所谓当代西方文论经历的从作者中心论，到作品中心论，再到读者中心论的发展，其实并不是完全反对作者意图，或者说，反意图论是一种理论的解构姿态，解构的是意图本身，而不是作者，这二者之间有一种重要的理论差别。孔帕尼翁提出，意图论和反意图论是二元对立的，其实，不仅仅是二元对立、非此即彼的，意图论和反意图论还是互为因果、相互依存的。孔帕尼翁的解决方案是重语境研究，认为在语境研究中，意图论和反意图论的理论对立能够获得一定程度的调节和平衡，最终走向消除对抗。但这其实是一种理论的妥协，和当代西方文论曾经提出的内部研究和外部研究没什么根本区别，当代西方文论中的内部研究面对作为方法论的细读批评和历史化的文本观念，最后并没有找到一种有

---

① ［法］安托万·孔帕尼翁：《理论的幽灵：文学与常识》，吴泓缈、汪捷宇译，南京大学出版社 2011 年版，第 72 页。

效的理论方案，最终导致新批评之后的内部研究理论偃旗息鼓，从这个层面而言，反意图论的语境研究也必将面临这个问题。意图论和反意图论都有明显的理论偏颇甚至漏洞，反意图论最终仍然难以解决意图论的理论弊病所留下的各种疑问，这一点，正是张江教授的《“意图”在不在场》所申明的立场。

二　作者意图与作者之死

作者意图是不是真的被否定了？在张江教授提出的三点理论线索中，法国结构主义者罗兰·巴特的《叙事作品结构分析导论》所提出的“纸上的生命”的观点得到了深入的讨论。《叙事作品结构分析导论》是罗兰·巴特叙事学理论研究的奠基之作，也是法国结构主义的纲领性作品，它于1966年发表于国际知名杂志*Communication*第八期“叙事学专辑”上。在当时，它与克洛德·布雷蒙的《叙事可能的逻辑》、格雷马斯的《结构主义语义学》同是法国结构主义文学批评及语义学、叙事学研究的扛鼎之作，对结构主义以及之后的文学理论产生了深远影响。罗兰·巴特的《叙事作品结构分析导论》是叙事学研究的专门作品，主要展开的是叙事作品的结构分析、叙事话语的符号学分析以及叙事意义单元的语义分析。这篇不算太长的研究成果，纵横开阖，旁征博引，但又不乏理论上的条分缕析之处，对叙事作品的内在结构、叙事作品的意义组织、叙事话语的形式呈现等方面做出了深入研究。在《叙述作品结构分析导论》中，巴特借助于语言学方法，探讨叙事作品的结构与形式，并将这种结构与形式作为文学科学的研究对象。在这个过程中，巴特提出了“纸上的生命”的观点。“纸上的生命”针对的是叙事学研究中的叙事者问题，也涉及作者意图。像张江教授所指出的那样，巴特反对传统的叙事者即作者理论，提出“叙述者和人物主要是‘纸上的生命’”，“一部叙事作品的（实际的）作者绝对不可能与这部叙事作品的叙述者混为一谈”①。

① ［法］罗兰·巴特：《叙事作品结构分析导论》，载张寅德编选《叙述学研究》，中国社会科学出版社1989年版，第29页。

而强调对叙事者进行符号学分析。从“纸上的生命”的观点可以见出罗兰·巴特总的批评主张仍然是那种形式化的文本结构分析观念，是典型的叙事学和结构主义方法，对作者意图持反对态度。除了“纸上的生命”的观点之外，罗兰·巴特在他的《写作的零度》中也有明显的反意图论观念。在《写作的零度》中，巴特提出，零度写作是一种直陈式的写作，这种写作摆脱了语言秩序的束缚，是一种“白色写作”，“可以正确地说，这就是一种新闻式写作”，“它不包含任何隐蔽处或任何隐秘。于是我们可以说，这是一种毫不动心的写作，或者说一种纯洁的写作”。① 在巴特看来，这种纯洁的写作其实是一种形式化的文本学批评，这种文本学批评有它的意义与价值，“一切‘形式’也都是一种‘价值’，所以在语言结构和风格之间存在着表示另一种形式性现实的空间：这就是写作”②。

罗兰·巴特的叙事作品结构分析以及“零度写作”观念在当代西方文论中具有重要的影响，在某种程度上，“零度写作”的观念比“纸上的生命”的思想受到的关注要多，反作者意图论的意味也更加明显，“零度写作”的观念也向来被视为作者理论式微、文本及读者理论兴起的转折与标志。当然，由于罗兰·巴特较为强势及其明显武断的思想，他的理论也存在较为明显的缺憾。无论罗兰·巴特如何强调叙事作品的结构分析，在他的理论研究中，叙事者的问题始终是绕不开的，叙事者的研究也是叙事学理论中最复杂的内容之一。巴特曾专门谈到叙事者，当然得出的是反对以往那种将叙事者等同于自然的和社会意义上的作者的结论。在张江教授看来，这种反作者意图论“也是一种话语霸权”，因为“从阐释的权力来说，作者死了，读者成为最高阐释者和文本的创造者。在文本意义的多维空间中，任何阐释都可以生成，批评家和普通读者一样，随意衍生自己的结论。从阐释的标准来说，文本没有了作者，意义不再有源头，阐释就不再受单一意义的支配，各种想象和体验相互对话竞争，任何阐释都是正确

① ［法］罗兰·巴特：《写作的零度》，李幼蒸译，中国人民大学出版社 2008 年版，第 48 页。

② 同上书，第 10 页。

的"[①]。如果真的像巴特说的那样，叙事者的出场就意味着作者的消亡，那么，文学叙事学研究就成为了无缘无果的东西，所谓"纸上的生命"只是一种审美的幻象或者说是叙事学研究的想象。这种结果既不符合一般的文学常识，也难以说服那些对"作者已死"的观点提出明显质疑的研究者。在罗兰·巴特提出"作者已死"之前，法国学者福柯曾发表了著名的《什么是作者》，但福柯提出，"重复一些口号是不够的，如作者已经消失，上帝和人共同死去。相反，我们应该重新审视作者消失所留下的空的空间；我们应该沿着它的空白和错的界线，仔细观察它的新的分界线，仔细观察这个空的空间重新分配的情况；我们应该等待由这种消失所释放的流动易变的作用"[②]。在巴特那里，"作者已死"是叙事学层面上的论断，这种论断在巴特叙事作品结构分析中具有具体的意义指涉，但离开巴特的叙事学语境及其理论的所指，就未必是一种恰当的观念。对此，张江教授在他的另一篇文章《作者能不能死》中也有一定的阐释，张江教授提出："不是福柯在说话，就没有这些文本；文本里没有了福柯，文本就失去意义。两者之间的关系是：福柯就是文本，文本就是福柯。文本不死，福柯不死。"[③] 在当代西方文论中，"作者死了"在某种程度上已经成为"文本科学反人本主义的口号"[④]，但这种口号在实际的理论研究中并没有获得更深入的理论阐释，也就是说，即使是罗兰·巴特的观点是对的，我们从"作者已死"的理论中并没有得出对当代西方文论研究更加有益的东西，或者如福柯所说，巴特的"作者已死"的观点所留下的作者研究的理论空场仍然是虚空的。巴特的"作者已死"的观点对叙事学的理论发展有积极的作用，在某种程度上，已经成了叙事者研究得以成立以及文本叙事研究合理性的理论依据，但这也恰恰是问题所在，在理论的层面上，巴特的叙事作品结构分析指向

① 张江：《"意图"在不在场》，《社会科学战线》2016 年第 9 期。

② ［法］福柯：《作者是什么?》，载王逢振等编《最新西方文论选》，漓江出版社 1991 年版，第 449 页。

③ 张江：《作者能不能死》，《哲学研究》2016 年第 5 期。

④ ［法］安托万·孔帕尼翁：《理论的幽灵：文学与常识》，吴泓缈、汪捷宇译，南京大学出版社 2011 年版，第 42 页。

很明显，但为了叙事作品结构分析的理论周延性牺牲文学普遍理论研究的基本常识，或者说让理论的常识从此变得可疑，如果说这真是一种话语霸权的话，那么，这种话语霸权的指向性是非常明显的，就是对理论的常识性挑战，所以更是值得批判的。

三 作者意图与开放的文本

在文学理论研究中，文本与作者、文本与读者涉及的是作家创作、作者意图与文本阐释、文学批评的基本理论与基本问题，作者意图研究在其中起到的是一种系统链接的作用。倒不是说作者意图本身有多么重要，而是说在文学基本理论研究中，如果完全忽略了作者意图，文学批评的阐释研究就会出现结构性的意义缺失。在当代西方各种反意图理论崛起之前，对于作者意图问题，理论家没有太多的质疑。即使是在维姆萨特的“意图谬误”说等反意图论开始流行的时候，因为它明显的理论偏颇和绝对化的理论倾向，人们也没有完全对之奉为圭臬，而全面否定作者意图。在《“意图”在不在场》中，张江教授质疑的是，为什么在当代西方文论中的各种反意图论崛起之后，作者意图被当作了一种集中的理论批判的靶标而流行，作者意图被轻易否定之后，理论研究的目标是什么？在我看来，这样的理论反思是必要而深刻的。新批评学派的理论家维姆萨特和比尔兹利曾提出，所谓“意图”就是“作者内心的构思或计划”①，但就一首诗而言，“我们并无考察哪一部分是意图所在，哪一部分是意义所在的理由，从这个角度说，诗就是存在，自足的存在而已”②。类似的理论观点还有很多，英国学者安德鲁·本尼特也说，“作者的不确定性才促使人们对阅读产生诸多兴趣”③。在这些理论观念的催生下，从作家表达了什么的角度阐释文本好像已经成为一种老套的观点。当代西

---

① ［美］威廉·K. 维姆萨特、蒙罗·C. 比尔兹利：《感受谬见》，载赵毅衡编选《“新批评”文集》，百花文艺出版社2001年版，第234页。

② 同上书，第235页。

③ ［英］安德鲁·本尼特：《文学的无知》，李永新等译，河南大学出版社2015年版，第215页。

方文论中的各种反意图论的确以此种理论逻辑否定了作者意图研究的必要性和合理性，在这种理论态势下，文本与社会、文本与作者的阐释结构发生了明显的断裂，各种各样的文本自足性研究开始盛行。在其中，形式主义批评理论是理论代表，读者反应理论也是一种理论典型，除此之外，还有其他重要的理论观念也明显地鼓舞了那种文本自足存在的观念，文本中心论开始日益明显地在理论发展中占据重要位置。

文本中心论一方面斩断了文本与社会的关系，另一方面斩断了文本与读者的关系，试图在文本科学的层面走向批评的自主化，这种批评自主化并非说文本完全封闭，不需要外在的阐释因素渗入而自动产生意义，而是说文本内在地具备一种开放性，文本阐释的行为和结果不需要传统的社会批评和传记批评的介入，而在自身的开放中实现阐释意义的自主循环。在这方面，意大利学者艾柯提出的“开放的文本”的概念就是一个重要的理论代表。在《开放的作品》中，艾柯提出了一种开放的作品的艺术理论，也是反意图论的重要理论观念。在艾柯看来，所谓“开放”是为了确定作品和演绎者之间的新关系，“探讨的是艺术作品的‘确定性’和‘开放性’”[①]。开放的作品是一种在语法、句法和文字的组合意义上具有可变动性和开放性的作品，他以法国象征主义诗人马拉美的作品《书》为例，认为这是一部“运动中的作品”，也是一个开放的文本。这部作品是马拉美最后的遗著，艾柯提出，马拉美一生都在写这部书，这部书不仅是马拉美作为诗人活动的最终目的，而且应该是世界的目的，“世界是为了一本书而存在”[②]。马拉美的这部作品，思想宽泛，意义丰富，语言、句法和结构充满变动性，甚至页码都不是按固定顺序排列，而是一些按照排列规律的不同顺序组成的独立的小册子，这些小册子之内，纸页可以随意挪动，但无论怎么挪动，纸页上的文字组合起来的意思都是完整的。所以，他说：“显然，诗人并不想从每一种排列组合中都得到明确的句法含义和语义上的明确意思，而是追求，句子的组合和每

① ［意］安伯托·艾柯：《开放的作品》，刘儒庭译，中信出版社2015年版，第3页。

② 同上书，第14页。

个单独的词的组合——每一种这样的组合都能具有‘启示’作用，都能同其他词和句子形成启示性的关系——使每一种排列顺序都可能有价值，这样就有可能形成新的联系和新的境界，进而形成新的启示。”①

在文本阐释的问题上，艾柯曾提出过重要的文本阐释与过度阐释的概念，本身是反意图论的理论代表，开放的作品更加体现出了艾柯的文本中心论的观念，这种文本观念具有明显的反作者意图的特征，但艾柯的开放的作品与反意图论中的其他理论观念有所区别，特别是与新批评学派的“意图谬误”说不同。首先，意图谬误坚持文本自足，在某种意义上是封闭的文本中心论，艾柯的开放的作品也认可文本的封闭性，认为“作者创作出的是一种本身就是封闭式的东西，他希望这样的东西能以他创作时的那种方式来理解，来欣赏”②。但这种封闭性是文本内在形式结构的自足性与运动性的结合，在这一点上，艾柯的开放性作品观念本质上还是一种形式化美学，开放的作品不是无条件的开放，开放性还是要回到文本形式、符号、句法的形式价值上来。其次，这种形式化美学不仅仅是坚持文本自足，而是强调文本的意义阐释是在运动中开放，开放的作品因而存在多种理解的可能性和阐释空间，“从本质上说，一种形式可以按照很多不同的方式来看待和理解时，它在美学上才是有价值的，它表现出各种各样的面貌，引起各种各样的共鸣”③。相比新批评学派的“意图谬误”说，艾柯的开放的文本观念显然在反意图论上具有更深层次的理论指向，同时对作者意图的反拨倾向也更加明显，既然文本是开放的，作者意图的问题自然就不是文本阐释的核心，这种观点显然比“新批评”学派的“意图谬误”说在反意图论上走得更远。艾柯提出，第一次出现开放性作品的理论自觉是 19 世纪后半叶的象征主义，爱尔兰作家詹姆斯·乔伊斯的《为芬尼根守灵》可以视为典范。在《为芬尼根守灵》中，我们看到一种爱因斯坦式的围绕文本中心性而展开的世

① ［意］安伯托·艾柯：《开放的作品》，刘儒庭译，中信出版社 2015 年版，第 15 页。

② 同上书，第 3 页。

③ 同上。

界——“开头的一个词同结尾的一个词相连接，因此它结束了，但正是由于结束了它才是无限的。每一个事件，每一个词，都可能同所有其他事件相联系，正是一个词出现时的语义选择决定了如何了解所有其他事件的方式”①。这样的文本是一种典型的结构性文本，很显然，面对这样的作品，作者意图的阐释很难有所作为，更通俗一点儿说，从作者意图出发根本不可能揭示文本的含义。不过，艾柯也提出，确定开放的作品这一概念，不一定能回答当代艺术作品阐释的所有问题，开放的作品在运动之中，但具体仍然要看文本自身的特征，主要还是由文本的具体境况而决定。的确，像《为芬尼根守灵》这样的作品，文本、语言与语义链接的内在结构是文本阐释的核心要素，但并不是所有的作品都具备《为芬尼根守灵》的结构性要素，自然开放的作品的运动特征就很难成立。这也说明，开放的文本与文本阐释之间会存在复杂的情况，具体的阐释方式与方法恐怕还是要回到文本自身的境况中来。但是，一旦文本阐释的境况决定了阐释的目标与方向，作者意图就不能完全忽略，所以，在作者意图与文本之间仍然存在较多的难以片面地一概否定的情况，这也是包括艾柯的开放的文本观念在内难以完全忽略的问题。

四　回归作者意图的可能与挑战

当代西方文论为了自己理论的周延性而常常引发各种理论质疑。从20世纪初开始，当代西方各种理论思潮在思维方式、理论观念与思想批判层面各有特色，但理论层面乃至常识层面上的漏洞与弊病也比比皆是，形式主义理论如此，“纸上的生命”的观念如此，艾柯的开放的文本的观念同样如此。针对这种理论态势与状况，很多研究者都有所批判。这其中应该引起我们注意的是，尽管当代西方文论包括正在发展中的理论，有些理论观念可能在文本阐释与文学研究上有独到之处，对文学理论研究与批评发展亦有所启发，但很明显，对待这

① ［意］安伯托·艾柯：《开放的作品》，刘儒庭译，中信出版社2015年版，第11页。

些理论观念，我们仍然需要不断地反思与批判。对当代西方文学理论观念如此，对文学理论研究本身更是如此，正像有的研究者所说："我们深入文学理论，是要找一些对自己有用的东西，而不是让自己成为理论的奴隶。"① 对于当代西方文论中的反意图论主张，我们需要保持自身的理论警惕和质疑批判的精神，当代西方各种反意图论的主张仍然强调自身的理论有效性，但这种有效性更多地是建立在对以往理论观念的颠覆层面上的，在理论颠覆与反叛的意义上可谓达到了反对作者意图的目的，但这不能是最终的理论目标，更不能被视作作者理论清算工程的完结，而应是另一种理论研究的打开方式，应该考虑的是它把握现实问题的方案与手段的合理性。

从理论合理性的角度看，当代西方文论中的反意图论明显的理论表征是文本阐释的自足主张，这种理论主张首先针对的是文学研究中的历史主义观念，历史主义观念把文本阐释的可靠性建立在"根据一定的标准，并联系同时期的其他历史现象，来解释和评价某个时期的历史现象"的观念之上，倾向于"把艺术品放在一定的历史背景中加以评价，倾向于把它的意义限制在产生它的那个时代"②。反意图论拒斥文学批评中的历史主义观念，在某种程度上有合理之处，因为历史主义的文本批评容易走向相对主义批评，而忽视文本的具体性。但反意图论对历史主义的反叛又不可避免地陷入形式主义，与历史主义相比，形式主义批评把文本阐释的可靠性放在一种统一标准的文学观和普遍的文学理论之上，并坚信这种基于文本科学的普遍的文学理论是可能的，这就明显地矫枉过正了。形式主义文论批评曾一度引发文本细读热潮，强调对文本意义的精细解释，那种精耕细作式的文本批评在文本形式研究方面达到了很好的效果，但文本形式的封闭性和科学性最终仍然难以抵御新批评理论失落的命运，虽然，像伊格尔顿认

---

① ［英］彼得·巴里：《理论入门：文学与文化理论导论》，杨建国译，南京大学出版社2014年版，第8页。

② ［荷兰］佛克马、易布思：《二十世纪文学理论》，刘象愚等译，生活·读书·新知三联书店1988年版，第5页。

为的“一切文学作品都由阅读它们的社会‘重新写过’”①，这未免太过绝对，但新批评的研究最终被解构主义打败，也说明文本自足性或许真的难以长久。在这个层面上，反意图论多半在文本分析上铩羽而归。

这其中，有个别观点值得仔细辨析，那就是，反意图论的失败并非一定预示着回归作者意图。因为回归作者意图面临明显的理论挑战，首先作者意图不等于文本意义，作者意图和文本意义之间存在着阐释的丰富性，如果简单地将文本意义与作者意图画等号，那是批评的简约化，也取消了批评阐释的实践价值。也就是说，在文学研究中，认为作家现身说法就是全面意义所在，这种观念肯定是不恰当的。其次，另一个层面的问题则在于，回归作者意图不是回归作者理论，作者意图与作者理论的区别在于作者意图是一种一元化的阐释，这种一元化的阐释体现的是一种批评的回溯性，这是文学批评不能提倡的，而作者理论是多元化的存在，文本多角度的阐释。也就是说，在文本阐释中，作者意图有时或许可以忽略，但作者研究并不能简单否定，这也意味着在讨论意图在不在场的问题上，也不能简单地将作者意图与作者等而视之。最后，文本阐释本身既是方法也是本体。在文本阐释中，无论是形式还是历史，其实都存在多重意义指涉，不能简单地将形式归结为语言、结构、隐喻、反讽等语言问题，形式在某种程度上还具有本体意味，形式与文学的其他要素如历史、社会、政治本身存在着复杂联系和对话关系；同样，文本批评中的“历史”也不是“作者传记”“社会环境”和“历史背景”的同义语，而是文学意义生成的思想根源。《红楼梦》中有形式，也有历史，莎士比亚的作品也是如此，海德格尔对梵·高的《农鞋》的解释，提出艺术的本源问题，既有形式要素，也强调艺术的本体功能，在作者意图上，强调形式与历史的二元对立只是把问题搬了家，而没有解决它。对作者意图的理解也是如此。在文学理论上有丰富的作者意图研究理论，但也有反对作者意图的理论，无论是坚持作者意图，还是反对作

---

① ［英］特里·伊格尔顿：《现象学，阐释学，接受理论——当代西方文艺理论》，王逢振译，江苏教育出版社2006年版，第176页。

者意图，都应该在理论本身的丰富性和观念的多层面上走出意图论和反意图论的二元对立，更要拒绝相对主义的阐释标准，如人们常说的一千个读者有一千个哈姆雷特的说法，这话没错，但是除了是一种文字游戏之外，恐怕没什么意义和价值。

法国学者安托万·孔帕尼翁说："整个文学理论都能与作者之死这一前提相关联。"[1] 英国学者安德鲁·本尼特也指出："一旦你开始审视作者问题的时候，你就会发现它们在当代西方文学文化中无处不在。"[2] 在文学理论研究中，对作者意图研究的适度反思是必要的，但无论是坚持作者在场还是反对作者意图，都应避免陷入非此即彼的二元对立观念之中，要走出或者避免这种非此即彼的思维或是批评方法，就是要坚持无论文本如何开放，阐释如何多元，离开了文学作品意义的根源性探讨，就取消或悬置了基本问题的存在。所以文学作品的意义来源还是离不开作者意图、文本以及阐释过程性和理解性，或许这又是一个新的阐释的循环。但没有这个阐释的循环，文学批评的目标与任务就失去了基本的意义依托。反意图论存在种种理论弊端，但回归作者意图肯定不是文学阐释的最终之途。文学作品的意义阐释最终还是要面对作者的意图与文本之间的复杂关系。作者意图不容忽视，但作者意图与文本阐释的可信性也存在着复杂阐释间隔和意义呈现的多种方式，这种理论的复杂性和批评实践的复杂性才决定了文本阐释的意义与价值。如何避免强制阐释，回到文本的"真理性"，或许永远没有一个固定的答案，但正因为如此，文学批评实践的过程与方式才显得重要。

---

① ［法］安托万·孔帕尼翁：《理论的幽灵：文学与常识》，吴泓缈、汪捷宇译，南京大学出版社2011年版，第43页。

② ［英］安德鲁·本尼特：《文学的无知》，李永新等译，河南大学出版社2015年版，第181页。

法语非洲文学中文本意图的来源

［法］阿贝尔·库乌阿玛*

“法语非洲文学”这个指称，涉及非洲、北美洲和安的列斯群岛的部分文学文本，它本身会引起确立语言归属感（在这里就是确立法语归属感）之合法性的疑问。有时，“南方文学”这一指称被用来统称这些地理空间中的所有文学创作。但事情并非如此简单。哲学家苏里曼·巴什·迪阿涅①（Souleymane Bachir Diagne）指出了其中的复杂性，他说：“所以，提出这个概念［“南方文学”］②不是为了消除‘法语作家’这个表达所引起的不确定性，而是相反，是为了更好地囊括这些不确定性，将这些不确定性作为所追求概念的构成性因素，作为进入其定义本身的必由之路。在某个时代，‘非洲黑鬼文学’‘黑人’文学或简单来说就是讲法语的‘非洲’文学这样的表达，与那些将文学创作中身份和民族性扁平化的表达一样多，那么，应该将这过去的时代翻过去，简单地宣称去地域化的‘法语文学世界’吗？正因为如此，应该如此地简单化法语写作之非洲文学的新近历史吗？应该宣布具有历史归属感并与某个住满‘居民’之土地融为一体的时刻，走向了‘移民’的跨国、混杂和游牧的时刻吗？也

* 阿贝尔·库乌阿玛（Abel Kouvouama），法国波城大学文学系教授，研究方向：政治哲学、社会和文化人类学。

① Souleymane Bachir Diagne（1955— ），塞内加尔哲学家，哥伦比亚大学法语教授，科学史和伊斯兰哲学专家。——译注

② 方括号内容为译者根据上下文所加，下同。

许在民族建构的抒情幻象之后还要经历一个‘幻想破灭’的时刻?”①

当今一些作者和作家提出“世界文学”的概念，目的在于避开相对于西方“中心”而区分出来的所谓“周边”文学生产。帕特里克·夏莫周②（Patrick Chamoiseau）对“世界文学”这个概念提出了质疑，原因就在于他认为当代叙事所需要的不是“世界—小说”(World fiction)，而恰恰是推翻世界统一体的虚假感知，朝向某种多样性、不确定性、不可预见性、混乱和无序的美学。对格里桑③(Glissant) 来说，当代叙事需要的就是关系，需要从确定性走向不确定性，从旅行走向游荡，从秩序走向繁衍性混沌，从尺度走向对所有出格的出格，从共同体走向个体化的奠基性焦虑，从语言的绝对性走向动摇世界上所有语言的语言的一切可能性。关系这个概念给多样性带来了难以形容的统一，也帮助多样性在不确定和游移不定——震动——中变得可操作。

所以，法语非洲文学既能够揭示作者的实际意图，又会揭示作者多种多样的灵感来源，想象就是这其中不断被提到的一种。法语非洲文学的小说作者们（这也不是他们专有的情况）常常在他们的事件和场景宝库中将想象力和创造力的果实混在一起。非洲浪漫作品中的叙事常常包含图像、象征、隐喻、循环结构以及想象的不同体制（尤其是昼间体制和夜间体制），以便用观念的方式叙述某个事件、转换某种经历和重新创造世界。那么，如何通过小说领会想象性表征之可读性的线索，以及法语非洲文学领域中自治与他治的关系呢?

---

① 参见 Marc Chémol 主编的《南方文学》（Littératures au sud, *Agence universitaire de la Francophonie*, Paris, juin 2009）中，由 Souleymane Bachir Diagne 撰写的前言。

② Patrick Chamoiseau（1953— ），来自法国海外省马提尼克岛的法国作家。著有长篇小说、短篇小说、随笔和戏剧电影剧本，克里奥尔文学运动（提升安的列斯群岛等地白种人后裔文学之精神和文化价值的文学运动）理论家。1992 年获法国龚古尔文学奖。——译注

③ Édouard Glissant（1928—2011），来自法国海外省马提尼克岛的法国作家、诗人和随笔作者。纽约城市大学杰出教授，创造了“安的列斯性”“克里奥尔化”和“全-世界”概念。2002 年开始，法国巴黎八大设立了爱德华-格里桑奖。——译注

一　概念和认识上的注意事项：批评在法语非洲文学中的位置

许多作家和文学批评家都追问过并在继续追问非洲文学中批评活动的位置，尤其是书面文学与批评、口头文学与批评的关系。但是，根据非洲文学使用的语言、其所在的地理空间、表明其特征的书写或口头类型、对之起决定作用的意指领域（champ de significations），非洲文学在其发展中是复数的。因此，一方面，要同时考虑使用通用语言和种族语言表达的民族文学（书面或口头文学，法语、英语、葡萄牙语和阿拉伯语文学）；另一方面，要描绘真正意义上文学对象（即考虑到文学生产和生产者）对象的特征。① 皮埃尔·布尔迪厄明确强调，文学领域斗争的关键之一是文学合法性的垄断，也就是说，这个垄断权力可以在诸多其他事物之中，以权威的方式说谁可以自称作家，甚至直接说谁是作家、谁有权说谁是作家。②

那么，就有必要在非洲文学的总体领域中，首先明确"非洲文学"这个单数表达所具有的复数概念，这个单数表达包含着多种隶属于不同意旨、表达和语言归属领域③的书面和口头文学。此外，还要加上非洲文学中口头与书写之关系的问题。④ 这涉及要有意识地关注非洲文学的潜在问题，尤其是批评在书面文学中的地位，以及用法语书写的文学和用非洲语言书写的文学之间的关系。在法语非洲文学中，剩下的才是"间距"问题（D. Chauvin 与 Y. Chevrel）、"使陈述达成共鸣和联通"⑤ 问题（A. Chemain）以及"语言的超意识"问题

---

① Pierre Bourdieu, "Le champ littéraire", *Actes de la Recherche en sciences sociales n°89*, Paris, Èditions de Minuit, septembre 1991, pp. 3 – 46; *Les Règles de l'art. Genèse et structure du champ littéraire*, Paris, Seuil, 1992.

② Ibid. .

③ 关于这个主题，可参阅 Romuald Fonkoua et Pierre Halen, (textes réunis), *Les champs littéraires africains*, Paris: Karthala, 2001, p. 345.

④ 作为参考书目的指导线索，可以注意以下作者的作品：Lylan Kesteloot, Problèmes du critique littéraire en Afrique, in *Abbia n°8 février – mars* 1965; *Thomas Melone*, *La critique littéraire et les problèmes de langage*: *point de vue d'un africain*, *in* Revue Présence Africaine n°73。

⑤ 参阅 Arlette Chemain "Recherches dans une voie différente II", dans *Imaginaire et littérature II Recherches francophones*, *Nouvelle série*, *n°47*, Centre de Recherches Littéraires Pluridisciplinaires, Université de Nice – Sophia Antipolis, 1998, pp. 10 – 15.

(Lise Gauvin)。

因此，笔者要在这里提及几位作者指出的某些认识上的注意事项，这些作者是专门从事法语非洲文学创作的人。其中包括利亚恩·凯斯蒂特[1]（Lilyan Kesteloot）提出的“非洲文学学派”的观念，这个学派由1930年以来非洲和安的列斯群岛的作家构成。其主要特点是：他们是与某个历史经验群体有关的同一个灵感来源的统一体，作家的（社会）参与是判断文学价值的有效标准，重视书面文学（被视为非洲各民族文化和政治重生的文学）。瓦伦丁·马迪贝（Valentin Mudimbe）则在非洲的文学领域中辨识出一系列因身份不同而分立于3个主要领域的文本：第一，隶属于传统社会—文化范围的口头文学领域；第二，非洲与阿拉伯、欧洲文字第一次接触以来，用非洲语言书写的文学领域；第三，用欧洲语言书写的非洲文学，被归入现代文学行列。[2] 至于罗沙·马德索（Locha Mateso），他试图以奇妙的方式修复现代非洲文学批评的历史。在《非洲文学及其批评》（1986）一书中，罗沙·马德索逐个研究批评的基础、在过去的非洲所进行的批评实践活动以及现代批评到来的条件。对此，可以提炼出以下几点：首先，批评是所有生产语言作品的社会特有的实践，伴随着这个生产的是（如罗杰·法尤勒（Roger Fayolle）所强调的）评估、观察和揭示等基本方法。其次，通过重读口述文本，可以在过去的非洲中辨识出具有文学批评特征的活动。从这个角度来看，批评就表现为一种社会批判——它将作品与黑人民族的历史紧密联系起来。

二　历史叙述与想象生产

为了更好地了解法语非洲文学中小说对想象的大量运用，可以从以下两点来看。

第一点，法语非洲文学将人物切入虚构的历史空间与爆发的想象

① Lilyan Kesteloot, *Les Ecrivains noirs de langue française, naissance d'une littérature*, Bruxelles, Institut de Sociologie de l'Université Libre de Bruxelles, 1963.

② Valentin Y. Mudimbe, *Regard sur les littératures africaines*, in *Revue Recherche, Pédagogie et Culture n°33*, Janvier – Février 1978, pp. 3 – 4.

之中。实际上，小说作品揭示了历史作家的自我表征。对他们来说，不是要将历史视作过去与当下事件过程的整体来进行书写，而是要在这些事件过程的整体上发展出另外一个虚构的叙事。因此，在大多数长短篇小说作品中重叠着历史的两个维度：作为世界历史和运动的历史和作为意义（sens）运作的虚构历史——这个意义运作是作家用图像以及图像关系的力量［用吉尔伯特·杜兰（Gilbert Durand）的话来说，就是“被思考过的资源（capital pensé）”］构造的。

第二点是哲学和人类学的，即主要研究主体生产文学意义（sens）的模式，并召唤实践和象征系统一起来构造与他者、社会和自然的关系。由此，作者的意图就通过如身份、差异和主体间性问题在小说书写中显露出来。

许多学者致力于法语文学［尤其是利迪·莫迪勒诺[①]（Lydie Moudiléno）］的研究工作[②]，总结出法语作者/作家与真实或虚构历史之间的关系存在3个特性化的主要时期。

第一个时期是1916—1980年，法语作者/作家把真实或虚构的历史写成殖民历史的反叙事，并直接或间接地提出黑人文化与精神价值以及泛非洲主义。除了这些受黑人文化和泛非洲主义影响的作家，如：桑戈尔（Senghor）、塞萨尔（Césaire）、法侬（Fanon）等之外，还有质疑传统与现代关系的作家，他们要求获得自身认同，如：谢赫·哈密多·凯恩（Cheikh Hamidou Kane）、费迪南德·奥由诺（Ferdinand Oyono）、蒙戈·贝蒂、西尔万·本巴（Sylvain Bemba）、亨利·洛普斯（Henri Lopès）、保巴卡·鲍里斯·迪奥普（Boubacar Boris Diop）、威廉·萨辛（William Sassine）等。其他人，如阿马杜·韩巴特·芭（Amadou Hampaté Ba）则从事口头文学到书面文学的转化研究工作，

---

① Lydie Moudiléno, Littératures africaines francophones des années 1980 et 1990, *Document de travail n°2*, CODESRIA, Dakar, 2003, p. 93.

② 尤其可参阅 Bernard Mouralis, *Littérature et développement. Essai sur le statut, la fonction et la représentation de la littérature négro－africaine d'expression française*, Paris, Silex, 1984, p. 572; Locha Mateso, *La littérature africaine et sa critique*, Paris, ACCT/Karthala, 1986, p. 399; Jànos Riesz et Véronique Porra, *Français et francophones. Tendances centrifuges et centripètes dans les littératures françaises/francophones d'aujourd'hui*, Bayreuth, Ed. Shultz et Stellmacher, 1998, p. 220。

强调口头文学对文学书写的重要性。

第二个时期是1980—1990年，这期间出现了一代法语非洲作家，他们的小说叙事和反叙事与前一个时期有明显不同，因为他们对小说历史的重新书写参照了当代后殖民时代的历史，废除了非洲的独裁权力和专制政体，如：蒙戈·贝蒂（Mongo Béti）、森百纳·乌丝马纳（Sembène Ousmane）、艾哈迈多·科罗马（Ahmadou Kourouma）、伊曼努尔·东格拉（Emmanuel Dongala）、索尼·拉普·坦西、蒂尔尼奥·莫内内博（Tierno Monenembo）、肯·布格尔（Ken Bugul）、韦鲁尔·利金（Werewere Liking）、让-马丽·阿佳菲（Jean-Marie Adjaffi）等。

第三个时期是从1990年到现在，这个时期的法语文学创作主要由散居世界的非洲人完成，他们可以选择地点、名字、景观和主题（流亡、异化排斥等），他们致力于欧洲和美国的大都会描写，如：卡利克斯西·贝亚拉（Calixthe Beyala）、保罗·达克约（Paul Dakeyo）、阿布巴卡尔·迪奥普（Aboubacar Diop）、利安德烈-阿莱恩·贝克（Léandre-Alain Baker）、丹尼尔·比亚乌拉（Daniel Biyaoula）、萨杜·博科姆（Saïdou Bokoum）、阿莱恩·马班科（Alain Mabanckou）等。

因此，南方文学在认识论上非常复杂，它使得想象在小说中尤其是法语小说作品中显得非常重要。想象的概念是多义的。根据所采取的视角，根据使用想象的作者或作者所参照的理论领域，想象会指向含义的多样性。当我们谈到社会想象或个人想象时，我们诉诸的是一个与想象之通常含义明显不同的概念。这涉及在图像关系网所赋予含义的帮助下，群体或个体表现世界的能力。在人们试图在语言的象征规范中记录穿越心灵的图像之前，这些图像就已经呈现出来了，它们隶属于独特的个人史。

三　作品身份与作者身份

作品身份问题不可避免地要面对主体身份（作者身份）问题。[①]

① 张江教授在其研究中强调“没有作家的生产，文本就不存在”。参见张江《作者能不能死》，《哲学研究》2016年第5期。

因为写作主体创造了书写作品，通过一系列具有含义的语词或句子，也就是一系列实践和象征性的系统（主体通过这些系统构造与他者、自然和社会的关系），在文献中留下写作的痕迹。任何作品都带有真实或想象的主体、在世界中和在世界之外的主体的感觉和经验。因此，作品就像主体在与他者和世界的关系中所经历或想象之经验的物化。作品成为人们彼此书写和记忆痕迹的揭示者。① 作品是主体通过书写复活和分享过去或当下经验的工具，② 而书写则是给予话语生产以自由的过程。

然而，正如米歇尔·福柯所指出的，在所有社会之中，话语生产"被某些过程控制、选择、组织以及重新分配，这个过程的角色就是消除力量和危险、掌控偶然事件、逃避繁重和令人生畏的物质性"③。福柯所指出的这些排斥的过程中，最明显、最日常的就是禁忌，因为我们没有权利无话不说，我们不能不分场合地无所不言，不是无论什么人都能谈论无论什么事。书写服从禁忌这一点，也可以与被允许写作（也就是留下可能让他者认知的痕迹）的主体所具有的优先或排他的权利相对照。书写作为交互认知和交互理解的方式，在想象或近或远的地理空间中，将个体与独特主体性关联起来。这也是为什么如果我们在福柯的启发下进行扩展的话，就可以说，成为话语的书写具有可怕的力量，因为话语不是"简单表达斗争或统治系统的事物，而是我们斗争的目的和工具，是我们所要占有的权力"④。

如果我们同意皮埃尔·布尔迪厄的说法，即（哲学）话语和所有其他形式的表达一样，是表达意图与产生表达意图的社会审查之间进行交易的结果，那么，我们就可以采取这个客观上批判的视角，也就是在所有书写产品中，分析以其所重视的语言市场运作为原则的社会

---

① Joël Candau, *Anthropologie de la mémoire*, Paris, Armand Colin, 2005, p. 114.

② 我们一般在写作演进中区分四个历史时期，在这四个历史时期中，图式表征逐渐远离了表征对象，以便更接近于信息的发声形式；在这个综合性写作中，图式符号表征一个对象或一个概念；在分析性写作中，书写规则再造了口头语言的不同音节；在字母式写作中，每个图式象征都与所言链条的某个声音相关联。

③ Michel Foucault, *L'ordre du discours*, Paris, Gallimard, 1971, pp. 10 - 11.

④ Ibid., p. 12.

逻辑和符号逻辑；[①] 因为语词和句子在这个市场的发展，不仅是以一系列重要因素（文化的、科学的、社会的、符号的等）和相互区别的属性（每个特定领域所支配的每个主体之社会身份的固有属性）的运作为基础，也还以语言习惯和“使得所有语言交换得以发生的符号统治效果”为基础，因为布尔迪厄接着说，“语言力量的关系从来就不是由当下种种语言能力之间的单一关系决定的”[②]。这也使得书写与权力、统治、言说之间的关联得以建立，因为主体能够书写、阅读其所写、言说其所写，因而能够叙述和谈论一个事件，也就是通过自我和他者的亲身经历，将事件变成情节；但主体也能够谈论一个虚构的故事。

因此，书写作品可以在原话语[③]（méta - discours）的形式下进行领会，即在书写作品背后，原话语的默认会表现出另一问题，也就是作者及其文本的身份问题。这个问题也会提出著作融入时间过程（即所有过去和当下事件进行的场所）的问题。主体写作的时间没有重新收集的力量，没有揭示含义和其他读者—主体理解的力量，它只能建立互为条件的两个范畴空间的创造性辩证法，保罗·利科称之为“经验空间（espace d'expérience）”和“盼望视域（horizon d'attente）”[④]。在书写中，历史与虚构的关系被确立为自我认同和叙事认同的关联点。这个点也是书写话语与讲述话语的连接点，也就是通过历史时间性而置于情节中的叙事点。按照利科的观点，这个时间性是联结着过去、当下和将来的整体；因为历史这个术语可以被同时理解为“事件

① 尤其参阅 Pierre Bourdieu, le chapitre *Le champ littéraire et la lutte pour l'autorité linguistique* in *Ce que parler veut dire. L'économie des échanges linguistiques*, Paris, Editions Fayard, 1982, pp. 46 - 58。我们要注意，在皮埃尔·布尔迪厄那里，可以看到 4 个区域：讲话者的身份、权威资源、本金以及代言人的位置。

② Pierre Bourdieu, *Langage et pouvoir symbolique*, Paris, Editions Fayard, 2001, p. 107.

③ Méta - discours 国内一般译作“元话语”，但 méta - 在希腊语中尽管有多种用法，但基本表达的是“在（时间或空间）……之后”（cf. *Le grand Bailly. Dictionnaire Grec - Français*, Paris, Hachette, 2000, p. 1258.）。本文中作者也是取“在书写背后”的意思，故此处暂译作“原话语”。至于 méta - discours 是否能理解为“元话语”，需要另作研究讨论。——译注

④ Paul Ricoeur, *Temps et récit* 3. *Le temps raconté*, Paris, Seuil, 3ème édition, 1985, pp. 374 - 433.

过程的整体和与这个过程相关的叙事整体"[1]。这就是书写与口头文学能够同时作为个体和集体回忆之载体的原因。[2]

四　文本、作者与意向性：哲学和人类学分析要素

为了分析和说明文本—作者—意向性这个三段式，我将诉诸一些小说，并逐个分析。

1. 法语文学中小说的文本、迂回和悖谬

一种在地志学和想象之诸景观上的始终如一，似乎贯穿了法语非洲文学的大部分小说。推动作家置身于含义转移之罅隙和交叉地带的就是三极性，[3] 以此能够在文本和书写中召唤社会现实。通过作者、书写的流动性空间、语言以及包含想象的情节来置入这些意向性，这个转移空间实际上是既远离又切近于非洲、欧洲、美洲—安的列斯群岛的空间，是热带国家。我们会得出这样的印象：在人物、事物、具体地点、呈现生死场景的名称所指的背后，总是展开着不同但又切近的社会和想象的交叉，在某种程度上，距离被情势的相近性毫不夸张地取消了。因此，外国作家尤其是拉丁美洲作家，如果想要了解当代刚果文学中的参照要素并对其大致一览的话，会去定位意指（significations），会去探索那些"在别处"看来神奇和悲剧性的开创性意图网络的原因，在那里，他者常常被用作思考普遍性和独特性的标识性模型。地点认同、被统治状况的认同以及在小说写作中的认同，这三个既真实又想象的状况记录，在许多法语作家眼里，被包裹在"热带性"这个概念的单一紧密性之中。索尼·拉普·坦西在写作和访谈中，不断声明以艾梅·塞萨尔（Aimé Césaire）为榜样的"热带性"，这种"热带性"就是可以拉近拉丁美洲作家的一切。实际上，谈到热带地区，索尼·拉普·坦西是这样说的：

---

① Paul Ricoeur, *Temps et récit* 3. *Le temps raconté*, tome III, Paris, Seuil, 3ème édition, 1985, p. 185.

② Joël Candau, *Anthropologie de la mémoire*, Paris, Armand Colin, 2005, p. 115.

③ 三极性，即文本—作者—意向性这个三段式。

> 有两件事确实非常非常清楚：我们具有相同的地理属性，你们不能不考虑这一点。即使那些对地理进行过深入研究的人，也知道大陆漂流就是这样一种裂口。这只是一种理论，但我们可以考虑这一点。另外，在热带地区，当我们第一次谈到……人们很快理解……存在着一种不能否认的话语的热带性，不管是用西班牙语、葡萄牙语、刚果语、林格拉语（刚果西部使用的一种混合班图语）或姆博希族（刚果北部）语。这个言说之热带性的来源，就是我们是原始森林中的黑人这一事实。①

正如尼古拉斯·马丁－格哈奈尔（Nicolas Martin－Granel）强调的，他的热带性在他的写作中是以“默认践行”的模式实现的。对于索尼·拉普·坦西来说，写作就是占据进步的空位，是一种默认的践行行为，“做事就是说或写”。在此意义上，索尼是一个“置言官（logothète②）”（这个词借自罗兰·巴特），也就是语言奠基者，就像索尼在最近的一本小说《痛苦的开端》（*Le Commencement des douleurs*）中所揭示的：

> 我们是被上帝和魔鬼选中的有着古老渊源的民族。每天早上，从睡梦中醒来，在沐浴前的第一个动作就是数万博沿岸的岛屿，检查Solitude和Payila在夜里有没有移动，Pasgora和Masgapa是否一直在它们最合适的位置上，Yondo是否还是Yondo。一旦这些清点工作完成，我们一个接着一个爬上Karahounga为死者祈祷。在古老的语言中，Karahounga意思是“颅骨山丘”，因为在那里，我们面朝大地，我们向上帝诉说我们的挫折……在Hondo－Noote生活的某些白人，大多数是西班牙人和葡萄牙人，最后也开

① Sony Labou Tansi，*L'autre monde écrits*，Textes reunis Par Nicolas Martin－Granelet Bruno Tillette，Paris，Editions Revue Noire，1997.

② Logothète原意是拜占庭帝国的一个行政职位。罗兰·巴特在1974年的著作《罗兰·巴特反对被认可的观念（*Roland Barthes contre les idées reçues*）》中用这个词创造了一个新的概念：Logothète不是“发明语词的作家，而是懂得在世界、在他的世界中去看到……要素、特质和单元……的人，这样的人以独创的方式组合和布置这些要素、特质和单元，就好像他在用这个新语言第一次生产文本”。——译注

> 始模仿我们的风俗习惯。所有人都在说古老的语言，吃 Karahou 的树叶，因为这些树叶能保持青春。他们中很多人因为向利比亚或黎巴嫩的批发商贩卖旧衣服而发财……白人和黑人，我们和平相处，直到关于亲吻的谎言开始。我们从来没有想过要去买俄罗斯或罗马尼亚的军事废铁：我们发誓要将这样的行当留给我们 Coste - Norda 的邻居。哎！确实有亲吻！散发着涂有厄运颜色的木头味道。①

这就是安托万·伊拉（Antoine Yila）的批判所在，即索尼·拉普·坦西的文学生产通过形式上的相互依赖以及审美形式的置换，就像是一种进行定义和被别的语言定义的语言。实际上，索尼并不自认为是知识分子，而更是“世界和生活的符号工人”，懂得运用法语语词的人：“当有人跟我说我要去你们系里为学生作报告，我想：好了，他们饿了，他们想要快餐食品。我想起我在某处读到的一句话：‘我们要找扮演食人族的演员。’让我给你们说一件事，仅仅在我们之间的一件事：如果你们真的饿了，你们搞错了快餐食品。因为我不会去做报告，因为报告、交流、专题讨论会是 20 世纪的工具，我想说我不是只活在 20 世纪。非洲作家不能只活在 20 世纪……这也是为什么，在我这里，与其给你们做一个关于我的作品的报告，我更想跟你们谈论我关于世界和生命符号工的功能，我担心会糟蹋了这个论题，我马上就可以告诉你们，我的言词不是神圣不可侵犯的（我害怕永恒真理，它们总是让人后背发凉），不过，我认为真理是情势性的、时间性的、多中心的，就像依赖日月的美。’”② 许多关于小说写作的批评③抓住某些常规的问题，即处于真实和想象、可数和不可数、可说或不可说之边缘的东西。而我要说，索尼通过用嘲讽的距离全面开动

---

① Sony Labou Tansi, *Le Commencement des douleurs*, Paris, Editions du Seuil, 1995, pp. 16 - 17.

② Sony Labou Tansi, *L'autre monde*, *écrits inédits*, Textes réunis par Nicolas Martin - Granel et Bruno Tillette, Paris, Editions Revue Noire, 1997, p. 39.

③ 尤其包括：N. Martin - Granel, L. Mudaba Yoka, Georges Ngal, P. Monsard, Xavier Garnier, A. Ntonfo, D. Mvouangui, A. Yila, Ph. Makita, L. Atondi - Monmondjo.

的命名世界，以及致力于“呼喊人性”的欲望，用其社会学基本点和虚构记录的形式，创造了文本和社会的同源关系；这样，地点和人物的指称就给予了情势性参照以符号和意义。索尼的写作空间就是暗喻空间，它是不可直观的，在小说叙事的双重总体化过程中（既是虚构叙事又是历史叙事），它会有其他意味。索尼召唤历史、社会、世界和宇宙，以便用他的方式提示：时间不是在时间中言说的，生命与卑劣和死亡作斗争，在人性的全部饱满之中证实人性并宣布其有效性。将人的世界一分为二（有度的世界和过度的世界）的界限是由理性与疯狂的边界构造的。索尼的疯子世界正是个体对“人命”的保留，这是为了逃离社会法则的“野蛮”。①

2.《被打碎的玻璃杯》（*Verre cassé*）中的作者意图

作家阿莱恩·马班科的小说《被打碎的玻璃杯》将情节设置在生命历史的无穷流动之中，并留下了小说不同人物在情节游戏中的痕迹；在对天然状态的自我和真理的永恒追寻中留下了口头与书写相互交锋和设置关系的痕迹；最后，留在读者记忆中的痕迹——在那里，生活场所、愉悦、痛苦的展现，使得作者在论及的情势和事件中进行顽固的突然转变时，具有一种完全独特的色调，就好像这些事件真的被这些人或那些人亲身经历过。这个小说作品留给我们的痕迹就是这种感觉和感知。为了理解小说在人类学和哲学上的影响和意义，我们随后要考察：口述的和书面小说是如何借助于对错综复杂个体历史的分析，找到了积极行动之主体性的化身之地——一个有选择的想象场所。

小说《被打碎的玻璃杯》不可避免地会被纳入到刚果—布拉柴维尔和刚果—金沙萨的创作历史语境之中，这个小说标题所穿越的文学场域，既包括书面的也包括口头的。刚果—布拉柴维尔和刚果—金沙萨的音乐场域和文学场域构成了一个展现口头和书面生产的文本关联空间。在历史上，“被打碎的玻璃杯”这个标题首先是在1969年，由刚果-金沙萨的音乐艺术家鲁图巴［Lutumba，别名司马赫（Sima-

① Sony Labou Tansi，*L'autre monde écrits*，Textes reunis Par Nicolas Martin - Granelet Bruno Tillette，Paris，Editions Revue Noire，1997.

ro)］使用的，2005 年才被刚果—布拉柴维尔的作家阿莱恩·马班科所使用。通过这两个创作者文本的几个节录，考察创作的模式以及书写和口头的关联，我们就能在真实或想象地点的描述中发现关联，在他们所使用的时间性中发现他们所谈论的事件。第三担保人（tiers - garant）的呈现标志了主角发展变化所在的世界，这个第三担保人以见证人的性质，为彼此混杂的不同个体历史提供合理性，为将回忆上升为言词提供合理性，为书写将所述历史、所经历历史和事件记忆连接起来提供合理性。

一方面，“被打碎的玻璃杯”是音乐艺术家鲁图巴创作的用法语命名的林加拉语歌曲文本。一个人用歌曲叙述了社会悲歌，他讲述了在一个周六节日的金沙萨城舞厅，在 10 年的沉寂之后，他对一段曾经热烈但破裂了的爱情之回忆。并且这些歌词还伴随着非常有表现力的刚果伦巴舞旋律：

> 这个周六是一个有问题的周六
> 我不想出门 免得烦恼
> 我做的梦是一个有问题的梦
> 现实的欲望勾勒出了问题
> 沉寂十年，而今天
> 你给了我你内心深处的理由
> 我曾经提醒过你不要离开
> 我不想和你分手
> 今天这（爱）成为
> 被打碎的玻璃杯 无法修复
> 我求过你留下来
> 你不听我的
> 现在你正在
> 你的角落里苦苦等待
> 而我现在已经结婚了
> 而我曾经提醒过你
> 不是所有闪光的都是金子

另一方面，作家阿莱恩·马班科的故事则是在布拉柴维尔的一个想象中的叫作“旅行信用”的舞厅里发生的诸多事件。“被打碎的玻璃杯”是这个舞厅一位64岁常客的名字，他以前是一个自修小学的教师，用酗酒的方式驱散自己的婚姻挫折感。“顽固的蜗牛”是这个舞厅酒吧的所有者，他整日操心着要为后代留下场所的痕迹和记忆。“被打碎的玻璃杯”有写作激情，接受了“顽固的蜗牛”交给他的任务，即在一个小本子上记录每个经常来舞厅的人的生活故事。用小本子作为主要工具的写作被设立为需要与遗忘做斗争的酒吧和个体记忆的忠实捍卫者：“这个国家的人没有与记忆对话的意识，长卧不起的祖母讲述故事的时代已经结束，时间从此需要写下来，因为这是仅剩之物，言说是黑色的烟雾，是野猫尿。‘旅行信用’的老板不喜欢诸如‘在非洲，当一个老人死去，那就是一座图书馆被烧毁了’这种话，当他听到这样的陈词滥调不断出现，他就更为恼火，并且马上说：‘这得看是哪位老人，别犯傻了，我只相信写下来的东西。’所以，为了让他高兴，我在这里涂写别人的时间，并不真的对我所叙述的内容感到确信，我开始对这个感兴趣有一段时间了……但是，当我想和我能的时候，我想保留我写作的自由，没有比强迫的工作更糟糕的了，我不是他的黑奴，我也为我自己写作，因此我不喜欢站在他翻阅这些纸页时的位置来考虑，在这些纸页中，我不会对任何人有所安排；但当他读到这些的时候，我不再是他酒吧的顾客，我会拖着我骨瘦如柴的身体在别处游荡，我会偷偷把这些资料交给他，并对他说‘任务完成’。”①

我认为即使是在批评性和嘲讽性分析的维度中，法语小说文学也保证了公民资格实验中个体教育和培养的功能，通过反思和创造的练习来教授自由。最后，透过他们的文化独特性和多样性，法语非洲作家的文本文学作品同时具有个体和普遍的辩证性。

（译者：汤明洁，中国社会科学院哲学研究所助理研究员，博士，研究方向：法国哲学。）

---

① Alain Mabanckou, *Verre Cassé*, éditions du Seuil, 2005, p. 11.

文本意义的“多源共生”

曾 军*

一 文本意义的多个来源

文本意义从哪里来？这个貌似不言而喻的问题要真正回答起来，并不那么容易。孔子说，“发乎情，止乎礼”。如果把这话套用到对文本意义之源的分析会发现，一方面，文本的意义来源于文本创造的主体，来源于主体的情感、思想、欲望或者想象；另一方面，文本意义的生成还受到其他因素的干扰和影响，比如说意识形态的影响、伦理道德的制约、理想读者的期待以及文本创造时各种非智力因素的干扰，等等。把文本意义之源的问题放到学术史脉络中来讨论，还涉及核心概念的辨析和既有理论的阐释范式等问题。

在核心概念的辨析方面，“文本意义之源”涉及“文本”“意义”和“源”三个关键概念。每一个概念，都有各自的概念史以及在不同理论场域中的特殊意义。

首先看“文本”。在英语中，“text”一词的词根“texere”的意思是“编织”，还可以表示“制造”。①“文本”概念真正被引入文学

---

* 曾军，上海大学文学院教授，研究方向：文艺学和文化理论与批评。

① 参见［美］诺曼·N. 霍兰《整体、本体、文本、自我》，赵兴国译，载中国艺术研究院马克思主义文艺理论研究所外国文艺理论研究资料丛书编委会编《读者反应批评》，文化艺术出版社 1989 年版，第 196 页。

理论是罗兰·巴特的学术努力。在《从作品到文本》中，罗兰·巴特将“文本”确定为与“作品”相对应的一个概念。作品是文学的物化形态，是一本写作完成并固化形态的有待打开的书本；而文本则是作者运用语言符号“编织”的产物，也是读者通过阅读而在头脑中建立起来的意义空间。① 因此，“文本”概念更强调文学的意义形态，而非物质形态。正是因为文本的精神性特性，使得“文本”可以超越其物质存在方式，甚至超越其原有的基于语言符号而生的特性，可以用来泛指一切能够产生意义的日常行为、文化现象和社会事件。这就是为什么，“文本”的概念到了文化研究学者那里，开始发展出“文化文本”和“社会文本”的原因。② 不过，无论是哪种“文本”，它们在研究方法上都有一个共同点，就是将文本视为一种结构化的因素和被编织的符号。

其次，“意义”是人文学科研究的核心问题。文史哲这些人文学科最重要的使命就是赋予人的存在、行为及其产物以意义。“意义”这一概念因此变得更为复杂。“对于文学理论和解释学来说，给予‘意义’问题以任何令人满意的解答都是很困难的。”③ 在不同的理论中不仅含义不同，而且有不同的术语指称，如意图（intent/intention）、意愿（wish/desire/aspiration）、意念（idea/thought），大体与意义生产的主体有关；意思（meaning）、意味（significance）、意蕴（implication）大体与文本的字里行间的内容有关；如果从语言学、符号学的角度来看，与“意义”有关的术语就更多了，如词汇意义（lexical meaning）、语法意义（grammatical meaning）、字面意义（literal meaning）、隐喻意义（metaphorical meaning）、寓言意义（allegori-

① 如罗兰·巴特所说：“作品是感性的，拥有部分书面空间（如存在于图书馆中）；另一方面，文本则是一种方法论的领域。”［法］罗兰·巴特：《从作品到文本》，杨扬译，蒋瑞华校，《文艺理论研究》1988 年第 5 期。

② “文化文本”这一概念是在没有得到真正界定的情况下被使用的，经常以“大众文化文本”“民族文化文本”等特定的文化类型相联系。“社会文本”（social text）则因 1979 年弗雷德里克·詹明信等人创办的文化研究期刊《社会文本》而备受关注，一方面因其成为美国文化研究的标杆，另一方面又因“索卡尔事件”而受到牵连。

③ Sheriff, Johnk, *Introduction to The Fate of Meaning*, New Jersy: Princeton University Press, 1981, p. xi.

cal meaning)、象征意义（symbolic meaning)、字典意义（sense)、内涵之义（connotation /intension)、外延之意（extension ）、隐含之意（implication)、指示之意（denotation)、指涉之意（referent)、潜在意义（undertone)，等等。① 汪正龙把文学意义在当代西方文论中的演变概括为“以作者赋意为中心（近代以前)、文本传意为中心（20 世纪上半叶)、读者释义为中心（20 世纪下半叶以来）三种文学意义观念的历史演变”，而“赋意、传意和释义作为历史上依次出现的三种意义生成方式”来加以理解。② 这也暗合了当代西方文论从“作者中心”到“文本中心”再到“读者中心”的演化逻辑。如果再加上张江的“理论中心论”③，即认为在“读者中心”之后出现了以理论为中心的特点的话，那么，文学意义也出现了全新的以“理论中心”为特点的“征义”新形态。所谓“征义”即文学的意义既不是来自于作者的“赋意”，也不是文本的“传意”，也不是读者的“释义”，而是对文学之外的社会理论和文化理论的场外征用、强制阐释而形成的意义呈现方式。④

第三个概念是“源”，对应的英文是“source/origin”，但究竟是“起源”（事物产生的根源；发源)，“来源”（根源；起源；产生）还是“本源”（事物产生的根源)，或者“根源”［（1）使事物发生的根本原因 。(2）起源（于)；发生（于)］? 该词的汉语含义往往采取同义互训的方式进行，颇多纠缠。如果暂时搁置涉及的理论问题复杂化，我们可以采取比较简便的处理办法。所谓“源”涉及两个问题：(1）发生之处、来源之所；(2）使事物发生的根本原因。前者关注的是意义“从哪里来”，后者则聚焦于意义“因何而产生”的问题；前者将意义视为一个固有之物，随时可以从“发生之处、来源

① 参见吴琪、季广茂《从指示到征兆：文学文本意义的结构及其解读》，《美育学刊》2012 年第 2 期。

② 汪正龙：《文学意义研究》，南京大学出版社 2002 年版，第 30 页。

③ 张江：《理论中心论——从没有文学的“文学理论”说起》，《文学评论》2016 年第 5 期。

④ 还值得注意的是，“意义”并非文学的唯一或最高的价值，“情感”“审美”等维度也是必不可少的。因此，当我们讨论“文本意义之源”问题时，还有必要对这一问题预设本身所包含的“审美维度的缺失”予以高度警惕。

之所”取出；后者则将意义视为一个生成之物，只有在特定的时间、空间、情境下，受到特定的触媒的影响，才得以生成。

初步厘清了“文本意义之源”的基本概念之后，既有的相关理论的阐释范式就容易把握了。围绕“文本意义之源”的讨论，综合起来，中外文论史中已经形成了若干种不同的解释框架。

（1）源自作者。其代表是社会历史批评，以探究作者原意作为研究目标。（2）源自文本。其代表是结构主义、新批评。如新批评的“意图谬误”说批评的就是将文本意义归因为作者创作意图的假设；结构主义强调“文本之外，一无所有”。（3）源自读者。其代表是后结构主义、接受美学和读者反应批评。如著名的口号“作者之死”以及“一切阅读都是误读”等。（4）源自理论。以20世纪后半期的文化理论为代表，强调“没有文学的文学理论”，认为文本意义既不来自于文本本身，也不来自于作者的意图，而是批评家对各种既有社会理论、文化理论等现成结论的征用和套用。（5）源自对话（相遇）。受哈贝马斯“对话交往理论”和巴赫金的对话主义启发，认为文本意义来源于作者、文本、读者、现实，包括理论之间的相遇、碰撞、对话甚至对抗。上述这几种解释框架大体可以分为两类：一类是“实体论”，即认为文本意义的起源有一个实体的主体或对象，意义经由它创造、保存或发送。实体论同时预设了判断文本意义的标准，即与这一意义创造、保存和发送实体相一致的意义，就被认为是“原意”，是意义的最高标准，这就是所谓的“意义优先权”问题。拥有了这一“意义优先权”就可以将其他可能生产出来的文本意义判断为“误读”“曲解”。因此，“误读论”不只是“接受美学”一家的发明，而是所有“实体论”在文本意义阐释方面必然的逻辑产物。另一类是“生成论”，即认为意义既不是产生于作者，也不是产生于文本，读者、现实（理论），而是产生于这些意义主体的相互关系之中，来自于以“文本”为中介的作者与文本、读者与文本、现实与文本、作者与读者、作者与现实、读者与现实等多重维度的相互关系的交流对话、矛盾冲突之中。“关系论”“对话论”“互文性/互主体性”“文学活动论”等多为如此。

无论是“实体论”还是“生成论”，在解释文本意义之源的问题上，还存在一些自身无法解决的理论难题。不同的侧面包含着不同的理论背景以及可能的盲视与洞见。单一的阐释模式不可能完全涵盖文本阐释的所有现实；同样，将各种文本意义阐释模式加以综合，试图构建一个稳定的阐释框架和体系，同样无法穷尽具体的现实的文本阐释行为。“对话交流”——关键是“怎么对话、怎样交流”，每一次邂逅相遇，都会触发不同的机关，形成不同的理解和阐释的场域。因此，我们必须调整理论建构的思路：一方面，我们要克服“一元论”范式，即从单一的逻辑起点出发来确定“文本意义之源”的想法；另一方面，我们还需要克服“体系论”范式，即试图构建放之四海而皆准的固定不变的理论体系。

二 从“多元共生”到“多源共生”

文本意义之源既不能没有“来源之处”，也不能缺少“触发之因”，必须将两者结合起来一起考虑，既能够从“实体论”角度解决文本意义的“起源”问题，还要能够从“生成论”的角度解决文本意义的“发生”问题。解决这一问题的最佳方案，就是将两者综合起来。

从“实体论”的角度不难发现，文本意义并非单一的来源，它既可能来自于作者，也可能来自于读者，也可能直接蕴含于文本本身，因此，文本意义来源之处的“多源”现象是显而易见的；从“生成论”角度来看，任何来源之处的文本意义，都只是以潜在的状态存在，只有出现了“触发之因”，潜在的文本意义才浮出水面，并在与触发之因的碰撞中生成新的意义。这就是为什么，文学艺术作品能够常读常新，经典诠释能够成为学术史的重要原因。如果从实体论的角度我们关注到了文本意义的“多源”现象的话，那么，从生成论的角度，我们则会注意到多源因素的交织影响下文本意义的“共生”问题。

因此，我们想提出一个“多源共生”的看法来解决文本意义之源的问题。[1] 与“多源共生”相关的，是近四十年来，在改革开放的背景下，一方面受西方后现代文化多元主义影响，另一方面对当代中国自身的文化多样性的强调，不少中国学者提出的“多元共生”的主张。目前广为大家接受的“多元共生”观念其实是后现代主义文化多元主义与中国古代天人合一、共生共荣思想的组合，长期流传使用，已产生了非常大的学术影响力。作为一个学术术语，“多元共生”最早是出现在生物学、地质学以及相关工程技术研究领域，用来描述某一历史时期、特定地理环境内，物种和物质存在的多样性和共存性；[2] 20 世纪 80 年代后期开始引入对文化问题的思考，成为与“线性进化”和“一元正统”相对立的概念，[3] 并在 20 世纪 90 年代初被贴上“多元论”的标签。不过，随着邓小平南方谈话，中国重启经济改革，明确了社会主义市场经济的方向，“多元共生”再次成为中国融入世界，积极应对全球化浪潮的重要观念，如王宁的《多元共生的时代：二十世纪西方文学比较研究》（北京大学出版社 1993 年），此后持“多元共生”观念的学者和文章开始多了起来。进入 21 世纪之后，世界面临新的“文明的冲突”，在恐怖主义的威胁、民族主义的兴起以及金融危机的扩散等多重因素的影响下，逆全球化趋势正在形成，曾经支撑二战后欧美西方发达资本主义国家的文化多元主义思想也开始受到批判性反思。伯明翰学派的精神领袖斯图尔特·霍尔在 2000 年左右曾连续多次以“多元文化问题”为主题做讲座，核心的议题就是对多元文化的反思。在他看来：

---

① “多源共生”的提法来自“多元共生”一词。在“首届西方文论中国问题高层论坛”的讨论中，中国社会科学院外国文学研究所副所长吴晓都教授提出“多元共生”，并引起了强烈的共鸣。

② 如孔昭庆《大吉山钨矿床成矿规律研究》（《地质与勘探》1982 年第 6 期）中提出“大吉山钨矿床多元共生模式”问题。

③ 分别参见萧扬、胡志明主编《文化学导论》，河北教育出版社 1989 年版；李建平《新潮：中国文坛奇异景观》，广西人民出版社 1989 年版。其中影响最大的，当属刘再复在接受《文学报》采访时所说的：“让我们在哲学上思维上有一个根本的变化，摆脱这种悲剧性的争斗，通过多元竞争、多元共生、多元整合，建立新的生命秩序。这不仅是一种方法，而且是一种文化精神，一种博大的情怀。”参见肖路《为文学艺术的多元结构而奋斗——访刘再复》，《文学报》1988 年 11 月 24 日。

> “多元文化”这一术语的确业已意味着一个扩散的、非常富有弹性的、模糊的、永远不得要领的领域：一片狼藉，包罗万象却找不出头绪。它涉及五花八门的政治策略。因此，保守派的文化多元主义把差异性归结到多数人的习惯之中，自由派的多元文化主义使差异性隶属于市民的普遍要求，多元论者的多元文化主义把差异性圈进各个社区联合起来的社会秩序中。商业的多元文化主义是在异国情调的“他者”视阈中开发和消费差异性，社团的多元文化主义则是以利益为中心来经营差异性。与此相应，多元文化主义就有了各种不同的敌人。①

很显然，多元文化主义以其自身思想立场的多元性，也正面临着内部解构的危险。霍尔在另一次同题演讲中指出，“多元文化问题在特殊人种和种族上，对我们的传统民族有着破坏性的影响”，还认为，“多元文化问题的粗劣之处在于它有着两头讨好的逻辑”。② 多元文化主义在理论倡导与文化实践中，因其过于强调少数、边缘、弱小、局部、被压抑的权利，而在逻辑上消解掉了“普适”“共同”“共通”的合理性。正因为如此，朗西埃在《文学和政治的伦理转向》中无奈地发现，“人权变成了那些无法实现人权的人们的专有权利”③。这正是多元文化逻辑之下必然出现的伦理困境。有鉴于此，有必要克服“多元共生”中的“文化多元主义”价值立场的不足，通过启用“多源共生”，以更加客观的事实描述的方式呈现文本意义来源的“多源”和发生的“共生”。“多源”陈述的是一个文化起源的客观事实，是从不同的民族区域文化，在不同的历史语境中生长；而“多元”更强调对当下现实存在的“多样性的甚至是彼此有严重分歧和差异的文化取向”的一种描述和认可，其背后有着“存在的即是合理的”的逻辑支撑。“多源共生”强调的是“一”和“多”的辩证，不是只

① ［英］斯图尔特·霍尔：《多元文化问题》，李庆本译，载广东美术馆编《第三届广州三年展读本1》，澳门出版社有限公司2008年版。

② ［英］斯图尔特·霍尔：《多元文化问题》，肖爽译，《上海文化》2016年第4期。

③ ［法］朗西埃：《美学和政治的伦理转向》，蓝江译，https：//site. douban. com/264305/widget/notes/190613345/note/539172005/。

要“一”，不要“多”，也不是只要“多”不要“一”，而是“一中有多，多中含一”的“独异性”（singularity）。而“多元共生”则因为预设了“多元”的合理性，而存在着对“一”的排斥和贬低的可能。

因此，“多源共生”既是在对“多元共生”中包含的文化多元主义内在合理性的充分吸取，同时又是对其包含的理论局限性的超越与克服。以“多源共生”来阐释文本意义之源，就不会只将“源”定位为寻找唯一的，或者固定的“来源”“本源”了。“多源共生”的文本意义，包含以下几个最基本的判断。

1. 文本意义的多个来源

作者是文学作品的创造者，也是文学文本意义的赋予者，因此，文本意义无疑贯彻和体现着作者意图。作者意图由此成为文本意义的重要来源。文本以白纸黑字的方式被固化在作品这一物质形态之中，语言符号（包括图像、影像等）是文本意义的蕴藉之所。读者是文学文本意义的接受者，正是通过读者的阅读，文本意义才从白纸黑字的潜在状态浮现在读者的头脑之中。文本意义同样离不开以人和人与人关系所建构的社会现实，社会现实本身并不直接构成文本意义的“内容”，但是构成文本意义的语言符号正是以“所指”的方式包含着“社会现实的观念”，才使得文本具有了意义。社会现实由此成为语言符号“所指”（即意义）的来源。因此，作者、读者、文本和社会现实，都是文本意义的重要来源。

但现在的问题是，这些道理讲起来很简单，为什么会出现不同理论思潮对文本意义之源的不同来源的强调？为什么新批评会批评“意图谬误”和“感受谬误”？为什么罗兰·巴特会喊出“作者死了”？为什么姚斯会将文学史视为文学的效果史和读者的接受史？其实，这些理论思潮的出现，并非片面强调文本意义来源的单一性，而是在强调文本意义的优先性。也就是说，在社会历史批评看来，作者意图之于文学作品的理解是具有“意义的优先性”的，因此，对作者原意的探讨成为社会历史批评追求的目标之一。而新批评则将文本自身视为优于作者意图和读者感受的意义来源，因为文学艺术文本的固定性，确定了文本意义的客观性，而作者意图的不可尽知和读者感受的人云亦云，带来的正是文本意义的主观性。那么，我们要做的，其实也就是克服这些西方文论思潮围绕文本意义之源的“优先来源”的解释的局限性，充分吸收各自理论思潮对这一问题讨论的合理性，并确立“多个来源”的基本看法。

2. 文本意义的共同生成

艾布拉姆斯在《镜与灯》中提出的“文学四要素”可以成为文本意义“多个来源”的另一个理论上的佐证。而且他也注意到，“尽管任何像样的理论多少都考虑到了所有这四个要素，然而我们将看到，几乎所有的理论都只明显地倾向于一个要素”①。这正是对西方文学批评理论强调“片面的深刻”的一种反省。也正是从这个角度出发，中国学者从“文学活动”的角度，将文学四要素视为相互影响、彼此激发的动态过程，成为对文本意义之源问题探讨的中国贡献。在“文学四要素”的基础上，童庆炳吸取马克思主义实践论的思想，将文学视为“满足人的审美需要的活动”②，而“文学活动”正是在文学四要素所组成的“双重审美关系结构”基础上展开的审美活动。因此，从“文学活动”角度入手，文本意义的“共生”正是在文学活动中的意义共生，并贯穿于文学诸要素之间的各种关系及其活动之中。

具体而言，如果作家在头脑中产生了某个“意图”，但没有通过编码的方式表现出来，则永远不为人所知，因此，“编码”一定是作家通过语言符号的运作进行“赋义”的过程。“文本”如果没有读者的阅读，只能是困守在“作品”白纸黑字之中，因此，从“作品”到“文本”，一定需要读者的参与和介入，讨论“文本”的意义，一定要建立在“开放的文本”的“传义”活动基础之上。同样，读者通过对文本的阅读，所获得的语意认知、情感反应以及意蕴的发现，如果缺失了“释义”的过程，同样也只能是潜在的意义状态。如果我们从文本意义的“多源共生”的角度来审视文本意义的特点，一

① ［美］艾布拉姆斯：《镜与灯：浪漫主义文论及批评传统》，郦雅牛等译，北京大学出版社 1989 年版，第 6 页。

② 童庆炳：《文学活动的审美维度》，高等教育出版社 2001 年版，第 58 页。

定要在“文学活动”“意指实践”和“交流对话”中来把握和分析。在这一过程中，“创作活动”在“文本固化”之后即中止了（当然还会有“文学修改”的“再创作活动”）。“接受活动”不只是读者“阅读文本”，还包括读者“阅读作者”；“接受活动”不仅受到“阅读情境”的限制，还受到“期待视野”和“前见”（经验图式/情感结构/意识形态）的影响。“接受活动”（即“阅读活动”和“观看活动”）不仅仅是“文本的意义之源”之一，而且还是文本意义的生成机制中最具动力性的“开关”和“触媒”。正是通过阅读活动，激活了影响文本意义生成的多个来源，使其共同生成文本的意义。

3. 文本意义的动态变化

如果将“文学活动”引入文本意义之源的探讨，就意味着文本意义“多源共生”会是一个受时间、空间、情境（语境）等诸多变量因素影响的动态变化的过程。

从时间的流变来看，文学作品自其诞生之日起，就进入了特定的文学史时间，不同的文学历史阶段，对文学作品的理解和阐释是不一样的，甚至有的时候褒贬不一。即使没有褒贬的问题，一部作品在不同文学史时期，其所受到的关注也是不一样的。即以中国知网为例，输入“莫言”进行检索，便可获得其从 20 世纪 80 年代至今的受关注度，而关注的峰值出现在他获得诺贝尔文学奖前后。

空间分布也是一样，发表与莫言研究学术论文最多的地方依次是山东大学和北京师范大学，可见这两个学校的学者对莫言的关注度。究其原因，一方面，莫言是山东人，而山东大学又是山东最重要的高校；另一方面，莫言不仅是北京师范大学硕士毕业的，而且还担任了北京师范大学国际写作中心主任。因此，这两个单位把目光更多投向莫言，便可以理解了。

情境（语境）的变化引发文本意义解释的不同也是文学批评和文学史中的普遍现象，在此就不赘述了。以上所举的还只是最直观的例子。文学研究中最重要的文学史变迁和跨文化比较正是对文本意义因时间、空间和情境（语境）的转换而出现的动态变化过程所展开的研究。这虽然都是文学理论的基本常识，但有时却容易被我们所忽略。

三 文本意义的共识前提

强调“多元”，在很大的程度上就是肯定“差异”的绝对性，因此也就否定了形成“共识”的可能性，最终，差异和歧见就只能以“谈判、协商”的方式达成“妥协”。这就是后现代文化多元主义的基本逻辑，正是这一点，是有违文学艺术在意义共通、价值共识和审美共享上的追求的。因此，从“多元”到“多源”，最重要的就是将“文本意义的共识”这一问题重新提出来。

1. 文本意义来源的客观性

所谓“客观性”，就是不以人的意志为转移、不因时间、空间、情境等条件变化而变化的固有属性。在文学意义的动态生成过程中，“文本意义来源的客观性”是我们讨论问题的基本前提。

首先，作为文学史料的作者意图具有客观性。作家的创作意图是客观存在的，因此，作者意图与文学意义的关系在于，作者意图总是以某种或隐或显的方式体现在文学文本之中，总会以创作谈、日记、文稿的修改痕迹等“文学史料”的方式有待于读者和批评者去揭示。因此，虽然如罗兰·巴特所说，“作者已死”，但“作者意图仍在”。

其次，作为作品形态的文学文本也具有客观性。文本的客观性与“作品的物质性”密切相关。“作品”这个概念奠基在书面文学，尤其是印刷文学的历史阶段。因此，在“口传文学”时代，如现在的民间文学，文本的客观性体现为“版本的变异”，各版本中没有“原本”的概念，严格意义上说，都是“摹本”，而且是“不同表演者（不是作者）的翻本”。但是，到了书面文学阶段，文本的客观性就出现了“善本”，也出现了“伪本”“残本”等概念。在机械复制技术时代，印刷术技术的改进并没有彻底抛弃手工复制的逻辑，因此，本雅明是将印刷术作为机械复制技术的特例来看待的。[①] 文学文本形

① 在本雅明看来：“众所周知，在文献领域中造成巨大变化的是印刷，即对文字的机械复制。但是，在此如果从世界史尺度来看，这些变化只不过是一个特殊现象，当然是特别重要的特殊现象。”［德］本雅明：《机械复制时代的艺术作品》，王才勇译，中国城市出版社 2002 年版，第 5—6 页。

态的变化到数字复制时代才发生变化。“超文本”打破了印刷“作品”的物质外观，但凸显了“文本”（在印刷时代是“白纸黑字”，在数字复制时代就是“比特”）的物质性。因此，文本的物质性，决定了文本意义的客观性，决定了文本意义共识的可能性。

再次，作为意义背景的社会现实也具有客观性。在“文学与现实”的关系问题上，历来有“理念说”“镜子说”“反映论”等各种理论，无论文学是否逼真地反映或再现了现实，社会现实的客观性也是毋庸置疑的。当然，还需要应对一种来自结构主义理论对于社会现实的看法。在结构主义者看来，所有社会现实，其实都是一种语言的建构，都是一种我们对社会现实的某种观念化的认识和把握。既然如此，因人见人殊，那么，作为意义背景的社会现实也就失去客观性了。对此，我们的看法是，这是结构主义理论用“认识论”置换“实在论”的一种策略。社会现实的物质客观性是我们认识的基础和前提，结构主义所说的“语言建构”只是我们认识和把握社会现实的手段。

最后，作为群体和类型的具体读者也具有客观性。接受美学最激动人心，也是最备受争议的口号，就是“一千个读者就有一千个哈姆雷特”。读者作为文学文本意义的认识主体，是否具有客观性？这个问题与前面的结构主义逻辑非常相似。对此，我们的看法是，事实上并不存在一个所谓抽象的“理想读者”，而只存在作为群体、作为类型的具体读者。所谓“知音难觅”，理想读者只是一种理论的预设，一种价值、目标。因此，虽然“理想读者”对于文本意义的“完美解释、终极理解”是不可能的，但就每个具体的、个别的、历史的读者的阅读经验来看，其意义的客观性也是存在的。

2. 文本理解和意义阐释的规约性

从文本意义的“共生性”角度来看，文本理解和意义阐释也具有其规约性，这也是文本意义共识前提的重要方面。

首先，语言符号具有约定俗成性。文本理解和意义阐释的媒介是语言符号，语言符号具有任意性和约定俗成性两个重要特点。但“任意性”仅就语言符号自身形成时所指与能指的关系而言，一旦该语言符号形成之后，约定俗成性就占据了首要位置。因此，当我们使用语言符号进行文学文本的意义理解和阐释时，约定俗成性同样也占据首要位置。当然，约定俗成性并不意味着文学文本意义的固定和僵化。正如音乐仅靠为数不多的音符即可组合成美妙的乐章；文学和文学批评，也都是在语言符号的规则和反规则的运用中创造出人类文化的新意义。

其次，批评方法是有“招数”和“套路”的。正如利奥塔尔在《后现代状态：关于知识的报告》中所说的那样，“可观察的社会关系是由语言的‘招数’构成的。我们弄清了这个命题，就触及到了问题的关键”①。文学批评方法也具有“招数”和“套路”。如新批评的“张力”“复义”，结构主义的“功能”“语义方阵”，解构主义的“异延”“替补”。文化理论的“套路”更加明显，可以简化为一系列建立在“二元对立”基础上的对抗性拆解策略：如基于阶级的资产阶级/无产阶级、基于性别的男性/女性、基于种族的白人/黑人、基于区域的第一世界/第三世界……都预设了前者占据中心性、压迫性地位；后者则处于边缘性、被压迫地位。因此，以边缘、弱势反抗中心、强势，便具有天然的合理性，等等。

为什么会形成“套路”？盖缘于批评理论的起源来自于西方高等教育中文学教育需要获得其科学性，必须能够发展出一套“可复制、可推广、可训练”的方法。正如伊格尔顿所说：“新批评的发展正当北美文学批评竭力走向‘专业化’、竭力成为一门可接受的体面学科的年代。它的全套批评工具是按照硬科学自己提出的条件与硬科学竞争的一种方法，因为在这个社会中，这种科学是占据统治地位的知识标准。”②

再次，历史文化语境的潜在影响不容忽视。“文化”是文本意义阐释的边界，任何对文本意义的阐释都受制于阐释者自身的文化背景和所处的历史时代。这是一个基本前提。当然，随着全球化时代的到来，文化的交流与碰撞，文化的交流与融合进一步加快。文化的边界

---

① ［法］让－弗朗索瓦·利奥塔尔：《后现代状态：关于知识的报告》，车槿山译，生活·读书·新知三联书店 1997 年版，第 19 页。

② ［英］特雷·伊格尔顿：《二十世纪西方文学理论》，伍晓明译，陕西师范大学出版社 1987 年版，第 55 页。

正在松动和被打破。如托多罗夫作为一位保加利亚裔的法国学者，在他前往法国求学之初，曾经经历了漫长的文化认同的焦虑。但是随着他在法国站稳了脚跟，获得了法国国籍，他的文化认同开始发生重大变化：从一个“巴黎的土包子”“越境者”，转变为一个“双重文化认同”的学者。这一点在他的《失却家园的人》中有深刻表达。双重文化认同，意味着托多罗夫扩大了自己的历史文化语境的边界。

最后，文本意义共识也有其时代性。文本意义的规约性，并不意味着文本意义是一成不变的。随着时代的变迁，文本意义也在发生变化。因此，我们需要以动态、转换和流变的态度来看待文本意义的规约性，并以这一时代性特征来充实我们对文本意义规约性的理解。如“一时代有一时代之文学”，一时代有一时代对于该文学文本意义的共识性理解；在特定的时代，也存在具有支配性的文本意义共识；而且曾经出现的对于文本意义的共识，或许在某一历史时期不再是共识，但这也并不意味着这一意义共识的绝对消亡。正如巴赫金所说的：“不存在任何绝对死去的东西：每一涵义都有自己复活的节日。”① 或许在一个遥远的未来，仍然能够听到来自历史的回响。

四　文本意义“共生”的触发机制

“文本意义之源”问题的探讨不能仅从“来源之处”的角度，采取客观、静态的方式去识别，还应该从“触发之因”的角度，引入主观、动态的维度，将“文本意义是如何生成的”这个问题作为文本意义之源的内在组成部分。一方面，意义是人的精神活动的产物，因此，离开作为意义生产主体的人，是无法讨论文本意义的产生过程的；另一方面，意义是在意义生产主体和拥有潜在意义的文本的“相遇”中产生的。“相遇”意味着不同文本意义之源的“触发”，也就是“共生”。

① ［苏］巴赫金：《在长远时间里》，载《巴赫金全集》第4卷，河北教育出版社1998年版，第392页。

1. 阅读行为：文本意义的敞开

首先，文学意义的生成离不开“作者”和“读者”这两个文学主体的活动。从符号学的角度来看，文学活动就是一个从“（作者）编码”到“（读者）解码”的过程，是一个从“（作者的）意义缝合”到“（读者的）意义敞开”的过程。作者和读者分别完成的是意义的编码和意义的解码两个不同的环节，它们共同属于“文本意义生成”的不同阶段。

其次，阅读行为的意义生成过程可以描述为从“（阅读的）赋意”到“（理解的）完形重构”。在读者反应理论、接受美学和阐释学那里，阅读行为获得了现象学的还原和经验论的描述。所谓“（阅读的）赋意”是指在阅读（观看）活动中，文本随着读者的视线游移而逐步“敞开”，并被读者所把握。所谓“（理解的）完形重构”则是读者在接收到了文本所赋意的信息之后，结合自己的期待视野、前见以及对“空白”的把握完成理解和阐释的过程。

最后，阅读活动不是纯粹抽象的行为，而是具有鲜明个性和社会属性的读者在特定的历史时期和社会现实条件下展开的活动。因此，我们必须引入阅读社会学的视野，实现从“抽象的读者个体”到“具体的读者群体”的研究范式的转换。基于现象学、阐释学的阅读研究，其预设的前提是抽象的读者个体，但在现实的文学阅读活动中，阅读的主体是具体的读者群体。在阅读社会学视野中，文本意义的生产虽然离不开文本本身，但文本仅仅成为一个“幌子”、一个“由头”，而真正的意义来自于具体的读者的切身经验。

2. 批评活动：文本意义的增殖

在文本意义的生成过程中，发挥意义增殖最大作用的，应该是专家的文本批评活动。在《观看的文化分析》中，笔者对观看主体做了一个分类：第一类是“普通观众/读者”，或者称“看客”，其特点是“适度而沉默的大多数”。“乌合之众”是对普通观众的文化想象。在许多人眼里，普通观众是庸俗的，他们没有多大的艺术修养，他们的爱好都是媚俗的。贫穷是普通观众的基本经济状况。普通观众是没有什么更高的精神追求的，快乐是第一追求。第二类是“迷”，其特点是“过度而狂热的看客”。他们的阅读和观看方式是“一看再看”

“片段回顾”。他们的社会心理是“认同、排他和占有（包括对所迷之物的实质性占有和对所迷之物的象征性占有）”。从文化功能来看，“大众的艺术是‘权且利用’（making do）的艺术”。“迷”对“所迷对象”的介入达到创造的境界，如参与剧本的讨论改编，促成剧情向自己所期待的方向发展等。但上述两类读者/观众所增殖出来的意义往往是零碎的、不系统的、不自觉的。真正致力于意义增殖的是第三类“读者/观众”——“专家”。其特点是“过度而冷静的迷”。专家的表面与“迷”很像，但从趣味上，推崇“距离即美”的中产阶级趣味。他们的主要使命就是“意义的再生产”，通过“互文式阅读/观看”，致力于文本意义的诠释和过度诠释。①

3. 文学事件：文本意义的多源触发

近年来，“事件”（event，événement）开始引起广泛的关注。围绕德勒兹、巴迪欧等人的“事件哲学”以及伊格尔顿《文学事件》（*The Event of Literature*）引发的争议，“事件”的一些重要理论关节点受到重视。比如说，“事件”不是日常语言中的“发生之事或者事之发生”，并不是所有的发生之事或事之发生都可以被称为“事件”。“事件”还需要具有其他一些构成要素，如德勒兹将之概括为“虚”的维度、独异性、“恒久”（不是一次性的、偶发的，而是影响深远的），还有“责任”（即事件要有价值向度）；如巴迪欧所说的“在场显现”“正在发生”以及“爆发性生成”等。因此，“文学事件”不能仅仅理解为一般意义上的“文学的发生”，② 而应该被理解为具有特殊意义的、突然爆发性的、影响深远的具有“独异性”（singularity）的事情。从文学艺术发展史上看，普通读者的“阅读”，就不再具有“事件”的性质，但是莫言获得诺贝尔文学奖就可以成为一桩“文学事件”，如前所示图例，正是这一事件，引发了针对莫言及其作品的巨大关注以及文本意义的大量增殖。再比如《白鹿原》的改编，再次将已逐渐被普通读者淡忘的20世纪90年代的文学经典演化为“文学事件”。其他诸如爱玲遗稿的发现、《西游记》译本的出版

① 参见曾军《观看的文化分析》，山东教育出版社2007年版，第251—316页。

② 盛宁：《文学，是事件吗?》，http：//www. rcgus. com/hzcdysbl/383403. html.

等，不同的“文学事件”以不同的方式触动了文学文本意义的生成开关。每一文学“事件”，都会触发不同的文本意义之源，从而引发一轮新的“意义爆炸”。因此，随着艺术传播、文化消费、创意产业的兴起，尤其是具有商业性、市场导向的“事件营销”越来越成为文本意义触及的人为制造因素（也是当前最重要的文本意义之源的缘由之一）。

结语　从“杂语”到“共通”

“文本意义的多源共生”强调的是两个方面的问题：其一，文本意义的多源性；其二，文本意义的共生性。在文学意义问题的研究上，西方文论呈现出两种极端化的表述方式：一端是基于对作者原意作为最高标准的文本稳定意义的信念，认为作者是意义之源，所有的文学阐释都是以还原、捕捉到作者的原意作为最高的价值标准和最终的意义旨归。另一端则是基于对读者理解的个体性、情境性的不稳定性意义的信念，认为作品是开放的、文本是复义的，没有也没有必要有稳定的意义。但是从文本意义“多源共生”的角度来看，文本的意义既有共识的可能，也有其不稳定性；既有“文学之内”表征的实践，也有“文学之外”机制的运作。因此，文本意义的多源共生，势必形成文本意义的“杂语”状态。

首先，文本意义的“多源共生”决定了文本不可能只有单一的意义来源和固定的意义形态，因此，文本意义的多重性、增殖性和流变性带来的必然是文本意义的“众声喧哗”。文本意义的“正读”与“误读”同在、“单义”与“复义”共鸣可谓文学史的常态。其次，文本诸意义之间的关系也并非绝对平等或相安无事，在文学场域之内，也存在着“意义优先权”的争夺，并演化出“主导—霸权式”“协商式”或“对抗式”等不同的文本意义的杂语关系。[①] 最后，文本意义的杂语状态，并不意味着意义的“不可通约”，只有矛盾和对

① ［英］斯图尔特·霍尔：《编码，解码》，载罗钢、刘象愚主编《文化研究读本》，中国社会科学出版社 2000 年版，第 345—358 页。

立。这种杂语状态其实是文本意义“内在的多样性”的表现。虽然追求文本意义的“唯一”“固定”和“共同”也许不太现实，但追求对文本意义的多样性和丰富性的理解，并从“同一”走向“通约”，从“共同”走向“共通”，形成文本意义的共通体，既是可能的，也是现实的，更是文学研究者展开文本意义研究的终极目标。

作者的意图投注与读者的文本解读

吴玉杰*

20世纪80年代以来，中国文学受西方文学批评与理论影响较大，中国学者很难在世界文学领域发出自己的声音。期间文学界的论争，大都是发生在中国学界内部关于文学理论问题，主要是中国文学理论问题的讨论。而2014年以来关于“强制阐释论”的讨论却有所不同，有学者这样评价：“它和20世纪80年代的美学大讨论、90年代的重写文学史、90年代后期日常生活审美化的讨论一样，会对中国的文艺理论建设产生重大影响。”① 2014年张江教授在《中国社会科学》发表关于“当代西方文论若干问题辨识”的文章以及后来关于强制阐释、作者意图、批评原则等一系列论文，就不再是中国学者自说自话。朱立元教授、王宁教授、周宪教授等多名学者积极参与，在意图、阐释等问题域展开探讨和论争，不仅如此，张江教授分别与意大利、英国、美国、比利时等国学者就强制阐释②、多元阐释③、

* 吴玉杰，辽宁大学文学院教授，研究方向：中国现当代文学批评与文艺美学。

① 张政文语，参见李明彦《“反思与重构：‘强制阐释论’理论研讨会”综述》，《文艺争鸣》2015年第8期。

② 张江、伊拉莎白·梅内迪、马丽娜·伯恩蒂、凯撒·贾科巴齐：《文本的角色：关于强制阐释的对话》，《文艺研究》2017年第6期。

③ 张江、哈派姆：《多元阐释须以文本“自在性”为依据——张江与哈派姆关于文艺理论的对话》，《文艺争鸣》2016年第2期。

意图谬见[①]、中西人文交流[②]等问题进行对话，并与美国学者米勒通信交流其关于“确定的文本与确定的主题”[③] 的思想，在世界文学理论界发出自己的声音。中国学者有勇气敢于挑战当代西方文论，敢于对现代西方文论的某些问题说“不”，由西方理论的追随者转变为与西方学者平等对话的交流者，这种身份的转变，是建立在自身学术信心和学术勇气的基础之上，更是建立在中国文化自信的基础上。2014年以来由“强制阐释”引发的这次讨论与对话，其意义和价值不仅在于对西方文论的反思，更在于对中国文学批评与文学理论的建构上。

张江教授对西方文论“强制阐释”的发现具有原创性，“强制阐释论”可以衍生诸多理论问题，主要是围绕作者与文本的关系、文本与读者的关系以及作者与读者的关系问题等，而其中作者的意图是焦点。张江教授认为，强制阐释背离作者的意图，“背离文本话语”[④]，他又撰文《“意图”在不在场》[⑤] 进一步明确和强化意图在作家创作与文本阐释中的重要作用。在他看来，创作时作者的意图在场，阐释时作者的意图依然在场，公正的阐释须符合作者的意图。

作者的创作是意图的投注过程，而读者的文本解读，是对文本的理解和阐释，它不仅仅是对作家意图的解码，更是对文本意义空间的拓展与丰富。作者的意图本身是一个复杂的综合体，它可能是确定的，也可能是不确定的；可能是清晰的，也可能是模糊的；可能是有意识的，也可能是无意识的。我们很难判定作者的表意实践在多大程度上实现了自己的意图。读者没有办法完成对作者意图的完全还原，甚至有时作者自己也并不完全清楚自己的意图。所以读者的文本解读不是或不完全是“迎合”、追索作者意图的解读，否则会窄化文本的

---

① 张江、安德鲁·本尼特、尼古拉·罗伊尔等：《意图岂能成为谬误——张江与本尼特、罗伊尔、莫德、博斯托克英国对话录》，《学术研究》2017 年第 4 期。

② 张江、德汉：《开创中西人文交流和对话的新时代》，《探索与争鸣》2016 年第 1 期。

③ 张江：《确定的文本与确定的主题——致希利斯·米勒》，《文艺研究》2015 年第 7 期。

④ 张江：《强制阐释论》，《文学评论》2014 年第 6 期。

⑤ 张江：《“意图”在不在场》，《社会科学战线》2016 年第 9 期。

意义空间。在这种情境之下，需要我们进一步思考的是，如果按照是否符合作者的意图确定批评标准的公正性原则是否公正？不考虑作者意图的阐释是否是强制阐释？作者在创作的过程中意图在场与否与读者在解读的过程中作者的意图在场与否是否具有必然的联系？在对待作者、文本与读者之间的关系方面，确实存在不同的批评观念与批评实践，我们不能以一种倾向，遮蔽另一种倾向——以意图在场否认读者文本解读的开放性与创造性，或者以文本解读的开放性、创造性否认创作时作者意图的在场以及意图对解读的意义。

一　对于意图的理解以及意图的特点

创作的时候作者的意图在场，并不能决定读者解读文本的时候作者的意图依然在场，我们无法确证读者阐释文本时作者意图怎样在场。在实际阐释活动中，读者的文本解读与作者自我表明的意图经常矛盾，无从认定作者意图的在场以及它的“指引”作用。作者意图本身是一个复杂的综合体，它具有清晰与模糊、确定与不确定、有意识与无意识等特点，意图本身以及其实现和被接受的过程充满不确定性，因此我们也不能断然以是否符合作者意图作为“公正”的文本解读的标准。

关于意图，在不同的批评家那里有不同的理解。维姆萨特与比尔兹利认为，意图是作者的“内心的构思或谋划”[①]。张江教授这样定义意图：“从文本书写开始到结束，或更确切地说，从书写者确定文本书写的第一念头起始，直至文本最后完成交付于公众，书写者的全部思考与表达方式，都将被视为作者主体自觉作用的意图（intention）。”[②] 维姆萨特与比尔兹利关注意图的谋划性，张江教授强调意图的在场性。的确，意图贯穿于创作的全过程，只不过在不同的文本时段，意图存在的样态会有所差异。文本的全部表达方式是在作者意

---

① ［美］威廉·K. 维姆萨特、蒙罗·C. 比尔兹利：《意图谬见》，载赵毅衡编选《“新批评”文集》，中国社会科学出版社1988年版，第209页。

② 张江：《“意图”在不在场》，《社会科学战线》2016年第9期。

图之下的表达，但又不是意图本身。也就是说，文本不等同于意图。

从张江教授与哈派姆的对话，我们也会发现二人对意图的理解各有所指。张江教授提及他与莫言的谈话：“莫言先生，您写完之后，您把本子交给我去印刷，您明不明白您交给我那个本子写了什么？莫言说，我当然明白，明白自己写了什么。”又问哈派姆：“作为作者，自己知道写了个什么东西。那这个东西是不是自己有意图写的？”哈派姆认为知道自己写了什么，在被问及意图时说：“我的意图就是我的作品能够被别人阅读。”① 可见张江教授所说的意图和哈派姆所认为的意图有两个不同的内涵指向，哈派姆指向文本的接受性。由此，维姆萨特与比尔兹利、哈派姆、张江教授对于意图理解的聚焦点各有侧重，分别为创作前、创作后与创作全过程。

作家的文本表达是在意图之下的表达，但并不能确定作者完全知道自己的意图是什么。写了什么东西是内容性存在，而意图是目的性存在，与维姆萨特与比尔兹利、哈派姆相比，张江教授更强化意图的在场性。但意图本身是复杂的，莫言被问及写小说时有没有意图时回答道：“有。大多数时候有，但有时候不那么清楚，但更多的时候是我本来是这样想的，结果写出来以后不是我想的那个样子，写作过程中有许多我自己也料想不到的变化，特别是有时候意图不那么清晰，也有时候写出来不是我原先想的那个样子。”② 莫言的回答恰好说明意图的清晰与模糊、确定与不确定、有意识与无意识等方面的特点。张江教授认为，一个作家不可能一个意图到底，③“作者在构建文本的时候，有自己意识到的或者说自觉的明确的意图，也有自己可能没有意识到的意图在起作用，甚至左右了文本。”④ 作者意图的这种复杂性使它无法或很难确切“指引”读者阐释文本。

张江教授认为作者创作时非常理性，并进一步强化意图的作用：

---

① 张江、哈派姆：《多元阐释须以文本“自在性”为依据——张江与哈派姆关于文艺理论的对话》，《文艺争鸣》2016 年第 2 期。

② 同上。

③ 同上。

④ 张江、安德鲁·本尼特、尼古拉·罗伊尔等：《意图岂能成为谬误——张江与本尼特、罗伊尔、莫德、博斯托克英国对话录》，《学术研究》2017 年第 4 期。

“无论怎样消解和抵制意图，作者意图总是在场的；作者的意图构造了文本，决定着文本的质量与价值，影响他者对文本的理解与阐释；无论我们喜欢或承认与否，意图总是贯穿于作品创作的全过程，展开并实现于作品的语言、结构、风格等全部筹划之中，指引我们按照作者的愿望去理解文本。”① 作者的意图在文本创作中起到非常重要的作用，但读者的文本解读与作者的意图投注经常矛盾。

二　作者意图投注与读者文本解读的矛盾性

孟子提出“以意逆志”，但是以说诗人之志迎作诗人之志，还是以作诗人之志迎作诗人之志，其没有进一步阐发。作者通过文本传递某些意图，可能不打算传递其他，但读者通过文本可能会领会一些作者的非传递之在，正如清代词学家谭献所言：“作者之用心未必然，读者之用心何必不然。”② 由此可见，读者用心之处可能并不是作者意图之处。其实，文学创作和文学解读过程，经常出现作者意图和文本表达的矛盾性，出现作者意图和读者解读的矛盾性。而这些矛盾却使文本颇有张力。

安娜这一形象的塑造和托尔斯泰的初衷不同，可见作者的意图和文本表达之间的矛盾性，同时也揭示文本本身的力量之所在。米兰·昆德拉说：“小说家绝非任何人的代言人，而且我要将这个话说透：他甚至不是他自己想法的代言人。当托尔斯泰写下《安娜·卡列尼娜》初稿的时候，安娜是一个非常不可爱的女人，她悲剧性的结局是应该的，是她应得的下场。而小说的最后定稿则大不相同，但我不认为托尔斯泰在期间改变了他的道德想法，我觉得在写作过程中，托尔斯泰聆听了一种与他的个人的道德信念不同的声音。他聆听了我愿意称之为小说的智慧的东西。所有真正的小说家都聆听这一高于个人的智慧，因此伟大的小说总是比它们的作者聪明一些。那些比他们的作

① 张江、安德鲁·本尼特、尼古拉·罗伊尔等：《意图岂能成为谬误——张江与本尼特、罗伊尔、莫德、博斯托克英国对话录》，《学术研究》2017年第4期。

② （清）谭献：《清人选评词集三种》，齐鲁书社1988年版，第78页。

品更聪明的小说家应该改行。”[①] 人物自身获得性格发展的逻辑，在一定程度上不为作者所左右。这也是托尔斯泰创造成功人物形象的重要原因，《安娜·卡列尼娜》成为伟大小说的原因之一。托尔斯泰的道德想法没变，他聆听小说的智慧。由此可以看出，作者意图和文本表达的矛盾性，不仅没有降低文本的艺术性，反而使人物形象更为成功，文本的内涵更加丰富。作者的意图和读者的文本解读结果不同，有时候作者很清楚自己的意图，对于批评家不符合自己创作意图的解读十分不满，而从文学史的发展来看，正是批评者的解读拓展了文本的意义空间。马尔克斯对于批评家从他的《百年孤独》中“发现了对人类历史的影射和譬喻”非常愤怒，他说：“不，我只想给我的童年世界一个诗的再现”，“给童年时期以某种方式触动了我的一切经验以一种完整的文学归宿”。他甚至对批评家冷嘲热讽：“批评家有时与小说家相反，不是在书中看到能够看到的，而是只看到愿意看到的。”“他们毫不考虑像《百年孤独》这样小说是全然没有什么严肃性的，而且充满了对亲朋好友的影射，这样的影射只有当事人本人才能发现，可是那些批评家却以一种权威的姿态，冒着滑天下之大稽的风险，自告奋勇地去乱猜书中所有的谜底。”[②] 从这个表述中，我们看到马尔克斯写《百年孤独》是影射之作，是对自己童年世界的诗意再现，如果批评家只是按照作者这样的意图进行文学解释的话，就会极大窄化文本的意义空间。如果马尔克斯本人不谈及影射之意，批评家是无法知道作者的这一意图的。马尔克斯虽然不同意批评家对人类历史的“影射”和“譬喻”，不过在这批评出现之后，马尔克斯却也说过“布恩迪亚一家的历史可以看作拉丁美洲历史的缩影”之类的话。可见，批评家对作家的“修正”。如此情况之下的解读，作者的意图到底是否在场？如果批评家只是追索作者的意图，那么文本的意义就会停留在作者对童年的追忆和对亲朋好友的影射这一意义之中。而实际情况是，批评家从文本出发发现了《百年孤独》对人类

① ［法］米兰·昆德拉：《小说的艺术》，董强译，上海译文出版社2004年版，第198页。

② ［哥伦比亚］马尔克斯：《谈〈百年孤独〉的创作》，载王宁主编《诺贝尔文学奖获奖作家谈创作》，北京大学出版社1987年版，第501—502页。

历史的譬喻。因而，单一性地追索作者的意图会极大限制文本意义空间的开拓。

批评家的解读与作者的意图的矛盾性，从一个侧面让我们了解追索作者意图的解读往往有很大的局限性。1960年代严家炎评论柳青《创业史》中的梁生宝有“三多三不足”，认为梁三老汉是最成功的人物形象。[①] 严家炎对于梁三老汉的肯定在一定程度上构成对《创业史》思想内涵的拆解，柳青认为歪曲了他的意图，提出几个问题进行反驳。[②] 50年之后，柳青的女儿对严家炎说，她同意他对梁生宝的看法。[③] 1960年代，很多评论《创业史》的文章符合柳青的“意图”，而从文学史的角度考量，正是严家炎不符合作者原意的解读发现了文学史上一个成功的人物形象，发现了文本的内在张力。

作者意图的复杂性以及作者意图与读者解读的矛盾性，都有一个标的指向，文本阐释追索作者的意图并不是批评的全部，从某种程度上可以说，有时候与作者意图矛盾的文本解读恰恰开启了新的路径，拓展了意义空间。作者的意图有限，而文本的意义空间却很丰富，以符合“作者意图”作为文本解读和阐释的标准有很大的局限。

三　作者意图的有限与文本意义空间的丰富

作家在创作的时候，一定是有意图的，无论这个意图是以什么样的方式存在。但作者创作的时候意图在场，并不能决定读者进行文本解读的时候作者的意图必然在场，这和读者的解读诉求与解读方式有关。如果作家把自己的意图说明白的话，那么读者无需追索作者的意图，因为意图已被作家说明白，或者追索作者意图的文本阐释基本是通过文本对作者意图的具体阐释。但有的时候因多种原因作家的自我表述也并不一定真实，莫言就说过自己的“障眼法”[④]。如果作家自

---

① 严家炎：《关于梁生宝形象》，《文学评论》1963年第3期。

② 柳青：《提出几个问题来讨论》，《延河》1963年第8期。

③ 舒晋瑜：《严家炎：研究文学史应该心胸宽阔一点》，《中华读书报》2014年3月26日，第7版。

④ 莫言：《我的文学经验》，《蒲松龄研究》2013年第1期。

己的意图没有说明或没说明白，读者就没有办法追索、还原所谓作者的意图。有理论家认为："诉诸作者的意图几乎不能解决任何问题，因为所谓作者意图，其实往往不过是解释者的解释而已，它同样跳不出论证上的循环。"[①] 而且仅仅依据作者意图所做的阐释是非常有限的，因为作者的意图有限，但文本可以提供比较宽阔的阐释空间。

文本本身的蕴含一定超过作者的意图，作者的意图有限，但文本的意义空间丰富。文本的丰富性阐释空间的意义有待于一代又一代读者的开掘。我们可以以经典为例。艾德勒和哈德钦编选《西方世界经典著作》，无论是1950年代的初版还是1990年代的再版，编选原则是："他们将人生的重大思想观念量化为102个，要求入选的经典作品至少要涉及其中的25个。事实上，不论是此书的第一版，还是经过增补与调整的修订版，入选的绝大部分著作都涉及了其中的75个以上。"[②] 作为确定经典的标准，这样量化不一定完善和科学，但是我们从中能够发现经典内涵的丰富性。作家在创作过程中的意图不会同时击中如此多的标的，但文本本身具有巨大的丰富的张力和辐射性。所以，我们可以说，作者意图是有限的，但是文本的意义就丰富性来讲超过作者的意图，虽然文本创作是在作者的意图之下。

结　语

2016年张江教授阐发作者意图在创作过程的在场，分析阐释者背离文本、背离作者意图的在场导致当代西方文论"强制阐释"的发生，当然是为了"有效遏制"未来的"强制阐释"。这对于反观中国文学理论与文学批评自身具有重要的现实意义与理论价值。但创作时作者意图在场，读者文本解读时作者意图并不一定必然在场，这和意图本身的复杂性有关，和读者解读的诉求有关。强调文本解读时作者意图的在场，这在一定程度上可能"遏制""强制阐释"发生的同

① 张隆溪：《道与逻各斯：东西方文学阐释学》，冯川译，江苏教育出版社2006年版，第212页。

② 参见刘象愚《经典、经典性与关于经典的论争》，《中国比较文学》2006年第2期。

时，也有可能构成对文本解读的限制，窄化文本的意义空间。作者的意图投注与读者的文本解读并不是对等的“意图交流”关系，二者经常存在矛盾，作者的意图有限，而文本的意义多元。当然我们非常理解，在当下文学场域中张江教授与赫施一样捍卫意图之特别用意。2017 年张江教授如是说：“其实，我们所真正关心的问题，并不在于对一个文本怎么认识，不在于作者对于文本阐释的意义，也不是要追求文本有一个确定、固定的意图或主旨。我们关心的是，在理论与创作实践的关系上，谁是第一位、谁是第二位以及谁决定谁的问题。”①张江先生具有前瞻性与预见性忧思，“没有文学的文学理论”“没有文学的文学批评”，对于文学来说确实不堪设想。

我们一直把矛头对准当代西方文论，强有力地洞穿或刺透“强制阐释”的病源与病相。研究西方的目的是为了强有力地建设中国特色的文学理论与文学批评，这需要我们的理论家和批评家把目光转向中国文学批评自身，发现与解剖中国式的“强制阐释”。不过，这确实还有很长一段路要走。

---

① 张江、安德鲁·本尼特、尼古拉·罗伊尔等：《意图岂能成为谬误——张江与本尼特、罗伊尔、莫德、博斯托克英国对话录》，《学术研究》2017 年第 4 期。

作者意图与私密日记

［法］米歇尔·布罗德*

在法国，作者的现代表征从 17、18 世纪开始出现，在 18 至 19 世纪更为清晰，这个时期作者权利成为可追索的对象，而后又成为一系列制度化对象，直至 1793 年，法律界约定了“文学和艺术所有权”概念。在同一个时期，作者形象的构造与哲学性和社会性主体的确立是分不开的：个体只有自身拥有存在理性并被视作独立存在、获得社会并拥有内在深度的时候，才能成为作者，也就是说，才能成为文学话语所归属的主体，成为对这个话语负有责任的主体。作者逐渐认识到自己既有“被公众认知和被尊重的权利”①，又是“‘感知’天才”②；作者懂得记录所感，并能面向世界把它说出来。

19 世纪到 20 世纪上半叶在文化和学院格局中建立起来的作者形象，在 20 世纪 60 年代末，成为被重新质疑的对象。1968 年，罗兰·巴特宣称作者已死，次年，米歇尔·福柯提出“何谓作者”的问题。这一对作者的双重否定，应该理解为与抗议根据作者意图阅读作品的

---

* 米歇尔·布罗德（Michel Braud），法国波城大学人文学院诗歌、文学和语言学研究中心教授，研究方向：20 世纪法国文学。

① Jean－Marie Goulemot et Daniel Oster，*Gens de lettres，écrivains et bohèmes：L'imaginaire littéraire 1630－1900*，Minerve，1992，p. 78.

② José－Luis Diaz，“La notion d'‘auteur’（1750－1850）”，dans Nicole Jacques－Lefèvre（dir.），*Une histoire de la “fonction－auteur” est－elle possible?*，Presses de l'Université de Saint－Etienne，2001，p. 183.

运动（19世纪时［这种抗议运动］[①] 成为批判传统之必要）相关联。在19世纪，了解一部作品是通过诉诸创作主体来进行的，这似乎成为阐释的止境，造成对作品其他维度的封闭。此外，对于巴特来说，拒斥根据对作者的认知来“辨读”作品，内在于一个更古老、更宽泛的运动，这就是在马拉美的连续性中，找出作品的偶然创作与作品本身之间的距离：

> 在法国，马拉美也许是第一个看到并预见，语言本身在所有范围内，必然取代直到那时一直被视为作品所有者的作者；对他来说，就像对我们来说一样，是语言在说话，而不是作者在说话；写作，就是通过某种先决的非人格性（impersonnalité）……到达这一只有语言而非“我”在产生作用（“行动”）之点。[②]

在这点上，巴特只是用一种标志着其所在时代的方式，重拾一个已然相当广为传播的说法。莫里斯·布朗肖曾在《文学空间》中表达过同样的观点：

> 艺术作品并不立即反映出那个完成它的人。当我们忽略所有为之准备的境况、其创作的历史直至那个使之成为可能的人的名字，艺术作品才最为接近其本身……关于作品的这一特质，马拉美有最坚定的意识。“如同我们脱离作者所进行的非人格化，书卷（le volume）并不需要接近读者。要知道，像这样在人类附属物之间［的书卷］，才是完全独自发生：完成，存在。”[③]

批评家从诗人那里拿来关于作品的形象，即作品与生产它的动作

---

① 方括号的内容为译者根据上下文补充。

② Roland Barthes，“La Mort de l’auteur”，dans *Le Bruissement de la langue*：*essais critiques IV*，Seuil，collection *Points*，1993，p. 64.

③ Maurice Blanchot，*L’Espace littéraire*，Gallimard，collection *Idées*，1973，pp. 297 – 298. 马拉美的引文出自 *Divagations*，“Quant au livre”（*Igitur Divagations Un coup de dés*，Gallimard，collection *Poésie/Gallimard*，1976，p. 258）。

相分离，摆脱了物质世界及其附属物，成为非人格化的事物。文学是通过人的中介被创造的，而为了书卷（成为对象的文本）的利益，人被抹去，［使书卷］在一个没有超验性的世界里显示出绝对性。如果我们对这一表现进行考古学研究，就会发现德国唯心主义思想，尤其是耶拿派浪漫主义①的痕迹。导致巴特的那个批判运动，大概也同样得到同时期文学生产运动的支持。为延续米歇尔·福柯的说法，即“如今的写作摆脱了表达的主题：它只与自身有关”②，塞缪尔·贝克特（Samuel Beckett）表示：在涉及作者的形象时，作家本身是无关紧要的。进行写作的人并不以表达其主体性为目的，更是导演一个在某种程度上自说自话的话语。新小说的“符号游戏”就与此相去不远。

受同时代被法国接受的结构主义（基于那时被译作法语的俄国形式主义理论的贡献）启发，文学批评为了对作品进行“内在分析”③，也将主体搁置一边，即脱离主体的抽象组织，撇开其传记性和历史性的种种条件限制。正如吉哈德·热奈特（Gérard Genette）在《叙事的新话语》中关于叙述学（la narratologie）所说的那样：“叙述学没有要超出叙述性过程的东西。”④ 换句话说：叙述学的研究领域是文本，在文本内部，才有可能清理出话语的种种要求和意见，清理出叙事的时间性构造。这显然并不意味着热奈特否认作者的存在，甚至也不意味着他否认作品指出了生产作品的个体形象这一事实：“在叙述者之外……并通过多种局部或总体的迹象，叙事文本如同所有其他文本一样，促成某种作者的……观念。”⑤ 但对热奈特来说，这一显而易见之事并未改变文学创作论（la poétique littéraire）的局限。热奈特

---

① 关于这一点，参照 Philippe Lacoue - Labarthe et Jean - Luc Nancy，*L'Absolu littéraire*：*Théorie de la littérature du romantisme allemand*，Seuil，1978. 如第203页：“宗教……就是艺术本身，但这个艺术被认为是真理的（绝对，无剩余）表征（Darstellung）。”

② Michel Foucault，“Qu'est - ce qu'un auteur?”，dans *Philosophie*：*Anthologie*，Gallimard，collection *Folio essais*，2005，p. 293.

③ Roland Barthes，“Les deux critiques”，dans *Essais critiques*，Seuil，collection《Points》，1981，p. 251.

④ Gérard Genette，*Nouveau Discours du récit*，Seuil，1983，p. 94.

⑤ Ibid.，p. 102.

延续了布隆泽维尔（W. J. M. Bronzwaer）的一个说法，热奈特断言："叙述理论领域〈我认为更审慎的说法是作品论的领域〉（尖括号中内容为本文作者所加）排除实际作者。"①

一

今天似乎并不因此就能撇开作者形象来思考作品，福柯本人在拒绝作者功能的种种特征②之时，也参与到这一重建之中。对一部特定作品的共同感知凝结于一个名字：作者。作者之名允许将一系列文本归于一个心理和社会形象，并由此得出一种融贯性；作者是一种模型，围绕这个模型，一部作品的形象才得以建构起来，"人们处理文本、进行比照、确立中肯表达、接纳连续性或实施排斥，总是投射到多少有些心理化的术语中"③，福柯仍然在推进这种投射。与我们更接近的文学批评，则将对主体地位的反思纳入文学转化的过程之中。受语言学启发的阅读，使这种与生产条件相分离来思考作品之方式的种种局限表现得尤为明显。正如多米尼克·曼戈诺（Dominique Maingueneau）所强调的，"将文学事实看作'话语'……这就是放弃作品作为自身的幻想……这就是在使作品成为可能的空间中重构作品"④，也就是将作品归于一个每次在特定语境下生产作品的主体。

尽管如此，作品所归诸的这个新形象，只不过是一个给定社会语境中纯粹进行表述的主体，这个主体并不具备心理深度。然而，只有否定文学创作的部分意义，才能抹去文学创作中纯粹心理上的维度，让·贝勒铭-诺埃尔（Jean Bellemin-Noël）揭示道："文学事实只有在自身中蕴含部分无忧无虑或无意识才能存活"，他还补充说："文学批评素来之任务就在于让这种缺失或过度显现出来。"在所有可资

---

① Gérard Genette, *Nouveau Discours du récit*, Seuil, 1983, p. 102.

② Michel Foucault, "Qu'est-ce qu'un auteur?", dans *Philosophie: Anthologie*, Gallimard, collection *Folio essais*, 2005, p. 298 sq.

③ "Qu'est-ce qu'un auteur?", dans *Philosophie: Anthologie*, Gallimard, collection *Folio essais*, 2005, p. 305.

④ Dominique Maingueneau, *Le Discours littéraire: Paratopie et scène d'énonciation*, Armand Colin, 2004, p. 34.

利用的工具中，精神分析能够重构作品“深层的心理现象及种种辨读模式”。[①] 尽管如此，20 世纪 70 年代发展起来的受精神分析启发的批评是审慎的。让·贝勒铭-诺埃尔并不是说这种批评是对作者深层心理现象的研究，它实际上涉及一种引向文本的研究，它进行的是一种“文本精神分析”[②]，而“文本无意识”与作者无意识则毫无相同之处。不过，随后在这个精神分析新旨趣的涡流中产生的种种批评却并未严格区分这一点。1983 年，让·斯塔罗宾斯基（Jean Starobinski）在研究波德莱尔的梦时，就同时以诗作及作者的书信为基础；[③] 1987 年，朱丽娅·克里斯蒂娃（Julia Kristeva）在评论《被废黜者》（El Desdichado）时，就依据了纳瓦尔的传记。[④] 因此，理解罗兰·巴特 1963 年对精神分析的指责，应该与其所处时代的学院语境联系起来进行，这个指责也许是针对这些发展之前查尔斯·毛隆（Charles Mauron）的心理批判（la psychocritique）[⑤]：“精神分析式的批评仍然是心理学，它假设了作品还有一个别处……一种需要破解的材料，这仍然是人类灵魂，只是被付之以新的词汇罢了。”[⑥] 此后出现的研究表明，这种批评懂得以更细腻的方式考虑文本主义与传记评论的各种贡献，但它在那个时代只能像是后者的一个新变形，并助益于封闭作品阐释。不过，这并不妨碍通过精神分析式的批评，使这样的作者在当代批评中找到新的位置。

二

必须认识到这两种批评路径（作者意图与内在批评）的贡献，但

---

① Jean Bellemin-Noël, *Psychanalyse et littérature*, PUF, collection *Que sais-je?*, 1978, p. 7.

② Ibid., p. 103.

③ Jean Starobinski, “Baudelaire metteur en scène”, dans *L'Encre de la mélancolie*, Seuil, 2012, pp. 421-435.

④ Julia Kristeva, *Soleil noir: Dépression et mélancolie*, Gallimard, 1987, p. 151 sq.

⑤ 查尔斯·毛隆的心理批判实际上专注于清理出作者人格中的无意识因素——这些因素决定了其作品中纠缠不休的图像和不断反复的结构——直到清理出这些无意识因素背后的“个人幻象”。

⑥ Roland Barthes, “Les deux critiques”, dans *Essais critiques*, Seuil, collection *Points*, 1981, p. 250.

也应该看到它们中任何一个似乎都不能在有效性上胜过对方，而它们似乎也不能融为一个能够兼顾二者贡献的统一理论。作者的意图总是可以在其作品中读到，但这并不能让人整体地把握作品；直到20世纪60年代，学院式批评甚至常常封闭在狭隘的传记主义之中，封闭在对作者意图的虚幻重构之中。朝向形式主导的［批评］路径与这一传统决裂，能够让人去阅读作品本身、为作品本身而阅读，能够让人清理出作品的种种能指结构。不过，近年来的批评也注意到这种内在阅读并不能穷尽文本意义，甚至还会丢失作品的一部分意义，即那些总是由特定个体在特定语境中制造的意义。

安托瓦纳·贡巴尼翁（Antoine Compagnon）在《理论的魔鬼》（*Le Démon de la théorie*）一书中就试图超越这种二律背反，他提出作品的内在一致性预设了作者方面的某种意向性，因为“只有在参照大抵是作者的意图时，为了阐释去诉诸一致性或复杂性才有意义”①。但这个说法却走了一个过度的捷径。并不能因为在一部作品中清理出“一个潜在的、深刻的、下意识的或无意识的网络”②，我们就能直接得出这个网络表现的是作者的意图，甚至也不能说这个网络以直接的方式反映了作者的个性。文本的一致性的确会反映出一个主体，或至少反映出一个主体的形象、反映出一个精神具象，但我们永远也不能以确定的方式肯定这个形象就与作者的形象一致，更不能肯定这个形象就一定符合作者的意图。至少对于虚构叙事类型和诗歌来说，构成文学创作的跳跃排斥从作者直接解释作品的内容或形式。③ 因此，我们可以再次引用马塞尔·普鲁斯特的著名论断：“书是我们在自身习惯、社会和恶习之外另一个自我的产物。”④

也许我们应该注意到这样的事实：在批判思想的实际状态中，不

① Antoine Compagnon, *Le Démon de la théorie: Littérature et sens commun*, Seuil, collection *Points*, 2001, p. 109.

② Ibid., p. 88.

③ 保罗·德·曼（Paul de Man）基于乔治·卢卡斯（Georg Lukács）的一篇文章说明了这一点，参见“Ludwig Binswanger et le problème du moi poétique”, dans Georges Poulet (dir.), *Les Chemins actuels de la critique*, UGE - 10/18, 1968, notamment, pp. 69 - 71。

④ Marcel Proust, “La méthode de Sainte - Beuve”, dans Contre Sainte - Beuve, Gallimard, collection *Folio essais*, 2006, p. 127.

可能超越这一二律背反，而且我们必须将批判性阅读引向两个独立的基础之上。为了具体阅读文本，唯一可能的方法还是通过并置两种路径的重要贡献而获得的总和，这两种路径是相互补充的连续环节，但并不能真正连接起来。一方面，我们认为作者是阐释的一个必要因素，我们既把它看作既定语境中的表述主体，又把它看作心理主体；另一方面，我们也会注意到文本的种种形式结构，这些结构无须确定某种作者意图就具有意义。这两种阅读能够相互启发，在某些受精神分析启发的阅读中，这两种阅读甚至会出现一些相通之处，但二者永远也不能相互混淆。作者的确是处于文本意义之源的形象，但作者并不能完全主宰在文本中展开内在阅读所能彰显的意义。

为了能够更好地理解作者的地位并勾勒出其创作作品的意图，我们也许可以将问题转换一下，并考问特定作品的地位。福柯曾提出这样的问题："何谓作品？那么什么是这个我们以作品之名指称的奇怪统一体？"① 这个问题的答案是确定的，但详加考察又会使它显露出不可捉摸的一面。

对于文学史中列出的差不多所有作品来说，并不存在这个问题。即使如我们指出的，文本的意义会部分地脱离作者本人，不能仅以作者本人的意图来解释，但作品仍然是作者创作意图的结果（巴尔扎克计划并撰写了我们所熟知的《高老头》）。正如福柯强调的，当作者只不过是一个像荷马这样的名字，且不能表现出作者的惯常特征，或当文本像中世纪那样往往是匿名的，问题就会变得复杂起来。当作家拒绝撰构一部作品——或通常被如此称谓的东西，就像吉哈德·热奈特关于司汤达所揭示的那样，某种含混不清也会随之而来：

> "作者"与其"作品"的暧昧关系；区分"文学性"文本与写作和书写之其他功能的困难；借用主题、抄袭、翻译、仿制；几乎比比皆是的未完成品，草稿、变奏、更正、边注的增衍……司汤达之所为的重要标志几乎在所有层次、所有方向上无处不

① Michel Foucault, "Qu'est - ce qu'un auteur?", dans *Philosophie*: *Anthologie*, Gallimard, collection *Folio essais*, 2005, p. 295.

在，其所为是对文学游戏那些表面上具有构造性的种种边界、法则和功能的持久和典型侵越。①

在这种情况下，作者问题与文本的文学身份问题不可分割。即使并不真正缺乏作者意图，但作者意图也会不停躲闪，以遮蔽、漂移、不确定的方式显现，与文学作品及其边界一起呈现在作者眼前。

三

笔者将以私密日记这个特别的例子来说明这种情况。私密日记的作者身份是含糊的，因此笔者会追问私密日记是否有一个作者，或者对于书写私密日记的人来说，作者这个概念要做哪些调整。我们知道私密日记是对事件、反思或个人情感所做的具有私密特征的日常记录，书写私密日记的人被称为记日记者（diariste）②。这里以亨利－弗雷德里克·阿米耶尔（Henri – Frédéric Amiel）的《私密日记》③一书为例。

亨利－弗雷德里克·阿米耶尔 1821 年生于日内瓦，1881 年卒于同城。他 11 岁时失去母亲，患了结核病，两年后，父亲跳罗纳河自杀。他由姑父姑母养大，先后在巴黎、海德堡和柏林学习，成绩优秀。在日内瓦大学首先得到美学和法语文学教授的职位，后来成为哲学教授。他有生之年产出不多：有一些关于让·雅克·卢梭和斯戴尔（Staël）女士的文学研究，以及一些诗集。但他 40 年来坚持记日记，经年累月，这本私密日记规模庞大，至死之日共 17000 页。

在 1839 年到 1847 年的早期，阿米耶尔只是不规律地记日记，随后，他几乎每天都写，有时一天会写好几次，每次都会记录他重新提笔的时间。某些每日笔记只有几行，但大多数都有一页甚至好几页。阿米耶尔在日记中展现了其生活的方方面面：一天中发生的事件（他

---

① Gérard Genette, “Stendhal”, dans *Figures II*, Seuil, collection *Points*, 2015, p. 304.

② 对此更为精确的定义及类型研究，参见笔者文章 Michel Braud, *La Forme des jours: Pour une poétique du journal personnel*, Seuil, 2006。

③ Henri – Frédéric Amiel, *Journal intime*, 12 volumes, L'Âge d'Homme, 1976 – 1994.

命名为“所做” acta)，关于自己的生活、身边之人或所遇之人、公共人物以及日记书写的反思（“所思” cogitata)，最后尤其是关于自己的感觉、梦、内在感知或友或爱的情感以及忧郁的动向（“所感” sentita)。他观察自己的日常生活，有时以连续的方式记载了其生活流变的所有维度：

> 这个关于自我的现象，就像我之命运的魔法灯笼，同时，也像朝向世界之神秘敞开的一扇窗户。我，更或是我意识的感觉，专注于这一理想线索，它就像某种不可见的隘口，让人感受到时间的迅猛通道，而时间则沸腾着，涌入永恒性的不变海洋。①

这本日记的格调引发了两种相反的情感。一方面，是一种循环焦虑：独身的记日记者不是活在世界中（写书、结婚、要孩子)，而是在远处观察这个世界，并积累记录；另一方面，他通过由此书写下来的思想而拥有自己的一种生活，将生活明确表达为近切体验的情感，在此过程中，他体会到了深刻的愉悦。1867 年，阿米耶尔表示：“欲求、追寻、期许将我们抛至我们自身之外，并将我们置于我们所缺乏和垂涎之外部事物的怜悯下。沉思使我们无欲无求，它让我们接近诸神。”②

在［这本日记的］最初几卷，阿米耶尔是为了对自己进行意识省察而执笔书写，目的是为了个人在道德上和宗教上取得进步。但逐渐地，加尔文主义的影响变得越来越淡薄，记日记变成为自己本身，没有外在于自我的目的性。日记的重要性似乎仅限于对自我的观察，阿米耶尔写道：“我的所有存在都化为沉思、反思。”③ 日记的目的性因此就在于记日记者与自身所建立的镜像关系；［日记中的］话语也是主体为自身而在与自己的想象对话中所构造的表征。阿米耶尔补充

① Henri - Frédéric Amiel, *Journal intime*, 12 volumes, L'Âge d'Homme, 1976 - 1994, t. 4, P. 580 (note du 18 mars 1862).

② Ibid., t. 6, p. 859 (note du 2 mai 1867).

③ Ibid., t. 3, p. 1045 (note du 13 juillet 1860).

说，在孤独之中，“这个对话至少对我自己是个陪伴”①。因此，记日记者的意图首先是在自我沉思的隐修中、在退出社会交流中创立话语的意图。米歇尔·福柯观察到，“一封私信也会有一个签名者，但这封私信没有作者”②；日记就像私人书信一样，是一种没有作者的日常书写。

不过，从这同一时期开始，记日记者在其写作计划中凸显出了另一种意图。阿米耶尔实际上让欣赏这些日记的几个朋友阅读了其中的几本日记，他开始追问有关后人之事：

> 自从有人读了这42本日记，并对［其中］两人产生好的影响，我将此看作是对我这个怪癖的一个证明，也是我从13岁就开始涂写的这几千页日记之存在的一个理由。无论如何，这些日记帮助我度过经年累月，让我勉强活到38岁，并至少在某处留下我存在的痕迹。它们之后会用于更为一般的目的吗？比如心理学、道德或者好奇？我不知道。人人都写日记。所以，我不假设这些日记会比别的更有益。然而，如果有人从中抽出一两卷类似《黍谷》（*Grains de Mil*）或（罗杰〈Roget〉的）《日内瓦之思》（*Pensées genevoises*）的文字，这些日记也算不是毫无目标的。③

日记与一位值得信赖之人的交流，打开了［日记］起初封闭的一道缺口；这是一个外在于自我的用途，虽然极为有限，但在未来会更为宽广。此外，这也是随之而来出现的梦想：最初，日记是为自己而写，它让人能活下来，但日记也构成了留给后人的一个自己存在的痕迹。不过，这个痕迹要想具有可读性、成为一本书，必须符合多个标准。首先，用于某个一般的目的，因为在那时的文学领域，还没有私

① Henri – Frédéric Amiel, *Journal intime*, 12 volumes, L'Âge d'Homme, 1976 – 1994, t. 3, p. 1045 (note du 13 juillet 1860).

② Michel Foucault, “Qu'est – ce qu'un auteur?”, dans *Philosophie*: *Anthologie*, Gallimard, collection *Folio essais*, 2005, p. 302.

③ Henri – Frédéric Amiel, *Journal intime*, 12 volumes, L'Âge d'Homme, 1976 – 1994, t. 3, p. 1045 (note du 13 juillet 1860).

人文学：所有文学都有一个一般性的目标。其次，突显出某种众所周知的目的：对人类心灵的认知（心理学）、道德提升（道德）或娱乐（好奇）。最后，有限的扩展（一两卷），以便能够符合当时的出版要求。此外，阿米耶尔举的例子极具启发性：《黍谷》是阿米耶尔撰写的文集，早些年已经出版，文集第二部分是“思想、经验、绘画、评论和箴言”[①]，选取了其日记的一些片段。不过，在这些出版的笔记中，毫无私密内容，大多是关于不同主题的道德或宗教反思，或少许关于自然景色的诗意描写。弗朗索瓦·罗杰（François Roget）的《日内瓦之思》[②] 则更为疏离，仅仅是道德和宗教色彩的内容。可以看到，对于要尊重日记笔调、保留日记本色并真正提供记日记者存在历史的那种日记片段的出版来说，这些参照只不过是一些遥远的模式。

四

因此，私密日记本身并不是书，它并不是一个可以给予阿米耶尔以作者身份的作品；它是一种原本私有的文本，一部作品也许可以据之成形——这也是在阿米耶尔死后考虑的事，因为阿米耶尔所考虑的是“有人从中抽出一两卷”，这意味着不会是他本人来做这件事。阿米耶尔在有此想法之后 20 年，继续坚持记日记（又增加了 1 万页），他设想了一部可能的作品，但他并不为实现这部作品而写作。

所以，阿米耶尔会是一个他并未构造的文本的身后作者，对于这个文本来说，他的意图是多样的且有些混乱的：这个文本本来是明确为他自己而写，只是随后他让几个朋友阅读了其中的部分，然后留给遗嘱执行人，以让人可以从中提取出一两本书。阿米耶尔也很清楚，这些书只能部分地反映他的创作，并肯定这些日记是在其整体和过度（那时有 42 本，共计 4000 页）中构成其存在之痕迹的。所有这一切中最让人意外的一点就是，阿米耶尔将选择日记以及文集编撰，也就

---

① Henri - Frédéric Amiel, *Grains de mil*: *Poésies et pensées*, Paris - Genève, Joël Cherbuliez, 1854, p. 107.

② François Roget, *Pensées genevoises*: *Aperçus sur l'âme*, *la vie et la société*, tome premier, Genève - Paris, 1859.

是作品的实现，留给他梦想中那几卷书的实际出版者，这就是让人知道，阿米耶尔拒绝置身作者之位。然而，最后作品总体的笔调可能按照选择日记片段的人之不同而大相径庭。不过，［根据阿米耶尔日记出版的］第一版作品①，尽管其中各种各样的笔记可以引入一个关于主体性的回响，但它与《黍谷》和弗朗索瓦·罗杰的《日内瓦之思》差别不大。因此，这部作品实际上存在于出版者的实际选择中，与私密日记的文本本身是有距离的。随后出版的版本则更多地是让这个文本的笔调和主题适得其所。

因此，阿米耶尔死后立即出版的那两卷节选本，与一个世纪以后以12卷本出版的完整版一样，不管阿米耶尔在有生之年的意图是怎样的，它们都的确是阿米耶尔的作品，或是其全部作品的部分。评论家和公众立即将《私密日记》看作一个文学文本，其作者就是亨利-弗雷德里克·阿米耶尔。要信服这一点，只需看看1884年至1886年保罗·布尔热（Paul Bourget）、厄内斯特·勒南（Ernest Renan）和弗狄纳德·布吕内蒂埃（Ferdinand Brunetière）的文章。② 这位日内瓦教授的日记是直接与其作者个人联系起来而被阐释的，同时，这部日记也在其考问当时文学表征的意义上被视作文学文本。上述三位作者追问这部“心理自恋者之独白”③ 的身份问题，布吕内蒂埃明确提出：“这涉及将一个人归类到现代文学中，并在其中给予其相应地位，因为人们想要这样做。”④ 阿米耶尔成为一个有作品的作者，虽然他写了这个作品的文本，但他并没有将其纂集成书。

---

① Henri – Frédéric Amiel, *Fragments d'un journal intime*, 2 volumes, Paris, Sandoz et Thuillier, 1883 – 1884.

② Ernest Renan, "Henri – Frédéric Amiel", *Journal des Débats*, 30 septembre et 7 octobre 1884, repris dans *Œuvres complètes*, t. II, Calmann – Lévy, 1948, pp. 1140 – 1161; Paul Bourget, "Amiel", *La Nouvelle Revue*, 1er mai 1885, repris dans *Essais de psychologie contemporaine. Études littéraires*, Gallimard, "Tel", 1993, pp. 385 – 411; Ferdinand Brunetière, "Henri – Frédéric Amiel", *Revue des Deux Mondes*, 1er janvier 1886, pp. 214 – 224.

③ Paul Bourget, "Amiel", *La Nouvelle Revue*, 1er mai 1885, repris dans *Essais de psychologie contemporaine. Études littéraires*, Gallimard, "Tel", 1993, pp. 385 – 411; Ferdinand Brunetiè, "Heri – Frédéric Amiel", *Revue des Deux Mondes*, 1er janvier 1886, p. 396.

④ Ferdinand Brunetière, "Henri – Frédéric Amiel", *Revue des Deux Mondes*, 1er janvier, 1886, p. 223.

另外，与人们关于其他文学类型所强调的相反，［关于这部日记的］传记研究不能与文本的内在研究相分离：作者生活中的一切都在文本中富有意义，文本中的一切也以传统的方式，或在陈述性、社会性或精神分析的基础上，与作者的生活密切相关。任何断裂都不能阻止作品阅读与作者实际生活的关系，也不能阻止作品阅读与经由作品所表现之作者生活的关系：作者叙事的所有要素都反映着作者的存在（作者经历、观察、阅读或理解到这些要素），反映着作者在构成其生活的每日事件中所选择讲述的内容。与人们所能想到的相反，《私密日记》不具有任何自传写作的特征——像让-雅克·卢梭的《忏悔录》或司汤达的《亨利·勃吕拉传》（*Vie de Henri Brulard*）那样的回溯性自传，是在参照真实存在的情况下，对各种要素进行特别组构为特征的。如果所叙述的每个时刻都先天地反映着一个实际的时刻，那么，自传作家则会突显出他作为主体而发生记忆错误、混淆和置换的风险。过去与写作时刻之间的时间差也会在自传叙事的参照中引入某种混乱。此外，叙述性构成还会引入一种以回溯性视角展开的组织形式，并在事后构造一种作者在经历相应事件时并不必然具有的意义；因此在这种情况下，似乎很难直接将关于存在的叙事与真实存在联系起来理解。

我们还可以将《私密日记》与为出版而重新编写的日记相对照。如果《奥伯曼》（*Obermann*）（1804 年出版）的叙述者宣称要让人读到“一个常常孤独之人在内心深处而非为书商所写的感觉、观念、自由和无礼之梦”①，我们不能以为这就是对作者体验的直接誊写，即使这部文学小说的确（至少部分）是从其日记转化而来。我们还可以将身后出版的私密日记与为出版而写并由记日记者本人出版的日记加以比较。20 世纪时，后一种设置实际上成为从安德烈·纪德到雷诺·加缪的私密文学作品的共同模式。但在这种情况下，则是由另一种过滤方式来构成这个被给出的自我形象，这种过滤方式使得对所述经验的阐释更为不确定；这种对自我的逐日断言与作者在写作之时的社会语境中想要给予的关于自我的公众形象是分不开的，其所呈现的

---

① Senancour, *Obermann*, Gallimard, collection *Folio*, 1984, p. 55.

形象则可能根据作者的出版策略而被夸大或反过来有所减轻。

与这种模式相反，像阿米耶尔那样身后出版的私密日记并不是作者刻意想要写就的书；这是一种成为作品的私人文本，它要求一种直接与真实时刻相关联的阅读：记日记者的意图就是在其存在的展开中叙述这种存在，并最大程度缩减这种涉及时间（他在事件发生当日写作）、纂集（他在并不预先处理笔记关系的情况下以接续的方式积累笔记）和出版（他拒绝以自己的日记为基础来组构一本书）的誊写阻碍。对这样的作者来说，这不是从自己的生活出发来构造一部作品，而是将自己的生活变成一个也许会被当作作品来阅读的文本：他的岁月叙事（按笔者的说法来称呼的话[①]）必然是与他相关联才能解释的。

也许应该重新思考作者意图的问题。在阿米耶尔那里，创作一部作品的意图是模糊的，而成为作品的文本直接与其实际生活相关才能理解。作者意图在创作过程中是不确定的，但在作为作品的直接意义上又是显而易见的。阿米耶尔的《私密日记》构成了一个作者形象，但这个作者并不真的想要成为作者或成为这种形式的作者。因此，至少对于这样一部已出版的作品来说，作者意图这样的概念难道不是文学创作理论中的一个无用概念吗？

（译者：汤明洁，中国社会科学院哲学研究所助理研究员，博士，研究方向：法国哲学。）

---

① 关于这一点，参见笔者文章 Michel Braud，“Le journal intime est - il un récit?”，*Poétique*，n°160，2009，pp. 387 - 396。

小说文本与文化现实
——关于中国当代小说的一种考察

王　尧*

一

萨义德的《世界·文本·批评家》对文本与世界关系的阐释常常被征引，这本书的书名也直截揭示出批评家需要在文本与世界的关联中阐释文学意义的方法和责任。在萨义德看来，即便是接受海登·怀特关于没有任何办法绕过文本来直接理解“真实的”历史的观点，也不需要消除对于文本自身所必然带有，并由其自身所表达的事件和境况的关注。因此，萨义德反对把文本性从背景、事件和实体意义中分离出来的理论。他的看法是：“文本是现世性的，从某种程度上说是事件，而且即便是在文本似乎否认这一点时，仍然是它们在其中被发现并得到释义的社会世态，人类生活和历史生活各阶段（moments）的一部分。”① 在从形式主义再到历史主义的轨迹中，我们曾经在文学研究中克服庸俗社会学的干扰，确定文本的中心位置，随后又意识到仅仅以文本为中心并不能阐释好文本。国内有学者发出“意图在不

* 王尧，苏州大学文学院教授，研究方向：20世纪中国文学与思想文化、当代文学批评。

① ［美］爱德华·W. 萨义德：《世界·文本·批评家》，李自修译，生活·读书·新知三联书店2009年版，第7页。

在场”之间，[1] 直接尖锐地指出了当下文学阐释中存在的隔断作者意图、历史语境与文本意义联系的弊病，这也是“强制阐释”[2] 的突出表现。由此，我们看到，在讨论中国当代小说创作、阐释文本意义时，需要打通小说文本与世界的联系。

在《文学理论入门》中，乔纳森·卡勒明确讨论什么是文学中的“意义”以及是什么决定“意义”。他认为“意义”至少有三个范畴，词的意义、一段语言的意义和一个文本的意义。在乔纳森·卡勒看来，如果按照索绪尔的理解，语言就是一种符号系统，那么语言符号的任意性本质的两个方面是能指（形式）和所指（意义）。由此，文学研究中对意义的确认，区分出诗学和解释学两种不同的模式。究竟是“什么”决定意义？乔纳森·卡勒提出了四个要素：意图、文本、语境和读者，并认为关于这四个因素的论证本身就表明意义是非常复杂的，甚至是难以表述的，重要的是不能凭这些因素中任何单独一个决定意义的形成和呈现。在分析了各种因素对意义的作用后，乔纳森·卡勒也突出了四要素中的重点要素：“如果我们一定要一个总的原则或者公式的话，或许可以说，意义是由语境决定的。因为语境包括语言规则、作者和读者的背景，以及任何其他能想得出的相关的东西。”[3] 在这一点，乔纳森·卡勒与前面所引用的萨义德的论述是一致的。在这四要素中，“意图”也不可忽略，意图常常是在小说的自我陈述中袒露的，尽管作家所陈述的“意图”未必能够完全落实在文本之中，也不能规定批评家阐释文本意义的方向，但小说家的“意图”无疑是我们阐释文本意义的一个重要参考。还需要特别指出的是，乔纳森·卡勒将“语境决定”和“语境限定”相区别：“如果说意义是由语境限定的，那么我们必须要补充说明一点，即语境是没有限定的：没有什么可以预先决定哪些因素是相关的，也不能决定什么样的语境扩展可能会改变我们认定的文本的意义。意义由语境限定，但语境没

---

① 张江：《“意图”在不在场》，《社会科学战线》2016 年第 9 期。

② 张江：《强制阐释论》，《文学评论》2014 年第 6 期。

③ ［美］乔纳森·卡勒：《文学理论入门》，李平译，译林出版社 2008 年版，第 70—71 页。

有限定。”[①] 这样一个补充性的区分，为我们讨论当代小说与语境的关系，带来了另一个需要关注的问题，即我们既不能扩展语境，也不能裁减语境来讨论小说文本的意义。

二

当我们把对小说文本意义的分析方法、关注焦点转移到文学史研究中时，涉及的问题就是如何确定小说在文学史中的意义，而文学史意义的确立则是以小说文本意义的揭示为前提的。这就是中国当代文学的“经典化”问题。聚焦作家作品，在对小说文本的意义分析后，各种版本的中国现当代文学史，包括散文、小说、诗歌和戏剧等文学文体史，不论是否公允，但都重视对包括小说在内的中国当代文学进行初步的“历史化”论述。作家作品的“历史化”是一个不断累积、不断淘汰、不断定位的过程，需要相当长的时间积淀，在这个意义上，目前所做的学术工作只是初步的“历史化”。中国当代文学研究，实际上包括文学史研究和文学批评，前者是对相对稳定的历史段落进行研究，后者是对进行中的当代文学创作进行研究。所以，相对于中国古典文学和现代文学，当代文学的经典化任务更为艰巨。如果把“经典化”这一复杂的问题简化，那就是如何确定文学文本之于文学史的意义，或者说如何在文学史中揭示文学文本的意义。

文学批评、文学史研究是回答这个问题的一种方式。按照斯蒂文在《文学研究的合法化》[②] 中的说法，“经典化”产生在一个“累积”形成的“模式”里，在这个模式里，有文本、读者、文学史、批评、出版、政治等要素。这意味着经典化不是终结论述，而是“累积”的过程，不断发现文本之于文学史意义的过程。我以为，在斯蒂文提到的这些要素或环节之外，还有一个重要环节，便是本国文学在其他国家的译介和研究，它是“学术共同体”中具有跨文化特点的

---

① ［美］乔纳森·卡勒：《文学理论入门》，李平译，译林出版社 2008 年版，第 70—71 页。

② 参见［加］斯蒂文·托托西《文学研究的合法化》，马瑞琦译，北京大学出版社 1997 年版。

“文化现实”。多年来我一直强调重视中国文学的海外译介之于中国文学研究的意义，尽管这些研究存在文化差异和意识形态差异，但它是一种重要的参照系，是中国的“文化现实”与世界的“文化现实”的一种对话。这样的对话也同样是初步的。

原则上说，我们今天仍然处于一个文化转型时期，由改革开放带来的文化转型仍然在持续的过程中，因而文化现实是文化转型持续累积的一个状态。在讨论当代小说时，我们可以把近四十年的文学阶段作为一个过程纳入文化现实中。从文学与文化现实的关系看，文学置于文化现实之中，深受文化现实的影响，但文学又超越文化现实，以自己的创造改变文化现实。

近四十年，文化现实中的文学，主要处理了两种关系，首先是文学与政治的关系，其次是文学与市场的关系。第四次文代会后确立了文艺“为人民服务、为社会主义服务”的二为方向，重申“百花齐放、百家争鸣”的“双百方针”。这个关系的处理，带来两个重要变化，即强调人的主体性与强调文学的本体性，从而形成了文学回到自身的过程。在后来的论述中，批评界又把这样一个过程视为“纯文学”思潮的发生和发展。伴随着这一过程，文学的观念、文学的形式、文学的技巧等也发生了重大变化。比如说，不再在对立的意义上看待这些关系：现实主义/现代主义、写什么/怎么写（内容与形式）、阶级性/人性，等等。1985年“小说革命”就是在此基础上形成的。其次是文学与市场的关系，或者说文学与消费主义意识形态的关系。在市场经济推进以后，文学的秩序再次发生深刻变化，这不仅表现在文学体制的变革、文学制度与作家关系的变化方面，更为重要的是，文学需要面对如何在与消费主义意识形态的关系中保持审美属性和文学的独立性的问题。近几年来文学面临着新媒体，包括人工智能所带来的挑战。这种技术上的挑战，是文化现实中产生的新的强大要素。在某种程度上，也可以把不仅与技术也与资本相关的网络视为一种“市场”。我们都注意到，新近的网络文学正试图重新定义“旧文学”（“纯文学”）与“新文学”。尽管“纯文学”作家不断以包容的心态对待网络文学，但并不将网络文学与“纯文学”等价齐观；另一方面网络作家在另一个维度上将“纯文学”定义为“旧文学”，而任意乐此不疲地开拓自己的空间，并不在意“纯文学”作家、批评家关于“文学性”何等重要的教诲。这样的差异，显示出文化现实的多元但无序的状态，也显示了在文学边界不断扩大的同时，“纯文学”与“网络文学”关于文学的价值观、审美观仍然存在很大差异。

从文化结构的变化看，文学处于更为矛盾、丰富、复杂的空间中。在形态上，是主流文化、精英文化和大众文化三分天下，这三者之间的不同组合，在很大程度上影响了作家在文化现实中的位置和身份，依托什么样的文化形态，会被定义为不同的作家类型：主旋律作家、纯文学作家和通俗文学作家。在价值观上，前现代、现代、后现代混合并置，这在很大程度上决定了作家的价值取向，也成为作家内在矛盾冲突的思想根源。这涉及作家如何整合民族优秀传统文化、外来文化（西方文化）和正在建设中的中国特色社会主义文化。回顾近四十年的小说创作，我们可以看到，连接什么样的文化，其文本的意义是不同的。最为简单的事实是，“先锋小说”和“寻根小说”便呈现出不同的文化取向给小说带来的不同特征。置身其中的作家，所面临的问题是：能不能形成自己的世界观和方法论；如何确立自己的文化身份并在对不同文化传统的选择中获得文化自信；能不能以审美的方式创造出与现实世界相关联但又超越了现实的文学世界（文学是不可替代的）；能不能以文学的方式介入现实世界，推进社会文化的发展，成为一个时代的肖像或者文化符号；能不能排除格式化的危机，形成自己的故事。

20 世纪 90 年代一些学者反思“纯文学”时，将之称为“去政治化”，因而又有批评家呼吁“再政治化”，以避免“纯文学”失去和现实世界的广泛联系。这其实是一种误解。从 1970 年代末开始，文学确实在重新处理其与政治的关系。之于极左政治曾经扭曲文学的历史，新时期文学发生之初的“伤痕文学”突破禁区，以对极左政治的控诉来修复创伤。《班主任》《伤痕》等一批小说因此获得广泛的社会反响。在今天看来，以小说为主的“伤痕文学”似乎不在“纯文学”之列，而是由此作为一端，文学开始了回到自身的历程。强调“一端”，是因为“伤痕文学”并不能构成新时期文学最初的全部历史，也不能完全反映其复杂性。

我注意到，逐渐形成的“伤痕文学”“反思文学”“寻根文学”和“先锋文学”的文学史叙述方式，遮蔽了从1970年代到1980年代中期“小说革命”的多种因素和形态及其演变过程的复杂性。在“伤痕小说”兴起时，《今天》于1978年创刊，曾经处于“地下”的诗歌浮出地表，集结在《今天》的诗人和小说家铺垫了新时期文学的另一条线索，这条线索似乎更接近后来我们所说的“纯文学”思潮。我在一篇文章中曾经谈到为何不是《今天》的“新诗潮”而是“伤痕文学”被确定为新时期文学的发端，① 这一现象本身恰恰说明了我们在很长一段时间仍然是在以文学与现实，特别是与现实政治的关系来确定文学文本的意义的。如何不放弃这种关系，考虑形成文本的多种因素，同时又突出文学的审美属性和独立性，对文学批评、文学史研究是大的考验。现在的突出问题是，随着文化现实的变化，关于文学的价值判断越来越难以达成共识。因而，文学批评需要在文化现实之中，又要超越文化现实。

三

文化现实不是简单的构成，它既是共时态的，也是历时代的，是当下的呈现，也是历史的延续。因而，文化现实是多种现象和问题的叠加。我曾经提出作为问题的“八十年代”，也就是说在重返20世纪80年代的过程中，我们不仅要把“八十年代”视为方法，更要视为问题。在当代文学史论述中，“八十年代”既是一个“断代”，同时也是一个承上启下的年代。“九十年代文学”延续了20世纪80年代未完成的问题，又在市场经济的现实中回应和处理新问题。21世纪以来的文化现实，既是20世纪80年代、20世纪90年代的叠加，更是新问题、新现象的呈现。

我们今天讨论的那些重要的小说家，几乎都与文化现实保持着紧密的关系，这种关系不是对抗，也不是妥协，而是在文化现实中对深远的历史和广阔的现实进行思想和文学的回应。尽管在《爸爸爸》

---

① 王尧：《论中国当代文学史的“过渡状态”》，《文学评论》2013年第4期。

之前已经发表了引起关注的小说《月兰》《西望茅草地》等，但真正产生影响的则是1985年的文论《文学的“根”》和小说《爸爸爸》《女女女》。这足以表明“文化身份”对一个作家的重要性。在小说创作尚未完全走出“伤痕文学”模式，又面临再一次的西学东渐时，韩少功敏锐地经由民间文艺传统回到本土文化之“根”，他和有同样意识的作家改写了小说创作的路向。在20世纪90年代以后，韩少功作为一个思想者，不仅回溯和反思80年代的局限，而且始终以一种思想者的方式表达他对现实的理解。《爸爸爸》之后的《马桥词典》无论是形式上，还是在这种形式中呈现的人的生存状态上，都是经得住讨论的作品。在这些作品中，韩少功的小说文体自觉是和文化自觉相联系的。

在过了30年之后，张炜发表于1986年的《古船》依然是我们再讨论的作品。我曾经说，相对于后来关于“宏大叙事”的变化和长篇小说的兴起，张炜有点儿“早熟”。我注意到，在风生水起的20世纪80年代，张炜并不显山露水，他在沉潜中推出《古船》。这部作品，几乎是20世纪80年代初中期思想解放与艺术更新的“集大成者”。90年代以来，随着现代化进程的加速，张炜以一种“保守主义”的姿态和思考，应对现代化进程中的世俗化潮流，为“进步”的文化现实提供了“减速”装置，从而坚守了思想者的品格。在“人文精神大讨论”、“道德理想主义”争论、消费主义意识形批判中，张炜都不妥协地表达自己的思想立场。在张炜的作品中，散文《融入野地》、小说《古船》《九月寓言》和《你在高原》等，都具有隐喻意义。如果将这些小说置于文化现实中加以考察，可以发现，张炜和文化现实保持了批判性的距离。

从《商州》到《浮躁》再到《废都》，贾平凹的创作不仅显示了文化现实的深刻影响，同时还说明了作家个人独特的文化心理在文学创作中的重要性。在创作“商州三录”（《商州初录》《商州又录》《商州再录》）时，贾平凹几乎同时创作了小说《商州》。《商州初录》介乎散文与笔记小说之间，通常被视为“寻根文学”的最初作品之一。在这个系列中，贾平凹开始衔接中国的叙事传统。1987年出版的明确为小说的《商州》，则更为敞开地打通与小说传统的关联。曾经有批评家准确揭示了《商州》在结构上回到以事件为基础的章回小说传统，这样的结构特征，也说明贾平凹回归小说叙事传统的尝试还是初步的，后来的《废都》的叙事结构已经不再只以事件为基础，人物也成为叙事的中心。这样一种叙事结构上的深化和发展，到了莫言的《生死疲劳》则发挥到极致。

在很大程度上，《商州初录》《商州》都反映了小说家贾平凹的“文人”特性。同为“寻根文学”的作家韩少功则是另一条路径。我们不妨把贾平凹的这些作品称为“文人小说”。这样的特点与“寻根文学”时期阿城的小说在文体、审美特征上有异曲同工之处。我们注意到“寻根文学”作为一种思潮断断续续，而“寻根小说”也在激活优秀传统文化的过程中不断拓展和转换。这一方面与小说家的传统文化积累有关，另一方面则是因为如何在小说传统与作为小说表现对象的现实生活之间获得一种审美上的默契，对小说家是一大考验。随着现代化进程的展开，现实生活发生了巨大的变化，召唤着作家观察、思考、把握和反映。在这个意义上，现实主义对中国当代小说家的影响是深远的。《浮躁》就是在这样的一个时间节点上出现的。尽管我们仍然可以分析出小说叙事传统、文章传统对《浮躁》的影响，但这部小说的主题、旋律和底色与我们在前面提到的《商州初录》《商州》是不同的。《浮躁》也一如既往地如小说家阿城所说的写世俗生活，但贾平凹对自己把握现实生活的方式却产生了困惑。贾平凹在《浮躁》的序中提出的问题是：“我再也不可能还要以这种框架来构写我的作品了，换句话说，这种流行的似乎严格的写实方法对我来讲有些不那么适宜，甚至大有了那么一种束缚。”“中西文化的深层结构各都在发生着各自的裂变，怎样写这个令人振奋又令人痛苦的裂变过程，我觉得这其中极有魅力，尤其作为中国的作家怎样把握自己民族文化的裂变，又如何在形式上不以西方人的那种焦点透视法而运用中国画的散点透视法来进行，那将是多有趣的试验。”[①] 序中透露出了贾平凹小说创作可能发生重要变化的信息，但在当时未引起足够重视。其中关于突破写实的束缚、关注中西文化的深层结构的裂变尤

---

① 贾平凹：《浮躁》，春风文艺出版社2004年版，序言第3、4页。

其是把握自己民族文化的裂变、在西方形式之外寻找中国画的散点透视法等表述，正是贾平凹经历《商州初录》《商州》等创作后，逐渐形成的文化自觉。

贾平凹意识到自己下一部作品可能不是《浮躁》的模样，这部作品就是《废都》。这部小说在尚未出版时就引起热议，出版之后则备受争议。争议的主要方面涉及小说如何书写“文化现实”、当下世俗生活的状态、庄之蝶与知识分子形象、性描写的尺度以及小说与中国叙事传统的关系等。而这些问题，正是文化现实发生变化以后的诸多现象的混合与呈现。如果在整体上讨论贾平凹的创作，《废都》其来有自。贾平凹1990年6月出版的散文集《人迹》中的一些作品已经滋生了《废都》的精神气息——社会和灵魂的“病相报告”。他在《独白》中的独白是：“人生给我的是那么残缺，生活的艺术如此遗憾，这一切难道是教育我人不仅是一个洋葱头一样有无数层壳的复杂，也同是满有皱纹的硬壳的核桃要砸方能见那如成熟大脑一样的果仁！要我接受着这一切孤独和折磨而来检验我的承受力以至于在这严酷的承受中让我获得人生的另一番快愉?!”① 如果说，《独白》诉说的是情绪和精神，那么《闲人》中的“闲人”则是一个可能成为小说人物形象的原型。最终，“闲人”成为《废都》的一个群体，庄之蝶是“闲人”中的典型人物。所以我说，《废都》把散文中的“闲人”形象“扩大化”了。在这里，我们不对小说文本进行详细的分析，只是想着重指出，《废都》在连接《金瓶梅》等小说叙事传统时，呈现的是1990年代文化裂变的现象，呈现的是生活在其中的文人的精神裂变现象，而这些裂变又让贾平凹的“文人性”得以发挥并弥漫在小说之中。

持续的文化转型不断重构文化现实，作家置身其中，参与重构。在复杂的互动关系中，作家的世界观和方法论发生了深刻的变化，创新想象中国和世界的方式，形成了新的文学秩序。当代作家中，莫言、贾平凹、王安忆、阎连科、余华、格非等人的创作，以不同的方式和特征，呈现了这些变化，为当代文学史增加了新的内容。

---

① 贾平凹：《人迹》，广东旅游出版社1990年版，第72页。

后　记

从历时两年的专栏文章到今天的精美文集，这里沉淀的主要不是时间，而是学者们思想的精华和编者们辛勤的汗水。

感谢来自中国、美国、英国、意大利、法国21位专家学者的鼎力支持！感谢他们为本书所贡献的奔放的理论创造力、精深的学术洞见、开放的学术情怀、严谨的学术态度、辛勤的学术写作。

感谢中国社会科学出版社对本论题的关注，感谢编辑同志为本书出版付出的辛勤劳动。

感谢中国社会科学院张江教授对本讨论开展给予的所有支持，更感谢其为中国学术发展特别是当代阐释学构建所作出的巨大努力。

学术永远在路上。《文本的意义之源——“意图”与“阐释”的讨论》所涉及的还只是阐释学诸多核心问题之一，我们期待以后会有更多的原点性问题得到学界的共同关注和积极讨论。《社会科学战线》愿为这些意义深远的讨论提供平台，也希望《社会科学战线》能一直与国内外各位学者、朋友并肩同行！

编者

2018年10月